Über das Buch:
Kein anderes Sportereignis hat Deutschland so nachhaltig verändert wie das Wunder von Bern. In seinem bewegenden Roman zum Film schildert der Zeit-Redakteur Christof Siemes den steinigen Weg der Mannschaft rund um Trainer Sepp Herberger bis ins Finale gegen Ungarn. Ihr treuester Fan, der elfjährige Matthias aus Essen, der in Fußballnationalspieler Helmut Rahn seinen Ersatzvater und sein Idol gefunden hat, fiebert wie die restliche Nation der Weltmeisterschaft entgegen. Doch dann kehrt völlig unerwartet Matthias' Vater nach zwölf Jahren aus der Kriegsgefangenschaft zurück. Nichts scheint wie zuvor, längst ist er ein Fremder für die Familie. Christof Siemes erzählt über den Anbruch einer neuen Zeit, ihre Mode, ihren Fußball und über das Ruhrgebiet, wo das Herz des deutschen Fußballs schlägt.
Darüber hinaus enthält das Buch zahlreiche Originalfotos, eine kurze Geschichte der Weltmeisterschaft, Porträts der Fußballnationalspieler und ein ausführliches Interview mit Sönke Wortmann, der sich mit dem Film »Das Wunder von Bern« einen Jugendtraum erfüllte.

Die Autoren:
Christof Siemes, geboren 1964 in Mönchengladbach, aufgewachsen im Schatten des Bökelbergs, verdiente sein erstes Geld mit dem Verkauf von Günter-Netzer-Autogrammkarten. Studierte Germanistik, Kunstgeschichte und Philosophie und spielte im Mittelfeld der Bunte-Liga-Mannschaft »Das Wunder von Bern«. Seit 1993 Redakteur im Feuilleton der Wochenzeitung »Die Zeit«.

Sönke Wortmann, geboren 1959, Sohn des Ruhrgebiets, später im Mittelfeld der ruhmreichen SpVgg Erkenschwick und Westfalia Herne, Drehbuchautor, Regisseur und Produzent, ist u.a. mit seinen Filmen »Allein unter Frauen«, »Kleine Haie«, »Der bewegte Mann« und »Der Campus« bekannt geworden. Nach seinem letzten Kinoprojekt »St. Pauli Nacht« drehte er 2000 in Hollywood »Der Himmel von Hollywood« nach einem Roman von Leon de Winter.

800

Christof Siemes
Das Wunder von Bern

Roman
Nach einem Drehbuch
von Sönke Wortmann und Rochus Hahn

Mit zahlreichen Originalaufnahmen
und einer Geschichte
der Fußball-Weltmeisterschaft 1954

Kiepenheuer & Witsch

1. Auflage 2003

Copyright © 2003 by Verlag Kiepenheuer & Witsch, Köln
Copyright © am Filmwerk: 2003 by Little Shark Entertainment/Senator
Film Produktion/SevenPictures
Alle Rechte vorbehalten. Kein Teil des Werkes
darf in irgendeiner Form (durch Fotografie, Mikrofilm
oder ein anderes Verfahren) ohne schriftliche
Genehmigung des Verlages reproduziert oder unter
Verwendung elektronischer Systeme verarbeitet,
vervielfältigt oder verbreitet werden.
Umschlaggestaltung: Barbara Thoben, Köln
Umschlagfoto: © 2003 by Senator Film Verleih
Gesetzt aus der Stempel Garamond (Berthold)
bei Kalle Giese, Overath
Druck und Bindearbeiten: Clausen & Bosse, Leck
ISBN 3-462-03343-3

Inhalt

Das Wunder von Bern 11

Der Film – Das Turnier – Die Spieler 265

Die Mutter aller Fußballspiele –
Ein Gespräch mit Sönke Wortmann 267

Die Fußballweltmeisterschaft 1954 in der Schweiz ... 281

Die zwölf Helden von Bern 295

Bildnachweis 316

Für Katharina

»For so he may translate the world in to a football«
Thomas Morus, 1532

Das Wunder von Bern

Sonntag, 14. März 1954, noch 113 Tage bis zum Finale

Dies ist die Geschichte von Matthias Lubanskis größtem Sieg. Sie beginnt mit einer Niederlage. Und einem seltsamen Geräusch.

Erst ist es nur ein feines, fernes Zischen. Dann wird es ein Rhythmus, flappflappflapp, als schüttele drüben in der Siedlung jemand sein Kopfkissen aus. Aber das kann gar nicht sein. Am Nachmittag macht in Essen-Katernberg niemand mehr die Betten, hier hat jeder Tag seinen Plan, auch der Sonntag, und auf dem steht bestimmt nicht: 17 Uhr – Betten machen. Denn dann könnte da auch gleich stehen: Hast wohl dein Leben nicht im Griff?! Den Vormittag im Kahn gelegen, weil du am Abend vorher nicht aus »Christas Eck« rausgekommen bist, wa? Das soll aber nicht sein bei anständigen Leuten. Und wohnen hier nicht nur so welche, anständige Leute? Die was Vernünftiges tun, sogar am heiligen Sonntag? Zwischen den Gemüsebeeten ein bisschen schuffeln zum Beispiel, im Garten hinter dem Haus. Wie ein Regal voller Schuhkartons reihen sie sich aneinander, kaum so lang, wie das Haus hoch ist, zu dem sie gehören. Links und rechts und am Ende ein Zäunchen, dazwischen ein paar Zeilen Grünzeug, Kohl, Kartoffeln und manchmal Salat, der freilich schnell schmutzig wird. Wie die Häuser aus rotem Klinker, die ja nicht deshalb die schwarze Kruste haben, weil da jemand Farbe draufgeschmiert hat. Nein, wenn's regnet, ist es immer nicht nur Regen, Ruß ist dabei, von der Kokerei, und eine Menge anderes Zeug auch. Was genau, weiß keiner, nur dass es Krusten auf die Häuser macht und auf jedem Salatblatt liegt. Deshalb lieber Kartoffeln, die stecken eh im Dreck, und so viel schuffeln muss man zwischen denen auch nicht.

Flappflappflapp. Der alte Tiburski kann es nicht sein, er macht gerade Pause, seine verschossene blaue Jacke hängt auf dem Zaunpfosten. Tiburski hat nur noch einen Arm, der andere ist in Russland geblieben. Deshalb stochert er nur ein bisschen rum, unrhythmisch, wie immer in dem ärmellosen Unterhemd, das schon bessere, weißere Tage gesehen hat. Tiburski lockert den Boden nicht, er attackiert ihn, stößt mit dem kleinen Eisenspatel am Ende der langen Holzstange immer wieder zu, die Krume der Feind, die Wut der Antrieb. Jeden Angriff begleitet er mit einem Geknurr, aus dem manchmal Worte wegspritzen wie Steine aus der harten Erde. »Wie kann man so dämlich sein!« Oder: »Ich krieg' dich doch noch!« Oder: »Zu Befehl, Herr Oberfeldarschloch!« Und: »Nu spiel schon ab, du Bekloppter!« Solche Sachen halt. Flappflappflapp ist nicht dabei.

Das Geräusch kommt vom Himmel. Matthias hat es die ganze Zeit gewusst. Angestrengt hat er gelauscht und nach oben gestarrt, eine Hand über den Augen. Es ist ein schöner Frühlingstag, aber richtig blau ist der Himmel nicht. Dunst hängt wie ein fadenscheiniges Trikot in der Luft, oft gewaschen und ein bisschen graugelb verschossen. Ringsum recken sich Schornsteine empor und stoßen Dampf aus. Irgendwo weit oben über Matthias' Kopf vermischt sich alles, dann fährt der Wind durch, und fertig ist der Dunst, der einem an so vielen Tagen den Himmel vorenthält. Aber von irgendwo da kommt das Geräusch.

Matthias ist ihm entgegengeklettert, genauso wie Peter, Mischa, Lutz. Und Carola auch. Sie stehen auf den Ästen der alten Eiche, kleine Gespenster in kurzen Hosen und kratzigen Pullovern. Es sind noch nicht mal 15 Grad, aber genug für eine kurze Hose. Fand jedenfalls Matthias' Mutter, da kann man wenigstens nicht die Knie schmutzig machen. Und nur halb so viel dran kaputtreißen wie an einer langen. Also blutet Matthias' rechtes Knie jetzt, die Eiche ist knorrig. Richtig hoch ist sie nicht, aber andere Bäume gibt's nicht, alles umgemacht im Laufe der Jahre, was höher als einsfünfzig gewachsen war, und ab in den Ofen. Aber die eine Eiche reicht, um die Taube rechtzeitig sehen zu können.

Flappflappflapp. Matthias legt den Kopf so weit in den Nacken, dass er fast hintenüberfällt. Doch bevor er abstürzt, packt er mit beiden Händen den Ast, auf dem er die ganze Zeit gestanden und gestarrt hat, springt hinunter und rennt los. Schon hat er den Bolzplatz erreicht, der direkt hinter den Gärten liegt, sodass schon mancher von Tiburskis Kohlköpfen Opfer einer verunglückten Flanke wurde. Aber jetzt spurtet Matthias nicht wie sonst dem Ball hinterher, die schwarze Asche des Platzes fliegt unter seinen Sohlen weg, vorbei an Schutthaufen und der Wäsche, die gleich dahinter auf der Leine im Wind flattert. Er reißt die Holztür zum ersten Hinterhof auf, überquert ihn mit vier, fünf Schritten, stürmt ins Haus, die Treppen hinauf bis zum Dachboden. Weißes Licht erfüllt den Raum, ein Schneetreiben aus Staub und Federn. Matthias zieht den Kopf ein, die Beule von letzter Woche spürt er immer noch. Schwer geht sein Atem, und der Geruch von Tier, vergessenem Futter und Kot macht das Luftholen nicht leichter. Endlich hat er den Holzriegel an der Tür aus Maschendraht aufgefingert und schlüpft in den Verschlag. Mit geübtem Griff packt er die Taube, nicht brutal, aber bestimmt, eine Hand um den Hals, die andere nestelt an ihrem Fuß. Da ist der Zettel, vom Preußen-Stadion hierher in nicht mal anderthalb Stunden, schneller ging's wirklich nicht für mehr als hundert Kilometer.

– Und?

Peter und die anderen sind inzwischen alle unterm Dach angekommen und starren auf Matthias.
– Preußen Münster drei ...
Matthias zögert. Selbst die Tauben haben ihr aufgeregtes Geflatter eingestellt und gurren nur noch.
– Rot-Weiß Essen ... eins. Tor Islacker.
Er lässt den Zettel sinken. Erfolgsserie Ende. Und ausgerechnet gegen Preußen Münster! Wie kann man gegen die verlieren?
– So werden wir nie Deutscher Meister.
Peter scharrt mit dem Fuß im Taubendreck. Matthias nickt stumm. Aber das ist nicht mal das Schlimmste. Das Schlimmste ist das Tor von Islacker. Der Boss hat also wieder nicht getroffen.

– ... und segne, was du uns bescheret hast.
Nur kurz hebt Christa Lubanski den Blick von den gefalteten Händen, als Matthias in die Küche kommt. Die anderen sind auch schon da, Bruno sitzt wie immer am Kopf des Tisches, wie es sich gehört für den ältesten Mann in der Familie, auch wenn der gerade mal 18 ist. Mutter gegenüber, Ingrid daneben, den Rücken zum Fenster. Der Platz neben Bruno bleibt frei, wie immer seit dem 17. Juli 1942. Hier hat Richard gesessen. Papa. Jeden Tag. Bis der Marschbefehl kam: Ostfront. Richard lacht auf dem letzten Bild, das sie von ihm haben, ein fröhlicher junger Mann in Uniform. Als er ging, nahm Christa einen silbernen Rahmen, steckte das Foto hinein und hängte es an die Küchenwand, über das Bett ihrer Tochter, die schon immer in der Küche schlafen musste, ein Reihenhaus in einer Bergarbeitersiedlung ist keine Villa. Ingrid war fünf, als ihr Vater lachend Position bezog. Jetzt ist sie siebzehn.
– Amen!

Das Gebet beenden alle gemeinsam und gucken dabei so leer, als suchten sie nach einem Gottesbeweis in der Tischdecke aus Wachstuch. Aber deren rot-weißes Muster ist eher der Beleg, dass wohl kein höheres Wesen über die Schönheit im Leben der Menschen wacht. Brunos Amen klingt, als hätte er »ohne mich« gesagt, und damit meint er nicht den Sauerbohneneintopf, der in der schon zweimal geklebten Schüssel auf dem Tisch dampft. Seine kleine Schwester Ingrid flötet das Wort, als sei sie Maria Magdalena und wolle den Herrn persönlich um den Finger wickeln. Matthias hat noch schnell eine Taubenfeder von seinem Pulli gewischt und sich dann verstohlen auf seinen Stuhl geschoben. Er hat keine Ahnung, was der Herr einem so alles bescheren kann, er hofft nur, dass es nicht das 1:3 bei Preußen Münster war, denn dann müsste er vom Glauben abfallen, und das würde Mama bestimmt nicht wollen. Christa seufzt, wischt sich mit einer flüchtigen Bewegung die Haare, grau mit einer letzten Ahnung von blond, aus dem Gesicht und beugt den Rücken noch ein bisschen mehr. Ob irgendjemand ihre Gebete hört? Die Bitte darum, dass das Geld reichen möge. Dass mal irgendwelche guten Geister sie zehn Jahre jünger aussehen lassen als die 39, die sie ist. Für Richard hat sie schon länger nicht mehr gebetet.
– Amen!
Noch einmal und mit Nachdruck stößt Christa das Wort aus, hebt den Kopf und fixiert ihren ältesten Sohn.
– Was ist mit der Lehrstelle?
– Ich bin nicht hingegangen.
– Was soll das heißen: Du bist nicht hingegangen?
– Dass ich nicht da war.
– Wie bitte? Seit Wochen rede ich an den Hartwig hin, dass er dich nimmt, und du hast nicht mal nötig hinzugehen? Glaubst wohl, du bist zu was Höherem berufen als 'n Elektriker zu sein?!

Bruno hat gewusst, dass das Argument kommen würde, was nicht heißt, dass er es nicht hasst. Ist er doch stolz auf die Arbeiterklasse, aus der er kommt. Er zuckt mit den Schultern.

– Ich hab's dir gesagt, Mama: Ich arbeite nicht für einen Mann, der die Nazis unterstützt hat!

Christa zögert. Jetzt eine politische Diskussion? Wo sie noch ganz kaputt von der alten Woche ist und die neue fast schon wieder beginnt?

– Morgen hilfst du in der Wirtschaft mit!
– Das geht nicht. Da üben wir. Das, was ihr immer Negermusik nennt.
– Quatsch! Das schlag dir aus dem Kopf! Du arbeitest. Basta.

Bruno sieht Christa an wie ein Irrenarzt, der die Hoffnung mit seinem anstrengendsten Patienten noch nicht ganz aufgegeben hat.

– Hör auf, mich wie ein kleines Kind zu behandeln, ja? Ich darf schon wählen, und ich wähl' auf alle Fälle was anderes als du und dieser Hartwig, dem doch jetzt immer noch die Hand nach oben zuckt, wenn er glaubt, es sieht keiner.

Christa Lubanski seufzt. Er ist ihr über. Der eigene Sohn! Aber vielleicht hat er auch Recht, so richtig klargekommen ist sie mit dem Hartwig eigentlich nie. Obwohl er kaum älter als Richard ist, war er nicht an der Front. Und als Christa in den letzten Kriegstagen schon aus Kartoffelschalen eine Suppe kochen musste, hatte Hartwig immer noch was in petto, ein Pfund Butter und manchmal sogar ein Stück Fleisch. Bruno muss arbeiten. Aber vielleicht findet sie noch jemand anderen, den sie fragen kann.

Matthias fährt mit dem Löffel ziellos zwischen den dünnen Fettaugen herum. Wie er so dasitzt, sieht er aus wie ein Glas Milch in kurzen Hosen.

- Was ist mit dir, Matthias? Iss mal was!
- Kein Hunger.
- Hinterher gibt's nix mehr, das sag ich dir gleich. Und dann kannste die ganze Nacht nicht schlafen, weil der Bauch so brummt. Und morgen biste zu schwach, die Kohlen aussem Keller zu holen, was du eigentlich sowieso schon heute machen solltest.

Matthias starrt so traurig in den Eintopf, dass sogar seine Schwester Mitleid hat und versucht, ihm den Rücken freizuhalten.

- Rot-Weiß Essen hat verloren, Mama.
- Na und? Verlieren die nich ständig?

Das hat gerade noch gefehlt. Schlimm genug, dass sie verloren haben, aber jetzt macht schon seine eigene Mutter Witze über Rot-Weiß. Dabei können sie noch Meister werden. Matthias schaut seine Mutter flüchtig an.

- Quatsch.

Er steht auf, schlurft mit hängendem Kopf durch den Flur zum Hinterausgang, Ingrids »ist doch nicht so schlimm« hört er gar nicht mehr, da ist er schon über den Hof, vorbei am Klohäuschen in den Garten gegangen.

- Habt ihr noch was zu essen?

Matthias schiebt die Maschendrahttür des Hasenstalls auf. Er greift in den Eimer mit Gemüseresten, dann zwängt er sich durch die Öffnung und kauert sich zu den beiden Kaninchen ins Stroh.

- Was ist los, Atze, was schnupperst du? Das ist lecker, guck mal, ich ess das auch. Und wenn wir alles aufessen, gewinnen wir vielleicht am nächsten Sonntag wieder. Aber so viel, dass wir noch Deutscher Meister werden, können wir gar nicht futtern. Da platzen wir wohl vorher.

Dienstag, 16. März 1954, noch 111 Tage bis zum Finale

Drei Stufen führen hoch zu »Christas Eck«. Dann kommt eine Tür mit geriffeltem Glas und dahinter der Vorhang, der im Winter den Wind draußen halten soll und doch nur das ganze Jahr über den Geruch von unzähligen Zigaretten und doppelt so vielen Gläsern Pils an der Flucht ins Freie hindert. Hinter dem Vorhang beginnt Christa Lubanskis Reich. Als Richard 1948 immer noch nicht wieder da war, hat sie die Kneipe gleich neben der Brennerei gekauft, »Dujardin Imperial« steht auf dem Vorratssilo, das abends seinen Schatten auf den Kneipeneingang wirft. Eigenhändig hat Christa die schulterhohe Holzvertäfelung abgebeizt und die Wände darüber mit grünbrauner Ölfarbe gestrichen, richtig schön fand sie die zwar nie, aber praktisch wär's, hat ihr der Hermann gesagt, und der versteht was von Kneipen. Tische und Stühle waren noch drin, die mussten nur sauber gemacht werden, genau wie der Tresen, der in den Raum hineinragt. Manche Enttäuschung ist hier schon in Pils und Korn ertränkt worden, unbarmherzig überstrahlt von der Leuchtreklame für DAB Meisterpils.

– Matthias, bring mir doch mal das Glas von da drüben!

Matthias steht auf, trägt den Bierkrug zu seiner Mutter am Tresen, auf dem Rückweg bückt er sich und sammelt einen Zigarettenstummel auf. Er wirft ihn zu dem Berg, der schon auf seinem Tisch liegt, und macht dort weiter, wo er aufgehört hat: Spitze vom Stummel abschneiden, Tabak auf ein Blatt Papier rieseln lassen, Blatt in die Villosa-Blechdose schütten, Apfel schälen, Schalen in die Dose legen, Büchse zumachen, auf Kunden warten.

– Tach zusammen!

Mit federnden Schritten kommt Bruno herein. »Einheit –

Frieden – Freiheit. Wählt Kommunisten«, steht auf dem Plakat, und am oberen Rand prangen drei große, rote Buchstaben: KPD.

– Ah, frische Ware! Sehr gut, Kleiner, ich brauch' Nachschub. Kannste mir gleich die ganze Ladung geben?

Bruno ist kaum zu verstehen, so tief steckt seine Nase in der Villosa-Dose. Matthias würde alles für seinen großen Bruder tun, aber Geschäft ist Geschäft.

– Du schuldest mir noch das Geld für die letzte Ladung.

– Kriegst du, Kleiner, kriegst du! Heute kassier' ich bei den Jungs von der Band ab.

– Band?!

– Das ist 'n anderer Name für Musikkapelle. Klingt auch besser, englisch, wie unsere Musik: elektrische Gitarren, uaeiuaeiuaei, und 'n Schlagzeug.

– Ich hoffe, ihr habt genug deutsches Geld für meine Ware.

Matthias trinkt das Glas Milch, das seine Schwester ihm in der Zwischenzeit vor die Nase gestellt hat, in einem Zug aus. Nur Tiburski zieht noch schneller. Er knallt das leere Pilsglas auf den Tresen, so laut, dass über den Grad seiner Betrunkenheit keine Zweifel aufkommen können.

– Mach's mir noch eins, Christa?

– Hast du nich schon genug, sach ma?

– Einer geht noch. Sach ma 'nen Satz mit Hamama und Hattata.

– Hasse Geld mit?

– Hamama 'ne Fahrradtour gemacht. Hattata geregnet!

Er lacht noch über seinen Witz, allein, dröhnend, als Bruno, die Zigarette lässig zwischen den Fingern, längst neben ihm steht.

– Meine Mutter wollte wissen, wann du deinen Deckel bezahlst.

– Jetzt mach hier nich den Dicken, ja? Bist ja schlimmer als dein Alter!

– Mein Alter ist seit 12 Jahren in Russland, und solange das so ist, mach ich hier so oft den Dicken wie ich will. Also: wann?

– Is ja gut. Sobald ich Arbeit hab, zahl ich. Kannst dich drauf verlassen.

– Das is doch 'n Wort.

Bruno haut dem Mann, der sein Großvater sein könnte, auf die Schulter, nickt seiner Mutter zu, und schon sitzt Tiburski nicht mehr auf dem Trockenen. Er leert das neue Glas wie alle zuvor: in einem Zug. Dann krabbelt er von seinem Hocker, ein versehrter Weberknecht mit dickem Leib und dünnen Gliedmaßen, der leere Ärmel seiner Jacke schlenkert dem halsbrecherischen Manöver traurig hinterher.

– So. Ich muss jetzt zum Training ...

Tiburski beendet den Satz mit einem gewaltigen Rülpsen.

– Handball?

Nett war das nicht von Bruno, denkt Matthias und erinnert sich an Tiburskis Selbstgespräche beim Kampf mit dem Gemüse. Der hat doch nichts mehr außer Rot-Weiß Essen, und das ist im Moment auch nicht besonders viel. Und wenn der Boss nochmal 'ne Ladehemmung ... Der Boss! Training! Matthias springt auf, fegt hastig die Tabakkrümel zusammen, stürzt durch den Vorhang und stürmt den holprigen Bürgersteig dem alten Tiburski hinterher.

– Machen Sie sich nix draus, der Bruno meint's gar nicht so!

Matthias fliegt an Tiburski vorbei. Der schwankt mühsam die Straße entlang, dem Aschenplatz neben dem Stadion Rot-Weiß entgegen. In Filzpantoffeln schlurft er durch den Staub, Tiburski zieht sie kaum noch aus, weil er mit seinem Rücken nicht mehr so weit runterkommt, und wenn er endlich unten ist, fehlt die zweite Hand. Doch für all das hat Matthias keinen Blick, er müsste längst beim Boss sein. Atemlos kommt er vor dem Haus an, vier Stockwerke, fast schwarz die Fassade wie alles hier in der Gegend, nichts Besonderes. Und auf dem Klingelschild steht auch nicht »der Boss«, sondern, versteckt zwischen Balling und Vermulat, einfach nur Rahn. Matthias überlegt, ob er klingeln soll. An den guten Tagen steht der Boss manchmal schon auf der Straße, wenn er kommt. Die kurze Sporthose hat er dann an, die Fußballschuhe sind in der kleinen Tasche in seiner Hand. Doch heute ist wohl wieder einer der weniger guten Tage. Kein Boss weit und breit, obwohl es schon nach halb fünf ist. Matthias schaut am Haus hinauf, erster Stock, das offene Fenster, das ist die Wohnung. Wo bleibt er bloß? Matthias klingelt, einmal, zweimal, dreimal. Schließlich pfeift er auf zwei Fingern. Nichts. Wie kann man nur so auf seinen Ohren sitzen, und das am hellichten Tag? Na, wahrscheinlich liegt er drauf. Matthias bückt sich. Wer nicht hören will ... Immerhin geht es um die Zukunft von Rot-Weiß Essen, ach was, die Zukunft des deutschen Fußballs. Der Stein in Matthias' Hand ist kaum so groß wie eine Nuss, doch als er ihn durch das offene Fenster wirft, ertönt von drinnen ein lauter Schrei.

– Aua, verdammte Scheiße! Willze mich umbringen, du Furzknoten?!

Die größte Hoffnung des deutschen Fußballs erscheint am Fenster, im Unterhemd, die Haare wie ein ungemachtes Bett, die Augen so klein, dass sie ein Tor aus drei Metern Entfernung nicht erkennen würden. Fußball-Nationalspieler hat sich Matthias eigentlich immer anders vorgestellt, aber er kennt Helmut Rahn schon eine Weile, seit der Zeit, als der zu den Sportfreunden nach Katernberg kam, das war vor vier Jahren. Sieben war Matthias damals zwar erst, aber

Fußball schon sein Ein und Alles. Und als der Boss dann an die Hafenstraße zu Rot-Weiß statt nach Schalke wechselte, 1951, war Matthias schon fast so was wie dessen Freund.

– Entschuldigung, Boss! Aber wir sind schon ganz spät dran!

– Spät dran? Für wat denn?

Obwohl das nicht der erste Auftritt dieser Art ist, kann Matthias es immer noch nicht fassen. Da steht der beste Fußballer, den er je gesehen hat, einer, der schon mit 22 Nationalmannschaft spielte, der alle Tricks drauf hat, da steht der Boss verkatert und hat beinahe das Wichtigste vergessen.

– Für Training!

Helmut Rahn guckt, als habe ihn gerade Jupp Derwall von der Gurkentruppe Alemannia Aachen dreimal hintereinander getunnelt.

– Was 'n heute für 'n Tag?

– Dienstag.

– Wie viel Uhr?

– Schon nach halb fünf.

– Äh ... Na gut, gib mir zehn Minuten.

Das ungemachte Bett verschwindet vom Fenster, Matthias hört einen dumpfen Knall, erstickte Flüche und etwas, das so klingt wie »welcher Idiot hat den Bettpfosten mitten auf den Platz gestellt!«. Dann rauscht der Wasserhahn, begleitet vom Prusten einer Seerobbe. Fünfzehn Minuten später geht endlich die Haustür auf.

– Mensch, Boss, du siehst furchtbar aus.

Rahn kneift die Augen zusammen. Wie er aussieht, ist ihm zunächst mal egal. Wenn er überhaupt was sehen könnte! Wie kann ein einzelner Nachmittag so hell sein? Und wo sind all die Stunden hin seit jenem zehnten Bier, an das er sich noch erinnert? Oder war es das zwölfte?

- Is gestern Nacht 'n bisschen später geworden. Wir hatten ... äh ... noch so 'ne Besprechung.
- Eine Besprechung? Worüber denn?

Matthias guckt den Boss begierig von der Seite an. Sicher was für das nächste Spiel, damit das nicht auch noch verloren geht wie die Partie gegen Münster. Eine ganz neue, ganz geheime Taktik, mit der Rot-Weiß dann die Oberliga noch richtig aufmischt und am Ende Deutscher Meister wird. Matthias ist selig, gleich wird er etwas erfahren, von dem keiner seiner Freunde auch nur die leiseste Ahnung hat.

- Hab' vergessen, um was es ging.

Wahrscheinlich hat er nur Angst, dass ich irgendwas rumerzähle, denkt Matthias. Doch die einzige Angst, die der Boss jetzt haben sollte, ist die, zu spät zum Training zu kommen. Karl Hohmann, der Trainer, ist ein harter Hund.

- Boss, wir müssen uns wirklich beeilen!
- Erst werd ich beinah' gesteinigt und dann noch gehetzt! Mattes, du bist 'ne echte Landplage! Kannze nich Sturm klingeln wie jeder normale Mensch? Dein Vorgänger, der Mischa, der war da auf Zack! Ich weiß noch, nach jedem besonders großen Spiel stand der nachher mit zwei Flaschen Bier da! Und zwar eiskalt!

Matthias nickt stumm. Soll er sagen, dass er nicht nur geklingelt, sondern auch noch gepfiffen hat? Nein, der Boss heißt nicht umsonst so. Wer so spielt, hat immer Recht, auch mit einem Kater, der so groß wie ein Tiger ist.

- He, Köttel, du bist doch jetzt wohl nich beleidigt oder wat?
- Nein, nein ... Aber wenn ich dir nicht gut genug bin, nimmst du vielleicht wieder einen anderen, der dir die Tasche trägt ...

Rahn holt Luft für eines seiner gewaltigen Lachen, doch

bevor das richtig losrumpelt, ist er schon wieder verstummt und hält sich den Schädel.

– Oh Mann, als wär ich gegen 'n Pfosten geknallt! Und du, Mattes, redest jetzt mal nich so 'n Blödsinn. Du bist doch mein Maskottchen! Ich gewinn' nur, wenn du dabei bist. Ham wir ja in Münster wieder gesehen.

Matthias schaut hoch in das Gesicht, das langsam wieder vertraute Konturen annimmt. War das jetzt ein Witz? Beim Boss weiß man nie. Aber hat er nicht immer Recht? In Münster jedenfalls haben sie verloren, und wo war Matthias? Zu Hause in Essen.

– Glaubse mir wohl nicht? Aber es stimmt wirklich. Immer, wenn du dabei bist, kann ich die ganz engen Spiele noch umbiegen. Jedes Mal.

Jetzt lächelt Matthias. Sonst sagen ihm nicht so viele, dass er für irgendwas gut ist. Klar, die Hasen, die brauchen ihn. Und Bruno für den Tabak. Aber das ist nichts im Vergleich zu einem Oberliga-Spiel. Jetzt könnte er noch ewig so weitergehen und die Tasche tragen, aber Rahn schaut auf seine Armbanduhr.

– Scheiße, is dat spät! Mensch, Junge, wir müssen uns beeilen, sonst muss ich noch extra Runden laufen und 50 Pfennig inne Mannschaftskasse blechen!

Rahn läuft, so schnell es sein Gehirn erlaubt, das immer wieder schmerzhaft gegen seine Stirn pocht. Matthias folgt ihm dicht auf den Fersen, bis er ihn ziehen lassen muss, zur Kabine hat er keinen Zutritt, die Holzhütte am Rande des Platzes ist tabu für Taschenträger. Matthias stellt sich neben den linken Pfosten des Tores, an dem er nicht in die Sonne gucken muss. An der Seitenlinie sieht man zwar besser, aber da kommt er nicht so oft an den Ball, außerdem wird da gleich wie bei jedem Training der Schwarm Kiebitze zum Schimpfen Position beziehen. Bohse und Grabitz lehnen schon mit den Ellbogen auf der Stange, die Bäuche darunter geklemmt. Und endlich schlurft auch Tiburski ins Stadion, fluchend und schwitzend nimmt er seine Position im Trio ein, wie immer rechts außen. Da haben die Spieler ihre erste Aufwärmrunde schon gedreht, und als sie das halbe Dutzend voll haben, ruft der Trainer sie in der Platzmitte zusammen.

– Männer, eigentlich wollte ich zu unserem Ausflug nach Münster kein Wort mehr sagen. Weil mir als Fußballtrainer nämlich zu 'ner Kaffeefahrt nix einfällt.

Die meisten Spieler haben die Hände auf dem Rücken verschränkt und senken die Köpfe. Nur Helmut Rahn wagt es, Karl Hohmann direkt anzusehen, und kratzt sich am Kopf.

– Wenn ihr also auch in Zukunft auswärts nur 'n Stückchen Kuchen essen und ein Kännchen Kaffee trinken wollt, dann sagt mir Bescheid. Dann bleib ich hier und halt nach Leuten Ausschau, die noch wissen, dass man in dem Sport rennen und kämpfen muss, und zwar bis zur letzten Minute. Und dass man nur gewinnen kann, wenn man auch ein Tor schießt. Und dass man, mein lieber Herr Rahn, die Punkte nicht geschenkt bekommt, weil man drei Gegner umfummelt und dabei sehr schön ausgesehen hat. Nein, das Runde muss ins Eckige, das ist der Sinn des Spiels.

– Mahlzeit.

Helmut Rahn muss immer das letzte Wort haben. Bevor er darüber zu diskutieren anfängt, holt Hohmann lieber die Trillerpfeife aus der Tasche seiner Trainingshose und bläst kräftig hinein.

– Also, damit ihr nochmal zeigen könnt, dass ihr noch wisst, worum es beim Fußball geht, machen wir ein Spielchen. Die elf Kaffeetanten von Samstag gegen den Rest.

Hohmann legt den Ball auf den Anstoßpunkt, die Mannschaften sortieren sich, mit dem Pfiff des Trainers spielt

Rahn zu Islacker, fordert die Lederkugel gleich zurück und marschiert mit ihr in die gegnerische Hälfte. Als hätte es die Biere am Vorabend nicht gegeben, drängt er vorwärts, den Oberkörper über dem Ball, wuchtig, aber elegant. Mit einer Geschwindigkeit, die man ihm bei den Hüften gar nicht zutraut, reiht er eine Körpertäuschung an die andere, pendelt nach rechts, um dann doch links am Gegenspieler vorbeizuziehen, mit dem Ball am Fuß immer noch deutlich schneller als der Verteidiger ohne. Mal tritt er auf das Spielgerät, um das Tempo rauszunehmen, mal lupft er es beinahe zärtlich über den Mann, der sich ihm in den Weg stellt. Mal tänzelt er so lange vor einem Gegenspieler herum, bis der schon glaubt, er habe sich in eine Ballettvorstellung verirrt. Doch auf die Grätsche, mit der das Gewackel beendet werden soll, hat Rahn nur gewartet. Die Beine des Gegners gehen auseinander wie die Flügel eines Scheunentors, und seelenruhig fährt Rahn die Ernte ein, spielt den Ball unter dem Mann hindurch, läuft um ihn herum und müsste nur noch schießen. Rahn schießt. Tor. Frustriert schaut, wer ihn nicht aufhalten konnte, an sich herunter: Da sind auch zwei Beine, aber die wollen nicht so, wie es sich der Kopf überlegt hat. Nur beim Rahn, so denken sie, geht immer alles so wie's soll. Doch auch Rahns Mitspieler gucken manchmal ratlos, denn der Boss ist zwar oft am Ball, aber genauso oft hat er kaum einen Blick für den Nebenmann, der vielleicht ein bisschen besser stünde, etwas näher zum Tor vielleicht oder ungedeckt. Aber was soll's, irgendwoher muss sein Spitzname ja kommen, und solange er die Kirsche reinmacht ... Das macht er oft genug. Selbst wenn mal ein Schuss daneben geht, freut sich noch einer: Matthias, der neben dem Pfosten kauert und sofort losläuft, wenn der Ball in sein Revier jenseits der Torauslinie fliegt.

– Mannmannmannmann!

Tiburskis bierselige Stimme wabert über den Platz. Darauf hat Grabitz, der Mittelstürmer im Drei-Mann-Nörgel-Sturm an der Seitenlinie, nur gewartet. Volley nimmt er die Vorlage auf und zieht ab.

– Genau! Wie der Boss wieder über den Platz schleicht!
– Alter Opa is kein D-Zug, Willi.

Tiburski grinst über seinen Spruch, als hätte er mit seinem einen Arm einen Elfmeter gehalten.

– Da hätten wir in Münster ja noch besser ausgesehen.

Grabitz glaubt, er kenne sich aus. Weil er mal einen Ball gegen den FC Dortmund getreten hat. Das war vor dem Krieg. Dem ersten. In diesem Moment bekommt Helmut Rahn den Ball von Gottschlack, noch 20 Meter bis zum Tor. Mühelos überläuft er zwei Gegenspieler, jetzt hat er nur noch Fritz Herkenrath vor sich, der normalerweise das Tor der ersten Mannschaft hütet, sich ihr diesmal aber zu Übungszwecken entgegenstellen soll, da hat er mehr zu tun. Er stürzt Rahn entgegen, ein Fehler, das weiß er in dem Moment, als der Boss den Fuß unter den Ball bringt und die Kugel in einem Bogen über seine, Herkenraths, wie bittend zum Himmel gereckten Hände lupft. Aber drinbleiben wäre auch keine Alternative gewesen, dann könnte sich Rahn die Ecke erst recht aussuchen. Jetzt drischt er ihn in die Mitte des leeren Tors.

– Mannmannmann.

Tiburski schüttelt den Kopf.

– Ach komm, den hätte meine Omma auch versenkt!

Grabitz weiß eben immer alles besser, und als Rahn kurz nach Wiederanpfiff einen Ball über das Tor jagt, legt er noch einen nach.

– Mensch, Helmut, du Flasche! Du triffst ja aus drei Metern keinen Möbelwagen.

Rahn schießt sofort, aus 20 Metern. Mitten auf die Stirn

trifft er Grabitz, und selbst dessen unter der Stange verkeilter Bauch kann nicht verhindern, dass der Mann zu Boden geht.
– Dat hab ich gehört, Willi!
Lachend spielt Rahn weiter, während Matthias der Mund so lange offen steht, bis die Zunge schon ganz trocken ist. Was würde er dafür geben, einmal so schießen zu können, nur ein einziges Mal! Er müsste natürlich gut überlegen, auf wen er zielen würde. Auf Frau Kurbjuweit vielleicht, die Lehrerin, die immer auf ihm herumhackt wegen des Fußballs und dabei noch weniger davon versteht als Mama? Peter von zwei Häuser weiter hätte es auch verdient, der nimmt ihn nie ernst, obwohl er nur zwei Jahre älter ist, und mitspielen lässt er ihn auch nie beim Fußball in der Siedlung. Dem könnte Matthias mal zeigen, was ein richtiger Bumms ist. Oder vielleicht doch einem von denen, die Papa nicht nach Hause lassen? Aber wer ist das schon? Und wer ist Papa?
Ein langer Pfiff reißt Matthias aus seinen Träumen vom perfekten Schuss.
– Feierabend, Männer! Ihr wisst also noch, wie's geht. Morgen Feinarbeit, und ich erzähl' was über Borussia Dortmund und wie wir die am Sonntag packen können.
Matthias läuft, nein, er tänzelt nach Hause. Rechts, links getäuscht – schon ist er vorbei, die Mülltonne hatte keine Chance. Wenn man etwas wirklich will, hat der Boss ihm mal gesagt, dann schafft man das auch. Der Boss wollte Nationalspieler werden, immer schon. Und was ist er jetzt? Na also! Matthias will jetzt nur einmal so einen Schuss hinbekommen und übt mit jedem Stein, der auf dem Bürgersteig liegt. Das sind viele, und es dämmert bereits, als er nach Hause kommt, und schon wieder sitzen alle am Tisch und gucken ihn an.

– Wo warst du so lange?

So ernst ist Mama sonst nie, wenn Matthias mal etwas später kommt, und zu spät ist es doch noch gar nicht.

– Beim Training. Was'n los?

Noch bevor Ingrid ihm mit einem Kopfnicken die Richtung weist, hat er den Brief auch gesehen. Ein längliches Kuvert mit einem mächtigen Aufdruck, »... Deutsches Rotes Kreuz ...«, kann Matthias lesen, mehr nicht, für ihn steht der Brief auf dem Kopf.

– Mama wollte ihn nicht aufmachen, bevor nicht alle Mann da sind.

Bruno drückt Matthias auf einen Stuhl und schaut seine Mutter auffordernd an.

– Und wenn er tot ist?

Ingrid hat noch nicht ausgesprochen, da senkt sie schon schnell den Blick. Das war vielleicht nicht die richtige Frage, aber was soll man denn erwarten nach all den Jahren? Sie weiß doch nicht mal mehr, wie er wirklich aussieht. Richard – das ist für sie der lächelnde Mann in Uniform, und damit haben sie doch auch leben können, mit dem Bild und ohne den Mann. Wenn er nicht wiederkommt, bleibt eben alles beim Alten. Und vielleicht kriegt Mama ja sogar noch einen Neuen. Und wenn er wiederkommt?

Das Reißen des Papiers lenkt alle Blicke auf den Umschlag. Vorsichtig fingert Christa den Brief heraus, entfaltet ihn, als könnte er zu Staub zerfallen, und all ihre Träume gleich mit. Sie liest, lautlos, zweimal, dreimal fliegen ihre Augen über die wenigen Zeilen. Dann hat sie verstanden.

– Bald werden wir wieder eine richtige Familie sein.

Christa Lubanski beginnt zu schluchzen, erst kaum merklich nur, dann immer mehr. Erst als sie aufsteht, um ein neues, das dritte Taschentuch zu holen, sieht sie, wie ihre Kinder sie anstarren.

– Was denn, freut ihr euch denn gar nicht?
– Doch, doch.

Bruno guckt dahin, wo Matthias schon lange Halt sucht: nach unten, auf das rote und weiße Muster der Tischdecke aus Wachstuch.

Freitag, 2. April 1954, noch 94 Tage bis zum Finale

9.30 Uhr Essen-Hauptbahnhof, für den Bahnsteig beachten Sie bitte die Durchsage, stand in dem Brief. Das ist zwar erst in anderthalb Stunden, aber Christa Lubanski hatte nicht mit sich diskutieren lassen. »Zwölf Jahre«, hatte sie Bruno zugerufen, der fand, neun sei immer noch zeitig genug, »zwölf Jahre hab' ich gewartet. Und da soll ich's riskieren zu spät zu kommen?!« Keiner von den Lubanskis hat in dieser Nacht geschlafen. Die Gedanken aller kreisen um den Mann auf dem Foto, sie hatten einander belauscht, als ob man am Rascheln der Bettdecken hätte erkennen können, was die Menschen darunter vom nächsten Tag erwarteten, erhofften, befürchteten. Am Ende waren alle erleichtert, sich endlich zum letzten Frühstück zu viert hinsetzen zu können. Matthias wäre am liebsten auch noch zur Schule gegangen, aber Mama hatte mit Frau Kurbjuweit geredet. »Nein so was!«, hatte die gesagt und sich Matthias gegriffen, der neben seiner Mutter gestanden war. Seinen Kopf hatte sie, was noch nie passiert war, an ihren Bauch gedrückt, wo es nach entschieden zu viel Omo roch, und ihm durch die Haare gestrubbelt. »Da freust du dich aber sicher ganz doll!«, hatte sie mehr gerufen als gefragt, aber Matthias konnte nicht antworten, zum einen, weil er ein Stück Kleid mit Waschpulver-Geschmack im Mund hatte, zum anderen, weil er nicht wusste, ob er sich freute auf den lachenden

Mann vom Foto. Als er wieder Luft bekam, hatte Frau Kurbjuweit das Interesse an ihm schon verloren und sprach mit seiner Mutter. Selbstverständlich könne der Junge – der Name Matthias kam ihr nicht über die Lippen – am Freitag dem Unterricht fernbleiben, und am Montag wohl auch noch, schließlich sei das sicher eine schwere Zeit gewesen und sie kein Unmensch, weshalb der Junge einen Tag mehr haben könne, um sich an seinen Vater zu gewöhnen. Aber am Dienstag solle er doch bitte schön wieder zum Unterricht erscheinen, gleich zur ersten Stunde, Geschichte, Karl der Große.

Gern säße Matthias jetzt auf seinem Platz in der Schule, aber er steht in seinem blauen Sonntagsanzug in der Halle des Essener Hauptbahnhofs und kommt sich komisch vor, schließlich ist Freitag, und er ist der einzige Junge im feinen Anzug. Immer wieder packt seine Mutter, die hinter ihm steht, die schmächtigen Schultern, nie weiß Matthias, ob sie ihn am Weglaufen hindern will oder ob er sie stützen muss. Aber eins weiß er sicher: Wenn sie noch einmal mit Spucke seinen Scheitel nachzieht, dann rennt er.

– Achtung, Achtung, eine Durchsage. Der Sonderzug Nr. 12 mit den Spätheimkehrern aus Russland wird in Kürze auf Bahnsteig 3 eintreffen.

Eine Druckwelle geht durch die Menschenmenge in der Halle. 80, vielleicht 100 Leute, die auffallen durch ihre angespannten Bewegungen, die bange Entschlossenheit, mit der sie sich an ihre Blumensträuße klammern, drängen plötzlich in den Gang, der zu den Gleisen führt. Es ist immer noch eine Stunde hin bis zur geplanten Ankunft des Zuges, doch Christa Lubanskis Mund ist so trocken wie das Pfund gutes Kaffeepulver, das sie zur Feier des Tages gestern noch gekauft hat. Und ihre Knie sind so weich, wie sie es nicht mal beim ersten Rendezvous mit Richard waren.

Das war 1934, am Baldeneysee. Vom Sehen kannten sie sich schon, so wie halt jeder jeden ein bisschen kennt in Katernberg. Und dann hatte ihr älterer Bruder, der Georg, Richard mal mit nach Hause gebracht. Die beiden spielten zusammen Fußball, Sportfreunde Katernberg, 1. Reserve, nix Dolles, aber genug, um ein Gespräch daran aufzuhängen. »Und«, hatte Christa gefragt, »haste wieder die Bude voll gekriegt?« »Darf ich vorstellen, meine Schwester Christa«, hatte ihr Bruder gesagt und die Torwartmütze lässig auf den Haken im Flur geschleudert, »Deutschlands größter Fußballexperte gleich nach dem Reichstrainer. Hätte der sie mal um Rat gefragt, hätten wir vorgestern auch nicht gegen die Tschechen verloren.«

Im Juni '34 war das gewesen, kurz nach dem Halbfinale Deutschland – Tschechoslowakei. 3:1 hatten die Deutschen verloren. »Hättense mal den Münzenberg als Stopper aufgestellt, wär' das nicht passiert«, hatte sich Christa damals vor dem fußballkundigen Besuch dicke getan, »was schickt er ihm erst 'n Telegramm, der muss nach Italien kommen und soll seine Hochzeit mal verschieben. Und dann lässt er ihn nicht spielen.« Richard hatte sie nur stumm angeschaut, die Tasche mit den Fußballschuhen in der Hand. »Na, wenn der vor'm Tor auch immer so lange wartet, bis wat passiert, könnt ihr ja auch nicht gewinnen«, hatte Christa gesagt. »Richard Lubanski, 14 Spiele, 23 Tore, angenehm«, war seine Antwort. Nicht schlecht, dachte Christa, die Quote nicht und die Antwort auch nicht. Und als er dann nach einer Stunde gehen musste, reichte er ihr die Hand mit den Worten: »Ich kann zwar besser Fußballspielen, aber ich würde mir wohl auch zutrauen, ein Ruderboot zu bewegen, ohne dass es gleich untergeht. Vorausgesetzt, Sie würden mit drinsitzen.« So schön hatte er das gesagt, ein bisschen umständlich und doch nicht dämlich, nein, alles andere als das. Und so waren sie rudern gegangen am 7. Juni 1934, ein unvergesslicher Tag, wegen des Ruderns natürlich, aber auch wegen des Wunders von Neapel. Deutschland schlägt Österreich bei der Weltmeisterschaft und wird Dritter! Wie ging's noch aus? 3:1? Oder 3:2? Das Rudern jedenfalls endete mit dem ersten Kuss.

Das ist nun schon 20 Jahre her. Christa Lubanski muss sich erst mal wieder an ihrem Matthias festhalten, damit sie auf der Treppe hoch zum Bahnsteig nicht ins Stolpern gerät. Das fehlte noch, das fliederfarbene Kostüm versauen. Bruno geht voran, wie eigentlich immer, den Rücken ganz gerade, und dass er vor Aufregung am liebsten kotzen würde, sieht ihm nicht mal seine Mutter an. Er bugsiert seine Familie neben den langen Tisch, den die Rot-Kreuz-Schwestern oben auf dem Bahnsteig aufgestellt haben. Drei große Metallkanister mit Suppe stehen darauf, daneben stapeln sich ein paar Laibe Brot. Hier ist am wenigsten Betrieb, denn im Moment haben die Leute andere Sorgen als ihr zweites Frühstück. Bruno zieht die Villosa-Dose aus der Hosentasche und steckt sich erst mal eine Selbstgedrehte an, ist ja noch ein bisschen Zeit, und woran soll er sich sonst festhalten.

– Was, wenn er nu wieder nich dabei ist? Wie vor drei Jahren auch?

– Ingrid! Bitte! Mach mich nicht wahnsinnig! Ich bin so schon nervös genug.

Christa hat Matthias losgelassen und klammert sich nun an den Bügel ihrer Handtasche. Das Leder ist schon ganz brüchig, aber es ist das letzte Geschenk, das Richard seiner Frau gemacht hat vor seiner Abreise an die Front. Vor drei Jahren hatte sie die auch schon dabei, der Brief war darin, der ganz ähnlich gelautet hatte wie der von voriger Woche. Dass ein Sonderzug kommen würde und aller Voraussicht nach auch Herr Richard Lubanski, geboren am 28. Januar

1912 in Essen, dabei sein würde. War er dann aber nicht. Drei Stunden hatten sie nach Ankunft des Zuges ausgeharrt, die Kinder quengelten, alle anderen waren schon längst nach Hause gegangen, glücklich wieder vereinte Paare, Familien. Fast jeden aus dem Zug hatte Christa gefragt, ob er nicht ihren Richard gesehen hätte, Richard Lubanski, sogar das Foto hatte sie aus der Tasche geholt und rumgezeigt, obwohl sie es ursprünglich gar nicht hatte mitnehmen wollen, weil sie glaubte, ihren Mann auch nach all den Jahren ohne weiteres erkennen zu können. Schließlich hatte sie es den Bahnbeamten unter die Nase gehalten, die der verzweifelten Frau mit den verheulten Augen aber auch nicht helfen konnten und das eigene Unbehagen mit einem bedauernden Schulterzucken wegzudrücken versuchten. Noch am selben Nachmittag hatte Christa angerufen bei der Telefonnummer, die auf dem Brief stand. Wo denn ihr Richard sei, er hätte doch kommen sollen mit dem Zug, ob etwas passiert wäre. Umständlich hatte der Mann am anderen Ende der Leitung sich alles noch einmal erklären lassen, Name, wann und wo geboren, wann eingezogen, Dienstnummer, wann zuletzt gesehen, wann zuletzt was von gehört. »Das wissen Sie doch alles längst!«, hatte Christa in den Hörer geschrien, »ich will nur wissen, wo er ist. Ob er überhaupt noch lebt.« »Gute Frau«, hatte die Antwort aus dem Hörer gelautet, »nun beruhigen Sie sich mal. Fälle wie den Ihren haben wir 'ne Menge. Da stehen Leute auf der Liste, dass sie freikommen, und dann dürfen sie doch nicht. Oder es war einfach 'ne Verwechslung. Woher sollen wir denn wissen, was der Russe da alles anstellt?« Die Telefonstimme hat Christa noch im Ohr, als wenn es gestern gewesen wäre. Beschwörend spricht sie vor sich hin.

– Wenn es Richard nur gut geht! Wer weiß, was der Russe ihm alles angetan hat ...

Tuschtäkätä, tuschtäkätä, umpfda umpfda umpf. Mit zackigem Schwung hat der Dirigent den Männern von »Glück auf« den Einsatz gegeben, jetzt blasen sie was geht in ihre Trompeten, Tuben und Posaunen.
– Der Russe! Der Russe! Wenn ich das schon höre!
Heftiger als nötig wirft Bruno seine Zigarette auf den Boden und tritt sie aus, als wolle er sie gleich einen halben Meter tief im Bahnsteig versenken.
– *Der* Russe hat *dem* Deutschen in den Arsch getreten, weil der ihn überfallen hat, einfach so, ohne Grund. Und dein Mann war fröhlich mit dabei. Haste schon vergessen, wa?
Am liebsten würde Christa ihren Sohn jetzt packen und durchschütteln, bis all der Unsinn aus seinem Kopf auf den Schotter zwischen den Schienen gerollt ist. Aber am Ende ist sie nur froh, dass er es jetzt gesagt hat, wo der Zug noch nicht da ist. Denn wenn Richard so was als Erstes hört, fährt er gleich wieder. Oder stößt den Bruno auf die Gleise. Ein schriller Pfiff gellt über den Bahnhof.
– Von der Bahnsteigkante zurücktreten, der Zug fährt ein!
Ein letztes Schnaufen, und die mit Birkenreisern geschmückte Lokomotive hält. Aus den geöffneten Waggonfenstern schauen ein paar ausgemergelte Gestalten, die Wangen hohl, die Augen tief in den Höhlen. Viele haben noch die gefütterte Mütze mit den langen Ohrenklappen auf dem Kopf, Salzränder mäandern über die völlig verschossene Tarnfarbe. Einige winken, und wer unten auf dem Bahnsteig einen Blick für diese Hände hat, ahnt, was sie in den vergangenen Jahren zu tragen hatten.
Die erste Tür geht auf, eine Krücke wird den sich streckenden Händen auf dem Bahnsteig gereicht. Ingrid wird fast so weiß wie ihr Sommerkleid, das sie erst letzte Woche gekauft hat. Was, wenn ihr Vater ein Krüppel ist wie

Tiburski? Dann sitzt er am Ende auch nur den ganzen Tag in »Christas Eck« und sie muss ihm die Biere hinstellen. Der Invalide hüpft auf einem Bein hinunter zum Bahnsteig, ein Schrank von einem Mann mit eisgrauem Vollbart. Gott sei Dank, so groß und schwer war Papa nicht, denkt Ingrid, und zugenommen haben wird er in der Gefangenschaft ja wohl nicht. Überall umarmen sich jetzt Menschen, einige Frauen werfen Schokoladentafeln und Zigarettenschachteln, an die sie kleine Briefchen geheftet haben, durch die offenen Zugfenster, wo noch immer einige der Heimkehrer unschlüssig den Blick über den Bahnsteig schweifen lassen.
– Was machen die denn da, Mama?
Matthias fragt, weil er eh nicht weiß, wonach er Ausschau halten soll.
– Die hoffen auf 'nen neuen Kerl.
Christa hatte gar nicht zugehört, ganz grau ist sie schon im Gesicht, und wenn sie nicht bald aufhört, ihre Unterlippe zu kauen, wird sie noch zu bluten anfangen. Bruno antwortet seinem kleinen Bruder.
– Männer sind Mangelware in Deutschland, weil die ja alle ganz wild drauf waren, neuen Lebensraum im Osten zu erobern. Und da sind se dann krepiert, im neuen Lebensraum. Was jetzt zurückkommt, sind 'n paar ganz seltene Exemplare, heiß begehrt.
Ein Mann in der wattierten Uniformjacke der Wehrmacht steuert auf das Ende des Bahnsteigs zu, den Rucksack mit den Lederriemen vorschriftsmäßig umgeschnallt. Hager ist er, unrasiert, die Lippen rissig und voll altem Schorf. Aber selbst die zahlreichen Löcher in der Jacke nehmen ihm nichts von der Würde, die er sich entschlossen hat zur Schau zu tragen. Ein ums andere Mal rempelt er die sich schon glücklich umarmenden Paare an, so fixiert ist sein Blick auf die vier hinter dem Suppentisch. Selbst die Frau, die sich

ihm mit einem Hochzeitsfoto auf Pappkarton in den Weg stellt, kann ihn nicht aufhalten. Mit immer schneller werdenden Schritten geht er auf das weiße Kleid zu, umarmt es, krallt sich in die Schulterpolster, den Mund verkrampft in dem Versuch, nur ja nicht weinen zu müssen.
– Christa!
Die Schultern im Kleid werden noch schmaler, als sie ohnehin schon sind.
– Ich ... ich ... ich bin die Ingrid.
Richard erstarrt. Er hebt den Kopf von der Schulter des Mädchens, das er für seine Frau hielt; sein eben noch zielstrebiger Blick flackert. Er wendet den Kopf, und wäre ihm nicht alles Blut in die Beine gesackt, wäre er wohl rot geworden vor Scham. Er hat ja Recht, denkt Christa. Was ist denn noch dran an mir? Das Beste ist noch das Kostüm, ziemlich neu, der Rest ist doch alter Kram, verbraucht. Und jetzt? Lachen? Weinen? Sie klammert sich an Matthias, und diesmal weiß der genau, warum. Richard guckt noch immer zu ihr hinüber, unschlüssig. Sein Blick taxiert Bruno, der so groß wie er selbst geworden ist, und dann den blassen Jungen mit den roten Haaren, an dem seine Frau sich krampfhaft festhält und der ihn ansieht, als sei er, der Heimkehrer, gerade erst aus dem Schützengraben gekrochen. Mit einer wischenden Bewegung der Hand weist Richard auf Matthias:
– Und wer ist der da?

Kein einziges Wort fällt mehr auf dem Weg vom Bahnhof zum Haus der Lubanskis. Trauriger als eine Fronleichnamsprozession im Dauerregen sieht der kleine Zug aus, an dessen Spitze sich Richard mit festem Schritt und hochgezogenen Schultern gesetzt hat, nach all den Jahren nur einmal kurz zögernd, ob er auch noch auf dem richtigen Weg ist.

Dahinter Christa, die Matthias so fest an der Hand hält, dass ihre Knöchel hell wie seine Haut sind, dann Ingrid, das weiße Kleid immer wieder glatt streichend, schließlich, mit einigem Abstand, Bruno, mit den Händen in den Hosentaschen grabend, als gäbe es dort irgendetwas zu finden, an dem er seine Wut auslassen könnte. Endlich daheim, flüchtet jeder in hektische Betriebsamkeit, als sei schon genug Zeit vergeudet worden. Ingrid zieht das Kleid aus und ihren schäbigsten Wollpullover an, Bruno verschanzt sich hinter einer KPD-Broschüre, Christa kocht Kaffee, Matthias deckt, so langsam er kann, den Tisch, damit sich möglichst spät die Frage stellt, was als Nächstes kommt. Richard verschwindet im Badezimmer.

– Ich hatte dir doch von ihm geschrieben.

Christa ist die Erste, die die Stille und die verstohlenen Blicke der Kinder auf den Mann am Kopfende des Tisches nicht mehr aushält. Zum ersten Mal seit mehr als zwölf Jahren hat der ein sauberes, gebügeltes Hemd an, und damit ihn das nicht völlig aus der Fassung bringt, hat er eine Weste darüber gezogen und presst die Ellbogen auf den Tisch. Selbst wenn er sich mit der Hand über das nass gekämmte Haar und die frisch rasierten Wangen streicht, nimmt er die Arme nicht aus ihrer Position.

– Ich hab' nie einen Brief bekommen.

Zum ersten Mal, seit er sich hingesetzt hat, hebt Richard einen Arm hoch und führt die Tasse an den Mund, so vorsichtig, als könne er mit einer einzigen unbedachten Bewegung den Henkel kaputtmachen, und alles andere auch. Laut schlürfend trinkt er, das macht den Schluck länger, es dehnt die Überwältigung durch den ersten Kaffee, seit er in russische Gefangenschaft geriet. Christa sieht ihn zum ersten Mal direkt an.

– Tut mir Leid. Matthias kam, als du wieder an die Front musstest.

Alle sehen, dass hinter Richards Stirn eine Rechenmaschine anspringt. Mitte 1942 plus neun Monate plus wie alt mag der Bengel wohl sein, wenn das mal alles so stimmt. Christa will ihm helfen – und sich auch.

– Neun Monate, nachdem du wieder an die Front musstest.

– Die Ähnlichkeit ist ja wohl nicht zu übersehen.

Bruno spricht in dem Ton, der demjenigen zusteht, der den Platz am Kopfende innehat. Aber da sitzt jetzt ein anderer.

– Du redest, wenn du gefragt wirst.

Richards Ton ist fast so finster wie der Blick, den er auf Matthias wirft.

– Heißt er wenigstens nach meinem Vater?

Christa nickt stumm, während Matthias zum achten Mal beginnt, die Streusel auf seinem Kuchen zu zählen. Spätestens bei elf hat er sich bisher jedes Mal verheddert. Endlich erlöst ihn seine Mutter von der Konditorei-Mathematik.

– Woll'n wir mal?

Sie fragt so betont aufgeräumt, als könnte das Durcheinander in ihr allein mit ein bisschen Lautstärke gebändigt werden. Energisch räumt sie die Teller zusammen, und während die anderen noch verlegene Puzzle-Spiele mit ihren Krümeln veranstalten, hat sie schon ihren Mantel vom Haken genommen und wirft Matthias die Jacke hin.

– Los, Sportsfreund, oder willst du, dass deine alte Mutter zuerst da ist?

Matthias springt los, zur Haustür hinaus, die Straße hinunter, den ganzen Weg bis zu »Christas Eck« hält er das Tempo. Nur weg. Atemlos beugt er sich über den leeren Fahrradständer neben dem Eingang der Kneipe, doch bis

die anderen eintreffen, hat er schon wieder Luft geschnappt. Christa hat sich bei Richard untergehakt, dessen ganzes Interesse aber offenbar der Beschaffenheit des Bürgersteigs gilt. Sie lässt ihn los und öffnet die Tür, drängt sich durch den Filz des Vorhangs und findet im stockdunklen Inneren sofort den Lichtschalter.
– So, das ist sie. Wir haben heute natürlich zugemacht. Wegen dir, Richard.
– Hm.
Richard lässt den Blick schweifen über die Tische, die DAB-Reklame, den Geldspielautomaten, auf dem die Zahlen 3, 7 und 9 das Unglück des letzten Gastes festhalten.
– Und bis zur Zeche is' es nur fünf Minuten mit 'm Fahrrad.
Christa hasst sich selbst dafür, dass sie hier so steht und redet, als wäre sie eine Maklerin und müsste dem mürrisch dreinblickenden Mann die Kneipe verkaufen.
– Und du stehst hier also hinter der Theke?
– Ja, und die Ingrid hilft beim Bedienen.
– Aha. Und Bruno?
– Ich mach was anderes.
– Und was?
– Ich bin Musiker.
– Musiker.
– Ja.
– Soso.
Richard setzt seine Expedition durch das fahle Neonlicht und den Dunst aus kaltem Rauch fort, mit spitzem Finger wischt er über die Tische und bleibt schließlich vor dem Plakat stehen, das Bruno vor wenigen Wochen aufgehängt hat. Wortlos starrt er darauf, bis er, ganz langsam, eine Hand aus der Hosentasche zieht und das Plakat mit einem einzigen Ruck von der Wand reißt. Schneller werdend und die zweite

Hand zu Hilfe nehmend knüllt er es zusammen und schießt es mit dem Vollspann seines rechten Fußes Richtung Ausgang. Das Knäuel prallt vom Vorhang ab und bleibt mitten im Raum liegen.

– Und wer ist das?

Inzwischen ist Richard in der rechten hinteren Ecke der Kneipe angekommen, wo einige Fotos mit Reißzwecken an die Holzvertäfelung gepinnt sind. Ein Fußballer, mal am Spielfeldrand mit verschränkten Armen posierend, mal in voller Bewegung beim Torschuss, mal in zweiter Reihe auf einem Mannschaftsbild, den Kopf mit dem keck hochgereckten Kinn hat jemand mit einem roten Stift eingekreist.

– Das ist der Boss!

Die ganze letzte Nacht lang hatte Matthias überlegt, was wohl die ersten Worte sein sollten, die er in seinem Leben an seinen Vater richten würde. Guten Tag, ich heiße Matthias Lubanski und bin elf Jahre alt? Tach Papa, schön, dass du wieder da bist? Lieber Papa, spielst du auch mal mit mir Fußball? Alles Mögliche hatte er ausprobiert, »das ist der Boss« war nicht dabei gewesen.

– Soso, der Boss.

– Ja, so nennen ihn hier alle.

Christa hatte gesehen, wie es aus Matthias nach all den Stunden herausgeplatzt war, und sie hatte auch gesehen, wie er sofort wieder verstummte, weil es nicht die richtigen ersten Worte eines Sohnes an seinen fremden Vater waren. Und sie kennt trotz all der Stunden in der Kneipe, in denen sie sich nicht um ihn kümmern kann, ihren Matthias gut genug, um zu wissen, wie er sich fühlt, und dass er nun einen Verteidiger an seiner Seite braucht.

– Eigentlich heißt er Helmut Rahn und ...

Matthias hat sich erholt, neuen Mut gefasst und fällt seiner Mutter ins Wort.

– Und spielt hier bei Rot-Weiß Essen und ist sogar mein bester Freund! Bald ist ja die Weltmeisterschaft in der Schweiz ...

– Dein bester Freund?

– Ja, ich darf immer seine Tasche tragen und dafür umsonst ins Stadion!

– Er ist so 'ne Art Vaterfigur für ihn ...

Das V-Wort hat er noch gar nicht ganz ausgesprochen, da weiß Bruno schon, dass es auch nicht gut ankommen wird. Dabei wollte er die Sache mit dem Plakat doch auf sich beruhen lassen, ehrlich. Der Alte ist ja noch keinen halben Tag zu Hause und sicher nicht im Bilde, was hierzulande politisch so los ist. Aber muss er denn auch so auf dem Mattes rumhacken. Der hat sich schließlich nicht selbst gezeugt im Fronturlaub. Bruno schaut erst wieder auf, als die Kneipentür schlägt. Sein Vater ist verschwunden, das zerknüllte Plakat auch. Durch den Vorhang dringt das Geräusch eines Mülleimerdeckels, der mit aller Gewalt zugeknallt wird.

Christa sieht ihren Mann erst wieder, als sie schon ihr Nachthemd übergezogen und sich mit der »Quick« ins Bett gelegt hat. Doch sie liest nicht in dem reichlich abgegriffenen Exemplar. Umständlich wie ein kleines Kind legt Richard seine Kleider ab, seiner Frau nur den knochigen, wie ein Fragezeichen verspannten Rücken zeigend. Beim Versuch, den Schlafanzug anzuziehen ohne etwas von sich preiszugeben, stürzt er fast. Endlich dreht er sich um, an den Ärmel zupfend, als sei noch ein nacktes Handgelenk zu intim.

– Die Kinder sind ja völlig durch den Wind. Es wird höchste Zeit, dass sie wieder Disziplin lernen.

Christa lässt die Zeitschrift sinken, aus deren Deckung

heraus sie den Mann betrachtet hatte, den sie so gerne wieder begehren würde.

– Ich hatte so wenig Zeit für sie, wegen der Wirtschaft und überhaupt.

– Das wird alles anders, wenn ich erst mal meine Entschädigung habe.

– Willst du denn wieder arbeiten?

– Klar! Ich fang so schnell wie möglich wieder auf Schacht 4 an. Ich werd doch wohl noch meine Familie selbst ernähren können! Und die Kneipe können wir dann verkaufen.

Nur kurz stockt Christa, dann schiebt sie sich weiter zur Schlafzimmerwand, um Richard Platz unter der gemeinsamen Bettdecke zu machen. Hastig schlüpft er hinein und legt sich auf den Rücken, die Hände an die ausgemergelten Oberschenkel gepresst. Anfangs hatte sich Christa diesen Moment immer wieder vorgestellt, zuletzt nicht mehr so oft, und so, wenn sie ehrlich war, eigentlich nie. In ihrer Fantasie war es immer der lachende Mann vom Foto, der mit kühnem Schwung ins Bett sprang. Aber Christa hat in den letzten Jahren gelernt, dass die guten Dinge im Leben nicht einfach von selbst kommen, sondern dass man sie sich nehmen muss, sonst wartet man ewig. Zärtlich streichelt sie über die Schulter neben ihr, übernatürlich laut scheint ihr das Knistern, mit dem die raue Haut ihrer Hand über die Baumwolle fährt. Richard rührt sich nicht, und als Christas Hand am obersten Knopf angekommen ist, drückt Richard das Kreuz nur noch mehr durch.

– Lass mir noch ein bisschen Zeit, Christa.

Sonntag, 2. Mai 1954, noch 64 Tage bis zum Finale

– A one, two, one, two, three, four!

Die »Milchbar« kocht. Bei »four« stößt Bruno das Plektron in die Saiten. Aus dem Verstärker, an den er seine elektrische Gitarre angeschlossen hat, springt der Akkord von der kleinen Sperrholzbühne runter in den Saal, mitten zwischen die Tanzenden, die noch ganz außer Atem sind von der Nummer zuvor. Im gleichen Moment versetzt Klaus, der Schlagzeuger, seinem Crashbecken einen wohl dosierten Hieb, und jetzt haben die Tänzer keine Wahl mehr. Automatisch, als seien sie mit einem Kabel an die Band angeschlossen, sortieren sich Männer und Frauen wieder zu Paaren, Grundstellung, und los, Boogie-Woogie. In den schnellen Drehungen spannen sich die Sommerröcke auf wie Sonnenschirme, kreiseln im milchweißen Nachmittagslicht, das durch die großen Fenster von der Straße hereinfällt. Entrückt blickt Bruno über das Gewoge zu seinen Füßen, einen Punkt fixierend, der irgendwo noch weit hinter der Holzvertäfelung am Ende des Saals liegen muss, wo ein Alpenpanorama im Goldrahmen hängt und davon erzählt, dass an den Tischen normalerweise ältere Damen sitzen, den Hut noch auf dem Kopf, und ein Kännchen Kaffee trinken. Aber jeden Sonntagnachmittag werden für den Tanztee die Tische aus der Mitte des Raums gerückt, die Hüte und ihre Damen bleiben zu Hause, und der Altersdurchschnitt der Besucher sinkt um wenigstens 35 Jahre auf siebzehneinhalb. »The Twisters« steht in silbern glitzernden Buchstaben auf der großen Basstrommel, dem unermüdlich pulsierenden Fundament von Klaus' Schlagzeug. Wochenlang hatten die fünf Musiker um den Namen gerungen, nur dass es was Englisches sein sollte, war von Anfang an klar. Englisch ist wie ihre Musik: schneller, besser und für ihre Eltern unverständlicher. Also hatte jeder ein paar Vorschläge aus dem Wörterbuch rausgesucht, schließlich machte Klaus das Rennen, war ja auch sein Schlagzeug, auf dem der Name stehen sollte. Jetzt, bei Takt 30 der Nummer, die sie erst in der vergangenen Woche neu eingeübt haben, scheint ihm ein außerplanmäßiger Hieb auf die kleine Trommel angemessen, um Bruno rauszureißen aus seinen Träumereien, bei Takt 32 hat der nämlich sein Solo. Der Schlag sitzt, Bruno beugt sich über seine Gitarre, acht Takte lang lässt er die Finger fliegen, dann schaut er rüber zu Martin, dem Saxofonisten, der nun so viele Läufe ausgießt, wie seine Kanne hergibt.

– Wir machen eine kurze Pause!

Bruno haucht mehr in sein Mikrofon, als dass er spricht. Auch das Klavier hatte inzwischen sein Solo und Bruno mit einem gewagten Sprung alle Musiker zur gemeinsamen Punktlandung am Ende der Nummer gebracht.

– In fünf Minuten geht's mit was Besonderem weiter: Den Damen zur Freude, den Herren zur Qual: Damenwahl! Die Herrentoilette ist geschlossen.

Lachend lässt sich Ingrid auf ihren Stuhl fallen. Auch diesen Laden hat Bruno ganz schön im Griff. Sie erinnert sich noch, wie es hier zuging, als sie im letzten Herbst zum ersten Mal herkommen durfte, Mama hatte es erlaubt und ihr sogar einen Lippenstift geliehen. Da kam die Musik noch aus dem Automaten in der Ecke, immer musste sich einer finden, der zehn Pfennig reinwarf und dann die Auswahl hatte zwischen so Sachen wie »Tanze mit mir in den Morgen« und »In einer kleinen Konditorei«. Dazu schob man dann artig über die Tanzfläche, was Ingrid damals schon ziemlich aufregend fand, in jedem Fall war es besser, als zu Hause rumzusitzen oder mit den Freundinnen von der Bank an der Straßenbahnhaltestelle aus den Jungs beim

Rumstolzieren zuzusehen. In der »Milchbar« war man wenigstens mit ihnen auf Tuchfühlung, wenn auch bei fader Musik. Dann hatte Bruno eines Tages mit Herrn Balling geredet, dem die »Milchbar« gehört: Er mache mit vier anderen Musik, auch zum Tanzen, ob sie nicht mal am Sonntagnachmittag spielen dürften. »Aber nur eine halbe Stunde«, hatte Balling gesagt, »keine Experimente, nachher will das keiner hören, ihr spielt mir den Laden leer und meine Kasse stimmt nicht mehr.« Als sie nach anderthalb Stunden aufhören wollten, war es Balling, der sie wieder zurück an die Instrumente scheuchte. »Jungs, ihr könnt jetzt nicht aufhören, sonst brechen mir die Leute die Bude ab«, hatte er gebettelt, und so spielte die damals namenlose Kapelle noch einmal ihre acht Stücke, mehr konnten sie nicht, aber niemand störte sich dran, die Nummern zum dritten Mal an diesem Nachmittag zu hören. Drei Wochen später waren es genug Stücke für zwei Stunden, und Balling hatte ein Plakat ins Fenster gehängt: »Da kocht doch die Milch über! Jeden Sonntag ab 16 Uhr Tanz mit den Twisters. Eintritt 50 Pfennig«, die Einnahmen teilte er sechzig zu vierzig mit der Band. Bruno und die anderen Musiker bauten die kleine Bühne zusammen, das Material hatte Balling auch noch bezahlt. Schließlich brummte sein Laden nun, schon am zweiten Sonntag mit den Twisters hatten die Tanzwütigen die Grundschritte für Boogie-Woogie intus, weil zu Hause fleißig geübt wurde. Erst wollte Bruno nicht, aber Ingrid hatte ihn gezwungen, in seinem Kofferradio BFBS einzustellen, den Sender der englischen Soldaten, und zu deren Musik die neuen Schritte zu üben, unterm Dach, in Brunos und Matthias' Zimmer. Der Kleine hatte oben auf dem Etagenbett gelegen, aufmerksam zugeschaut und dabei seine Zigarettenproduktion wieder aufgenommen. Nach einer Woche Training war Ingrid sich ihrer

Sache schon ziemlich sicher, und am nächsten Sonntag hatte sie mit Wolfgang getanzt, dem langen Schlaks vom Ende der Straße, der sich die Haare immer so verwegen zurückkämmt. Ganz vorsichtig hatte sie angefangen und dann immer wilder weitergemacht, bis die Haarspange ihre fliegende Mähne kaum mehr bändigen konnte. Seitdem ist sie Stammgast in der »Milchbar«, wo es nun jeden Sonntag so heiß hergeht, dass regelmäßig die Scheiben von innen beschlagen. Und Mama hat noch immer nichts dagegen, denn der Tanz geht erst los, wenn der Frühschoppen in »Christas Eck« vorbei und der Abwasch gemacht ist. Und Sonntagabend ist sowieso zu, vor Schichtbeginn am Montagmorgen um fünf geht keiner mehr lange raus außer dem alten Tiburski, und für den allein lohnt es sich nicht, die Wirtschaft aufzumachen, da kann er noch so viele Pils trinken. Und außerdem, hatte sich Christa zu Beginn der Tanzerei immer wieder zur Beruhigung gesagt, außerdem muss das Mädchen mal irgendwo Dampf ablassen, sonst geht sie noch kaputt mit morgens Schule, nachmittags Hausaufgaben und abends Kneipe.

– Wollen wir nochmal?

Die Pause ist vorbei, Bruno hat die Gitarre wieder umgehängt und die Drohung wahr gemacht: Damenwahl, Ingrid steht vor Wolfgang und schaut ihn auffordernd an. In der Pause hat sie den Lippenstift nachgezogen und die Haare wieder aus der Stirn gesteckt, mal sehen, wie lange das hält bei »Crazy Man, Crazy«, das die Twisters jetzt spielen, »was ganz Neues«, hat Bruno vor dem ersten Ton gesagt, »ist erst vor zwei Monaten rausgekommen, von Bill Haley«. Drei Stücke und drei Dutzend Umdrehungen später sitzt Ingrid atemlos auf ihrem Stuhl am Rand der Tanzfläche und stürzt sich auf das Glas Limonade, das Wolfgang ihr mit einer schelmischen Verbeugung reicht. Dann fingert er aus seiner

Jacke auch noch eine Zigarette und hält sie Ingrid unter die Nase.
– Magst du eine?

Ingrid will gerade zugreifen, als sie aus dem Augenwinkel ihren Bruder herüberwinken sieht. Was will der denn nun schon wieder? Als sie ihn unwirsch ansieht, deutet er mit dem Kinn Richtung Ausgang. Ingrid erstarrt.

Reglos steht ein Mann in der Tür, den Hut noch auf dem Kopf, den dürren Körper in ein verschossenes Jackett gezwängt, die Lippen so aufeinander gepresst, dass der Mund ganz schmal geworden ist. Papa. Hastig schaut Ingrid an sich herab, als ob dort irgendetwas sein könnte, was den Vorwurf in Richard Lubanskis Blick rechtfertigte. Aber sie findet nichts, da sind die Bluse und der Rock in Rot und Weiß, beides hat sie mit Mama zusammen gekauft, die Schuhe, deren Absätze nur halb so hoch sind wie die von Monika zum Beispiel, und neben dem Stuhl steht die Handtasche, die Christa ihr zum 17. Geburtstag geschenkt hat. Was will er also? Vielleicht nur mal gucken, wie sie sich amüsiert und Bruno Geld verdient. Aber als Ingrid wieder hochschaut, weiß sie, dass es das nicht sein kann. Sie mag ihren Vater zwölf Jahre nicht gesehen haben, aber so guckt niemand, der wohlwollend die sonntäglichen Vergnügungen seiner Sprösslinge betrachtet. Noch immer hat er sich keinen Millimeter bewegt, er steht und starrt und Ingrid weiß, dass sie besser zu ihm hingeht, wenn das hier nicht in einer einzigen großen Peinlichkeit enden soll.

– Ich muss gehen.
– Jetzt schon?

Überrascht steckt Wolfgang die Zigaretten wieder weg. Ingrid lächelt verlegen, bückt sich nach ihrer Tasche und macht nur eine leichte Bewegung mit dem Kopf Richtung Tür. Wolfgang sieht einen Mann, den er nicht kennt, und versteht trotzdem sofort. Den Blick kennt er noch von seinem Vater, als der vor drei Jahren seinem ersten Kneipen-Besuch ein abruptes Ende bereitete.

– Na, dann vielleicht nächsten Sonntag wieder.

Aber Wolfgang ahnt schon, dass das wohl nichts werden wird. Richard steht immer noch auf dem Bürgersteig, als Ingrid aus der »Milchbar« tritt. Wortlos stürmt er voraus, die Schultern hochgezogen, den Oberkörper leicht nach vorn gebeugt. Mühsam versucht Ingrid Schritt zu halten.

– Papa, ich ...

Richard bleibt stehen wie ein Panzer, der vor eine Wand gefahren ist, und wendet auf der Stelle.

– Ingrid, hör jetzt genau zu. Ich verbiete dir hiermit dieses Rumgehüpfe mit dem Kerl.

– Aber ich hab' doch gar nichts gemacht. Ich war nur mit einer Freundin ...

– Außerdem verbiete ich dir, dich so aufzutakeln!

– Das hab' ich doch gar nicht. Außerdem hat Mama ...

– Solange du unter meinem Dach wohnst und deine Füße unter meinen Tisch stellst, gibt es für dich Regeln. Meine Regeln. Und an die wirst du dich halten. Ist das klar?

Jetzt ist es Ingrid, die voranstürmt. Alles soll der Alte sehen, nur nicht ihre Tränen. Je weiter seine Tochter voranläuft, desto mehr scheint aus Richard die Luft zu entweichen. Die Schultern sacken herab, die zu Fäusten geballten Hände lassen locker, langsam schlurft er hinter dem Mädchen her, das er nicht kennt und noch weniger versteht. Mühsam steigt er die wenigen Stufen zu seiner Haustür hinauf, hängt seinen Hut und das Jackett auf den Haken. Die Küche ist leer, Ingrid hat sich sicher in das Zimmer der beiden Jungs geflüchtet. Soll sie ruhig.

– Tip.

– Top.
– Tip.
– Top.

Richard Lubanski schaut aus dem Küchenfenster, und für einen Moment weicht die Starre aus seinen Zügen. Wenigstens etwas, das sich in all den Jahren nicht geändert hat. Zwei Jungs marschieren aufeinander zu, setzen immer einen Fuß direkt vor den anderen, wer zuletzt seinen Schuh komplett in die Lücke bringt, hat gewonnen und darf zuerst wählen.

– Ich nehme den Lang, den Mischa und den Buri.

Das muss Peter sein. Von dem hat Christa erzählt, dass er der Größte sei von denen, die immer zusammen spielen, der Sohn von Hans Wewering, mit dem er, Richard, zusammen zur Schule gegangen ist.

– Gut. Dann kommt der Rainer zu uns, der Akki und Nolden.

Und der, der mit dem Ball in der Hand, sieht der nicht original wie der Ahlers aus? Das muss dann Lutz sein.

– Dann sind wir wieder dran. Ich nehm die Carola! Und ihr kriegt den Lubanski.

– Nee, die Carola kommt zu uns, der Mattes geht zu euch.

– Na, ausnahmsweise. Aber nächstes Mal kriegt ihr den! Ich hab' keine Lust, wegen dem immer zu verlieren.

Bevor Richard vom Fenster zurücktritt, sieht er noch, wie sein Sohn mit gesenktem Kopf auf die Straße stapft, wo die anderen in der Zwischenzeit mit einer alten Milchkanne und ein paar Holzstäben zwei Tore markiert haben. Dann hört er noch ein dumpfes Plopp, jetzt ist der Ball wohl im Spiel. Richard öffnet die Hintertür und tritt in den Hof hinaus. Über den Zaun dringt das Geschrei der Kinder, das Scharren der Füße auf der unbefestigten Straße.

– Mensch, Mattes, was machst du denn!

Jetzt kann Richard nicht mehr anders. Durch die kleine Tür im Bretterzaun tritt er hinaus auf die Straße, zieht eine Zigarette aus der Hosentasche und setzt sich rauchend auf die Bank vor seinem Haus. Die Ellbogen auf den Knien, beobachtet er das hin- und herwogende Spiel. Als der Ball plötzlich auf ihn zufliegt, schreckt er hoch und stoppt ihn reaktionsschnell mit dem rechten Fuß. Interessiert betrachtet er das Spielgerät, kein Ball eigentlich, sondern eine Strohkugel, die von ein paar Stofffetzen mühsam zusammengehalten wird. Nach kurzem Zögern kickt Richard das Ding etwas zu entschlossen zurück auf die Straße. Jetzt erst hat Matthias seinen Vater entdeckt, zögert einen Moment, um dann aber noch energischer als zuvor loszurennen.

– Hier! Hierher!

Matthias winkt mit dem Arm, ganz frei steht er auf der rechten Seite, nur wenige Meter vor dem Tor. Aber Peter sieht ihn gar nicht, spielt lieber zurück zu Mischa, der dann am Tor vorbeischießt. Immer wieder läuft Matthias auf rechts nach vorne und klaglos wieder zurück, wenn ihn seine Mitspieler wieder mal übersehen haben oder, gerade weil sie ihn gesehen haben, es doch lieber auf eigene Faust versuchen. Über seine roten Backen hat sich wie bei allen Spielern schon eine Schicht aus Straßenstaub gelegt, als Matthias beschließt, wenn der Ball schon nicht zu ihm kommt, dass er wohl zum Ball gehen muss. Entschlossen rennt er hinter Lutz her, spitzelt ihm die Kugel vom Fuß, doch dann kullert sie nur Rainer vor die Füße, der ungehindert einschießen kann. Wie ein genervter Nationalspieler, dem das alles hier zu kindisch ist, wirft Peter die Arme in die Luft.

– So was Dämliches! Mensch, Lubanski, du spielst bei uns, kapiert?

Erschrocken weicht Matthias noch weiter auf die Seite

aus. Hier, in der Position lauert der Boss doch auch immer! Und dann zieht er nach innen, lässt noch einen oder zwei aussteigen, und dann: Bumm!
 – Nächstes Tor entscheidet!
Es ist schon dämmrig, der dunkle Ball ist auf der Straße kaum noch zu erkennen, als Peter mit seinem Ruf die Schlussphase einläutet. Plötzlich fällt der Ball Matthias vor die Füße. Das ist seine Chance. Nächstes Tor entscheidet! Mit links treibt er die Kugel vor sich her, sieht sie im Geiste schon fliegen wie an einer Schnur gezogen in die entlegene Torecke, gleich wird er schießen, nur Carola ist noch vor ihm, jetzt nur noch einmal rechts täuschen und dann ...
 – Lubanski! Hier!
Aus dem Augenwinkel sieht Matthias Peter, der mit erhobenen Armen völlig frei vor dem Tor steht. Aber würde der Boss jetzt abspielen? Nein, er würde seinen Trick durchziehen, unaufhaltsam, und alle würden jubelnd auf ihn draufspringen, wenn der Ball im Netz zappelt. Mensch, wie machst du das bloß, würden sie sagen, und: wenn wir dich nicht hätten.
 – Oh, Mann! Mattes!
Was hat Peter denn jetzt schon wieder? Ich hab' doch noch gar nicht geschossen, denkt Matthias und merkt plötzlich, dass er auch den Ball nicht mehr hat. Carola, die er doch gleich mit einer schnellen Drehung umspielen wollte, hat einfach ein Bein rausgestreckt, und weg ist die Kugel. Schnell setzt sie nach, ihr hellblondes Haar wie ein Blitz in der Dämmerung, schaut kurz, und schon segelt ihre lange Flanke fast über den ganzen Platz genau auf Lutz, der wieder frei vor der Milchkanne steht und das entscheidende Tor macht, diesmal sogar mit dem Kopf.
 – Feierabend!
Die Gewinner spielen noch ein bisschen »Jubel anlässlich

des Gewinns der Weltmeisterschaft«, während die Verlierer mürrisch ihre Sachen suchen. Matthias hört, wie seine Mitspieler tuscheln, halbe Sätze wie »... wenn der Lubanski einmal ...«, und nur Carola klopft ihm auf die Schulter.

– Gehen wir morgen früh zusammen zur Schule?

Matthias nickt wortlos. Bevor der Boss zur Weltmeisterschaft in die Schweiz fährt, muss er ihn unbedingt fragen, wie das geht, von Rechtsaußen in die Mitte zu gelangen, ohne dass der Ball jedes Mal verloren geht. Als er in den Hof kommt, steht sein Vater am Hauklotz und spaltet das Holz mit einer Wucht, als gelte es, eine ganze Festung zu zerlegen.

– Satz mit x.

– War wohl nix.

Matthias geht in die Hocke und lehnt sich mit dem Rücken an den Geräteschuppen.

– Mama hat gesagt, du hast früher auch Fußball gespielt.

– Nein.

So hastig hat Richard bei seiner Antwort ausgeholt, dass er die Kontrolle verliert und den Scheit auf dem Klotz verfehlt.

– Ich darf auch nur noch mitmachen, wenn sie ungerade sind.

– Dat Mädchen war gar nich schlecht.

– Carola! Ja, an der komm' ich nie vorbei, nich mal mit den besten Tricks vom Boss.

Richard hält mitten in der Ausholbewegung inne, setzt die Axt ab und schaut seinen Sohn an.

– Weil du wat spielst, watte nich kannst. Du willst sein wie dieser Boss. Du ahmst seine Tricks nach, seinen Stil. Aber ...

Richard stellt wieder einen Scheit auf und teilt ihn mit einem sauber geführten Hieb entzwei.

– ... es ist eben nicht dein Stil.

Matthias starrt durch das Dämmerlicht auf seinen Vater. Aber der Boss ist so Nationalspieler geworden, der beste Stürmer in Deutschland! Und sein Freund!

– Und was ist mein Stil?

– Du bist zäh und laufstark. Du läufst mehr wie die anderen. Und du bist schnell, mit guten Reflexen. Du bist ein Verteidiger.

Matthias guckt, als hätte ihm der Boss gesagt, er wolle in Zukunft nur noch Murmeln spielen. Dass Papa sich da mal nicht täuscht. Hat er nicht gerade gesagt, er hätte selbst nie gespielt? Wie will er dann so was Wichtiges überhaupt beurteilen?

– Verteidiger? Heißt das, ich soll besser hinten bleiben?

– Wenn du willst, dass die anderen dich respektieren, dann reicht es nich, nur der Abklatsch von 'nem Star zu sein.

Mittwoch, 26. Mai 1954, noch 39 Tage bis zum Finale

– So, Junge, los geht's.

Die Bremsen des Zugs quietschen noch, da trippelt Helmut Rahn schon nervös auf der Stelle. Kein Ball weit und breit, aber der Boss ist so unruhig, als müsse er einen Elfmeter schießen, was er noch nie gut konnte. Den kleinen Koffer in seiner Hand schlenkert er so wild, als sei er ihm lästig. Und auch der nagelneue graue Sommeranzug, in dem er steckt, ist eigentlich nicht seine Welt. Immer wieder fährt er sich mit dem Zeigefinger hinter dem Krawattenknoten in den Hemdkragen. Besorgt schaut Matthias zu ihm hinauf. Er hat, wie immer, wenn er mit Rahn unterwegs ist, dessen Sporttasche in der Hand. Doch diesmal sind nicht nur ein Paar Fußballstiefel drin, sondern sie ist prall gefüllt mit Schuhen, Stutzen, Schienbeinschonern für viele Einsätze. Rahn reißt die Zugtür auf, schwingt sich hinein, betritt das erstbeste freie Abteil, schleudert den Koffer ins Gepäcknetz und lässt sich mit einem großen Seufzer in den Sitz am Fenster fallen. Matthias stellt die Sporttasche ab und nimmt auf der Kante der Bank gegenüber Platz.

– Komm jetz, Köttel, guck nich so traurig. Ich bin ja bald wieder da.

– Kann ich nicht mitkommen?

– Wie soll dat denn gehen? Willze bei mir unterm Bett schlafen?

– Warum nich?

Helmut Rahn lacht, wie er immer lacht, ein bisschen zu laut, aber von Herzen und mit so viel Elan, dass aller Ernst des Lebens davon zersetzt wird. Welchen von den tausend Gründen, warum das nicht geht, soll er dem Köttel jetzt sagen? Dass er doch keine Bahnfahrkarte hat? Wenn das alles wäre, springt der nachher noch los und kauft eine. Dass er seine Fußballschuhe nicht dabei hat? Wer weiß, vielleicht hat er sie ja in dem Beutel, den er auf dem Bahnsteig hat stehen lassen. Dass ein Trainingslager ganz schön langweilig sein kann? Anfang Mai hatte er schon mal – mit ein bisschen weniger Gepäck – im Zug Richtung Süden gesessen. In den Schwarzwald war er da gefahren, nach Obertal oder so ähnlich, jedenfalls in die Nähe von Baiersbronn. Zwangloses Treffen der Nationalmannschaft, um den »seelischen Akku« aufzuladen, wie Herberger das nannte. Wie die Kurgäste waren sie im Wald spazieren gegangen oder hatten Minigolf gespielt, nur abends beim Tischtennisturnier ging es ein bisschen hoch her. Aber statt um eine Kiste Bier ging es nur um ein paar Bücher, die der Trainer gestiftet hatte, »08/15« und so 'n Zeug. Aber einer wie Mattes würde auch das noch aushalten, Dabeisein ist alles. Für den muss was anderes her, eine 1-a-fußballfachliche Begründung, an der es nix zu rütteln gibt.

– Warum nich? Na, zum Beispiel, weil ich mit dem Fritz Walter auf einer Bude bin. Und wenn du schnarchst, schläft er schlecht. Und wenn er schlecht schläft, spielt er auch schlecht. Und wenn er schlecht spielt, verlieren wir und scheiden aus. Willze dat?

– Nein.

– Siehste.

– Aber du hast doch gesagt, dass du die großen Spiele ohne mich nicht gewinnen kannst.

Rahn wiegt seinen Kopf hin und her. Der Junge ist zäh.

– Da hasse auch wieder Recht. Trotzdem geht dat nich. Wat würde denn dann dein Vater sagen?

– Ich würd' lieber dich als Vater haben.

Bumm, Volltreffer. Was soll man dazu sagen? Wie war das, überlegt Rahn, als ich so alt war? Das muss irgendwann um 1940 gewesen sein, da war ich bei Altenessen 1912. Und mein Alter? Na egal, der Zug fährt gleich ab, und am Ende sitzt der Mattes immer noch mit seinem Drei-Tage-Regenwetter-Gesicht hier drin. Da ist jetzt mal ein ernstes Wort fällig.

– Hör mal, Mattes, sowat darfse nich sagen. Dein Vater hat ne sehr schwere Zeit hinter sich, und er braucht dich jetz hier. Dat wird bestimmt wieder besser. Spiel doch mal mit ihm Fußball! Der war doch mal gar nicht schlecht, oder?

– Mir hat er gesagt, er hätte noch nie gespielt.

– Ach komm, der traut sich nur nich, weil er Angst hat, dass du ihn tunnelst. Da musste am Ball bleiben! Und jetz lies nochmal vor, aber schön langsam und zum Genießen!

Rahn fummelt in der Tasche seines Jacketts herum und befördert einen schon reichlich zerknitterten Brief zutage. Matthias faltet ihn feierlich auseinander und liest langsam und laut:

– Liebe Sportkameraden! Wir freuen uns, Ihnen mitteilen zu können, dass Sie zum Kreis der Spieler gehören, die den Deutschen Fußballbund bei der Weltmeisterschaft in der Schweiz vertreten sollen ...
– Aaahhh!
– Wir hoffen gerne, dass wir Sie bei guter Gesundheit und wohl vorbereitet am Mittwoch, den 26.5.1954, in der Sportschule München-Grünwald erwarten dürfen. Es wird nochmal darauf hingewiesen, dass die Spieler nur für die Zeit Anspruch auf Verdienstausfall haben, in der sich die Mannschaft im Wettbewerb befindet. Mit sportlichen Grüßen, im Auftrag, Passlack.

Als Matthias den Brief sinken lässt, pfeift auf dem Bahnsteig der Schaffner. Der Boss klatscht in die Hände
– Na, hoffentlich haben die genug Mücken dabei! So, und jetz aber Abmarsch, Köttel.

Als Matthias auf dem Bahnsteig seinen Beutel hochnimmt, öffnet Rahn noch einmal das Abteilfenster und winkt ihm zu.
– Und denk dran: Immer am Ball bleiben, Furzknoten!
– Du auch, Boss! Und versuch endlich mal, auch ohne mich ein Tor zu schießen, sonst biste in zwei Wochen ja schon wieder da!

Matthias sieht gar nicht mehr, wie der Boss ihm die Zunge rausstreckt, so schnell hat er sich umgedreht und den Bahnsteig verlassen. Niemand soll sehen, wie ihm wirklich zumute ist. Was, wenn Deutschland bis ins Finale kommt? Das ist erst am 4. Juli, in mehr als fünf Wochen! Aber das werden sie wohl nicht schaffen, nicht mal gesetzt sind sie, hat in der Zeitung gestanden. Aber selbst das letzte Vorrundenspiel ist erst am 20. Juni. Drei Wochen ohne den Boss! Wer ihm wohl in München und in der Schweiz die Tasche trägt? Na, bestimmt nicht der Fritz Walter.

Fast rennt Matthias vor der Haustür in seinen Vater hinein, so versunken ist er in Rechnerei und Taschenfrage. Aber auch, wenn er ihn gesehen hätte, hätte er ihn kaum erkannt. Denn obwohl es nur ein ganz gewöhnlicher Mittwochmorgen ist, hat Richard den dunkelblauen Anzug mit der Weste an, der all die Jahre in Mamas Kleiderschrank hing. Einmal im Jahr hat sie ihn immer rausgeholt, gelüftet und gebürstet, richtig feierlich war das. Ein bisschen weit ist er ihm immer noch, und auch das weiße Hemd muss Richard mit der Krawatte festzurren, sonst geht sein dürrer Hals darin verloren. Seinen Hut hat er aufgesetzt und auch den Blick, der für besondere Gelegenheiten reserviert ist, dieses Gemisch aus Entschlossenheit und Furcht, mit dem er immer auf die Einhaltung von Regeln pocht. Flüchtig sieht er hinab auf Matthias und sagt, mehr zu sich selbst als zu seinem Sohn:

– Ich geh' mal zum Amt. Und heute Mittag fahr ich zum ersten Mal wieder ein. Spätschicht.

Die Ledertasche in seiner rechten Hand ist immer noch die gleiche, mit der er auch vor mehr als einem Jahrzehnt zum letzten Mal zur Arbeit gegangen ist, am 11. August 1940 war das, dann wurde er eingezogen. Wie damals hat ihm Christa die Tasche gepackt, die Dose mit den belegten Broten hineingetan und die Metallflasche mit Tee. Alles andere gibt's auf der Zeche, den Helm, die Grubenlampe, die schweren Schuhe mit der Stahlkappe. Hat ihm Ahlers versprochen, der jetzt Personalchef auf Zollverein ist. »Klar, kriegste alles, Klamotten liegen bereit. Ist alles ein bisschen moderner geworden inzwischen«, hatte der gesagt, als Richard in der vergangenen Woche vorstellig wurde mit der Bitte, wieder auf Schacht 4 einfahren zu dürfen. »Aber das ist für dich ein Klacks, ist doch noch alles dran an dir! Kann man ja nicht von jedem sagen, den der Russe am Schlafittchen hatte. Die Kollegen nehmen dich am Händchen, und eins hat sich garantiert nich geändert: Die Kohle is immer noch schwarz!« Lachend war er mit dem Finger über die Schichtpläne gefahren, bis er auf dem Kästchen hielt, über dem eine 26 stand. »Nächste Woche Mittwoch, Spätschicht ab zwo Uhr. Alles klar?«

Das ist in vier Stunden. Richard war schon mit einem komischen Gefühl im Bauch aufgestanden, von dem er nicht recht wusste, ob es wegen der Zeche oder wegen dem Gang zum Amt war. Jetzt rumort es immer noch, vielleicht hätte er einfach eine Scheibe Brot mehr essen sollen, aber es ging einfach nicht. Seine Hand umschließt den Griff der Ledertasche. Eigentlich wollte Richard mit der Straßenbahn in die Innenstadt fahren, zum Einwohnermeldeamt, das auch für die Entschädigung zuständig ist. Aber jetzt geht er doch lieber zu Fuß, vielleicht beruhigt sich der Aufruhr in seinem Inneren ja noch mit ein bisschen frischer Luft. Eine gute halbe Stunde ist er unterwegs, bis er schließlich auf der Bank vor Zimmer 003 im Erdgeschoss des Meldeamtes sitzt. »Eintritt erst nach Aufforderung!« steht groß auf einem Schild über der Bank, auf der bereits drei Männer sitzen.

- Morgen! Is hier noch frei?

Keiner der drei schaut auf, Richard deutet ihr Gemurmel als Zustimmung und quetscht sich noch zwischen die Wartenden und die Banklehne. Aus dem Augenwinkel beobachtet er die anderen, einer hat seine Krücke an die Wand gelehnt, der zweite nestelt hin und wieder an seiner Augenklappe, beide haben sich nicht mal mehr die Mühe gemacht, mit einem frischen Hemd die Armseligkeit ihrer Lage zu überdecken. Ihren Speiseplan der ganzen letzten Woche kann man an den Flecken auf Hemd und Hose ablesen, da geht's dir noch Gold, denkt Richard und streicht mit dem Rücken der Hand eine Fluse von seinem Ärmel, ohne Disziplin geht man aber auch vor die Hunde. Sein direkter Nachbar hat sich wie Richard in Schale geworfen und starrt auf den Brief, den er in der Hand hält.

– Der Nächste!

Beim Befehlston, der durch die Tür dringt, zuckt Richard zusammen. Mühsam erhebt sich der Einbeinige und verschwindet in Zimmer 003. Eine halbe Stunde später sitzt Richard alleine auf der Bank, und gerade will er mal nachfragen, wie lange es denn wohl noch dauert, er muss ja gleich zur Arbeit, als die Zimmertür aufgeht und sein Banknachbar aus dem Zimmer gestürzt kommt.

– Diese Schweine! Die wollen mich bescheißen! Das ist doch nicht zu fassen! Meine besten Jahre hab' ich für das Scheiß-Vaterland ...

Über den Flüchen hat Richard fast nicht gehört, wie von drinnen wieder gerufen wurde.

– Der Nächste! Oder ist da etwa keiner mehr?

Vorsichtig öffnet Richard die Tür und nimmt noch schnell den Hut vom Kopf. Das Zimmer ist groß. Sechs Tische stehen hintereinander an der langen Fensterfront des Raumes, es riecht nach frischer Farbe, und fast stößt Richard gegen die Leiter, auf der ein Maler steht und die Wand oberhalb des Türrahmens streicht.

– Pass doch auf, Mann! Hasse keine Augen im Kopp?

Richard muss an seinen Banknachbarn mit der Augenklappe denken, der jetzt an einem der Tische sitzt. Unsicher steuert Richard auf den einzigen freien Platz zu. »Heute Beginn der WM-Vorbereitung in München« heißt eine Überschrift über einem Bild von Sepp Herberger in der Zeitung, hinter der der Beamte kaum zu sehen ist. Als er mehr ahnt als sieht, dass Richard auf seinen Tisch zukommt, lässt er die

Zeitung unwillig sinken und winkt den Zögernden schnell heran, der sich auf die Kante des Holzstuhls kauert.

– Lubanski, Richard Lubanski.

– Aaaah ja.

Akkurat faltet der Beamte seine Zeitung zusammen, nimmt eine Akte vom Schreibtisch, schlägt sie auf und zieht mit spitzen Fingern einen Zettel heraus, den Richard noch gut kennt. Stundenlang hat er neulich am Küchentisch darüber gebrütet, den Kalender neben sich und einen Stapel Schmierpapier, auf dem er immer neue Zahlenkolonnen notierte.

– Tja, Herr Lubanski ... Dass die Regierung den Kriegsheimkehrern eine Entschädigung zahlt, das hat schon seine Richtigkeit. Aber die Summe, die Sie ausgerechnet haben, ist zu hoch.

Richard stutzt. Einfach war es sicher nicht, das ganze Bürokratendeutsch zu verstehen. Aber wieder und wieder hatte er es sich durchgelesen, sogar Christa hatte er einen Blick drauf werfen lassen, als sie sagte, sie kenne sich mit dem ganzen Behördenquatsch aus, wegen der Kneipe.

– Aber ich habe mich genau an die amtlichen Richtlinien gehalten!

– Schon möglich. Aber Sie sind von einer falschen Jahreszahl ausgegangen.

– Nein! Damit vertut man sich doch nicht: Zehn Jahre, acht Monate und sieben Tage!

Am 1. August 1942 hatte er sich wieder melden müssen bei seiner Einheit, gerade mal zwei Wochen hatte er da Fronturlaub gehabt, zwei Wochen, in denen der Junge entstanden sein musste, der ihn nun immer am Küchentisch anstarrt wie ein lange vergessenes Spiegelbild. Mehr als ein Jahr lang war er dann an verschiedenen Orten der Ostfront gewesen, zuletzt in Smolensk. Dann war der Russe vorgerückt, über

300 Kilometer hatte die Front zurückweichen müssen. Und schließlich hatten sie ihn geschnappt. Eigentlich waren sie nur auf Patrouillenfahrt gewesen, er und drei weitere Männer. Sie dachten, sie seien noch einen guten Kilometer hinter den eigenen Stellungen, halbwegs sicheres Hinterland, ein Auftrag fast wie eine Belohnung nach all den Nächten ganz vorne, wo einen das Heulen der Artillerie, das Geräusch der tief fliegenden Bomber, das Geknatter der Bordkanonen fast um den Verstand brachte. Aber plötzlich blockierte ein russischer Panzer die kleine Dorfstraße, auf der sie gerade fuhren, und bevor sie wenden oder in Deckung gehen konnten, kamen hinter den Häusern und Schuppen jede Menge Soldaten mit Kalaschnikows im Anschlag hervor. Sie schrien unverständliches Zeug, aber dass es was anderes war als »Herzlich willkommen, schön euch zu sehen«, war allen sofort klar. »Sollen wir sie wegpusten?«, hatte Hans noch gefragt, der das MG auf dem Wagendach bediente. »Mach kein Scheiß!«, hatte Richard gebrüllt, »dat sind viel zu viele!« Er war der Erste, der sein Gewehr aus dem Wagen warf, die Hände hochnahm und langsam ausstieg. Andreas und der Stille, Michael, folgten ihm. Sofort waren sie von ein paar Russen umringt, die sie abtasteten und nach und nach alles abnahmen, Patronentaschen, Feldmesser, Kompass. Einer der Russen wollte gerade die Brusttasche öffnen, in der die kleine Bibel mit dem Foto von Christa drin war, als Hans, der immer noch im Wagen war, zu schreien anfing. »Ihr Schweine! Lasst meine Kameraden in Ruhe!« Und plötzlich fing er an zu schießen, hielt einfach drauf auf die, die rings um den Wagen standen. Ein, zwei Sekunden lang war alles wie erstarrt, Richard hörte nur noch das MG und das metallische Plingpling der leeren Geschosshülsen, die die Waffe auf das Wagendach spuckte. Dann hatten die Russen

das Feuer erwidert, lange, unendlich lange, sie schossen noch, als Hans schon längst regungslos über dem MG hing, ein blutiger Klumpen Mensch. Er, Richard, hatte sich gleich nach Beginn des Schusswechsels auf die Knie fallen lassen, beide Arme zum Himmel gereckt und geschrien. »Nicht schießen! Nicht schießen! Bitte nicht! Ich ergebe mich!« Das Letzte, woran er sich erinnerte, war ein heftiger Schlag auf den Hinterkopf. Fühlt sich so das Sterben an? Es war der 23. September 1943. Zehn Jahre, acht Monate und sieben Tage.

– Nun, nach meinen Unterlagen sind Sie in der Sowjetunion wegen schweren Diebstahls und Sabotage zu fünf zusätzlichen Jahren verurteilt worden.

Der Beamte hat den Zettel, auf dem Richard seine Ansprüche ausgerechnet hatte, beiseite gelegt und die Akte auf einer der hinteren Seiten aufgeschlagen. Vage kann Richard von seinem Platz aus ein paar kyrillische Buchstaben auf fleckigem Papier erkennen.

– Das kann dann nicht mehr als Kriegsgefangenschaft gewertet werden. Und damit haben Sie für diese Zeit keine weiteren Ansprüche auf einen Ausgleich.

– D... Das ... Das kann doch nicht Ihr Ernst sein!

Fast hat Richard Lubanski die Krempe von seinem Hut abgerissen, so hat er sich in ihr verkrallt. Da haben sie ihn losgeschickt, um den Russen platt zu machen, und jetzt, wo es um die Moppen geht, darf der Feind sagen, was Sache ist? Lauter Lügen sind das doch!

– Wir haben aus einer Küche eine Dose braunen Zucker gestohlen. Weil wir am Krepieren waren!

– Das bezweifle ich nicht. Aber es ändert nichts am Sachverhalt ...

– Wissen Sie, wie viele von uns da drüben verhungert sind? Hunderttausende! Ich allein hab' ein paar hundert verrecken sehen! Diebstahl ... Sabotage ... Das ist doch alles nur ein Witz gewesen!

– Hören Sie, Herr Lubanski, ich habe die Vorschriften nicht gemacht. Und Sie sind nicht der Erste, der sich beschwert. Dabei können Sie froh sein, dass Sie überhaupt ...

– Ich kann froh sein? Ich?? Ich sach Ihnen, wer froh sein kann: Sie! Sie können froh sein. Dafür, dat Sie nich einen Monat in Russland waren. Und dafür, dat ich Ihnen nich die Fresse poliere!

Richard ist aufgesprungen. Soll er das Würstchen da am Tisch an der Krawatte packen, hochziehen und ihm die Nase mit einem Kopfstoß brechen? Einmal hat er so was gemacht, im Lager. Irgendjemand hatte ihm seine Bibel mit dem Foto aus der Tasche geklaut. Tagelang hatte er danach gesucht, jeden gefragt. Und dann war einer auf ihn zugekommen, so ein stiernackiger Bayer, und hatte gesagt: »Ich habe gehört, du suchst was. Ist nicht zufällig das hier, oder?« Das kleine Buch war in seiner fetten Pranke kaum zu sehen, und als Richard danach greifen wollte, zog er es schnell weg. »Ein Finderlohn wäre wohl angemessen, oder findest du nicht? Ich fände zwei Tagesrationen Brot und fünf Zigaretten in Ordnung.« Das Grinsen, mit dem der Bayer seine Forderung stellte, ließ Richard jede Vorsicht vergessen. Wahrscheinlich hatte der Kerl das Buch selbst geklaut, um damit ein Geschäft zu machen. Plötzlich stieß Richard mit dem Kopf zu, das Geräusch des brechenden Nasenbeins blieb ihm noch tagelang im Ohr. Der Dicke taumelte rückwärts, ließ das Buch fallen, Christas Foto segelte in eine Pfütze. Richard klaubte alles zusammen und verschwand schnell in der Schlafbaracke. Bis die russischen Aufseher sich den Weg durch die Gefangenen zu dem blutenden Mann auf dem Boden gebahnt hatten, war er längst an seiner Pritsche angekommen, wo er die zurückgewonnene Beute versteckte. Tagelang lebte er in der Furcht, der Bayer könnte sich rächen. Viel länger grübelte er, wie er sich so hatte gehen lassen können. Nie wieder hatte er einen solchen Hass gespürt. Bis jetzt.

Doch bevor seine Hand ausfährt, um auch den hageren Mann hinter dem Tisch zu packen, dreht er sich wortlos um und verlässt Zimmer 003.

Er sagt auch kein Wort, als er nach einer neuerlichen halben Stunde Fußmarsch »Christas Eck« betritt. Eigentlich wollte er gleich zur Zeche gehen, aber noch ist Zeit, und anstatt ziellos draußen herumzulaufen, kann er ja vielleicht an dem Tisch ganz hinten in der Ecke ein wenig zu sich selbst finden.

– Und, wie ist es gelaufen? Was hat der Beamte gesagt?

Christa hat das Küchenhandtuch, mit dem sie gerade Gläser polierte, fallen gelassen und ist ihrem Mann entgegengeeilt. Der winkt nur noch müde ab.

– Ach, kannste doch alles vergessen.

Christa packt ihren Mann am Arm und schüttelt an ihm.

– Mensch, Richard! Lass dir bloß nicht alles gefallen! Waren die ganzen elf Jahre etwa umsonst?

Richard macht sich los, setzt sich auf seinen neuen Stammplatz und blickt dumpf vor sich hin. Christa kennt den neuen Richard, den Nachkriegsrichard bereits gut genug, um zu wissen, dass mit ihm jetzt nicht zu reden ist. Sie bringt ihm ein Glas Wasser, fährt ihm flüchtig über die Schulter und blickt hinüber zu Matthias und Ingrid.

– Und?

– Moment noch.

Ingrid hat wie ihr kleiner Bruder den Kopf in den Nacken gelegt und blickt hinauf zu einem Fernsehgerät, das oben auf dem einzigen Schrank in der Kneipe steht. Schemenhaft sind im Schneegestöber des Bildschirms und zwischen den Wellen von Störungsstreifen, die immer wieder darüberlaufen, zwei Männer zu erkennen. Nur der Ton ist klar.

– Meine sehr verehrten Damen und Herren, wir begrüßen im Studio unseren Nationaltorhüter Anton Turek. Natürlich wird er nur Toni gerufen. Bevor er wie die ganze Mannschaft von Sepp Herberger nach München geht zur Vorbereitung auf die Fußball-Weltmeisterschaft, hat er uns noch etwas mitgebracht – zugunsten der Spätheimkehrer aus russischer Gefangenschaft. Toni!

– Da haben wir den Salat! Wird dat nich besser?

Christa hat die Fäuste in die Hüften gestemmt. Toni Turek ist in einem Schneesturm verschwunden, der auch nicht nachlässt, als Ingrid die Zimmerantenne, die aussieht wie ein verbogener Hosenbügel, in immer andere Richtungen dreht.

– Mama, ich hab' dir doch gesagt, lass es den Herrn Conrad machen.

– Ich bring' dem das Ding besser zurück, solange es noch geht!

– Aber wenn du dem alten Fieseler wirklich Konkurrenz machen willst, dann behalt' den Fernseher lieber. Die Männer sind ganz verrückt nach Fußball. Hier, nimm nur deinen schwachsinnigen Sohn! Der glaubt allen Ernstes, dass der Rahn ohne ihn nicht mehr gewinnen kann!

– Nur die entscheidenden Spiele nicht. Hat er selbst gesagt.

Matthias hat den Bildschirm für einen Moment aus den Augen gelassen, um seine Schwester streng anzusehen. Was weiß die schon von Fußball!

– Ja, isch habe hier einen orijinal Weltmeisterschaftsball ...

Plötzlich sind Bild und Ton wieder da. Selbst Richard kann jetzt von seinem Platz aus Toni Turek klar erkennen, der dem Fernsehmoderator einen Lederball entgegenstreckt.

– Alle Kameraden von Fortuna Düsseldorf haben darauf unterschrieben. Wir hoffen, dass bei der Versteigerung ein schönes Sümmschen für die Heimkehrer rauskommt.

Jetzt reicht es. Richard springt auf. Almosen! Ist das alles, was man für ihn und die anderen übrig hat? Dass es so weit gekommen ist, dass dieser Lackaffe von Torwart für solche wie ihn mit dem Hut rumgeht! Die Kerle auf dem Amt müssten mal nur das Versprechen von dem Herrn Adenauer einlösen, dann brauchten die Heimkehrer sich nicht derart demütigen lassen von einem, der für sein Vaterland nix anderes getan hat als ein paar Bälle zu fangen. Da lob' ich mir doch die ehrliche Arbeit, zu der ich jetzt gehe.

– Wiedersehen!

Richard hastet zur Tür von »Christas Eck« hinaus. Erst als der Fördertum unmittelbar vor ihm in den Himmel wächst, werden seine Schritte langsamer. »Zollverein« steht in großen weißen Buchstaben auf den Backsteinen, die in der Mittagssonne rostrot leuchten, und noch viel weiter oben dreht sich unaufhörlich das gewaltige Rad. Als er am Pförtner, den er nicht kennt, vorbei durch das Werkstor geht, tippt er nur kurz an den Hut, den er immer noch aufhat, nur kein großes Aufheben machen, er fängt ja nicht neu an, er macht nach einer kleinen Pause einfach nur weiter mit dem, was er am besten kann. Vor der Waschkaue wartet Ahlers auf ihn, und der Josef Schimaniak auch. Mit dem war Richard schon vor dem Krieg in einer Schicht, und es tut gut zu wissen, dass er immer noch da ist.

– Mensch, Richard, ich hab' zwar gesagt, dass alles moderner geworden ist. Aber in Anzug und Krawatte wird unten immer noch nicht gearbeitet!

Lachend fährt Ahlers Pranke, die jetzt schon seit Jahren

keine Kohle mehr angefasst hat, auf Richards Schulter nieder. Der wankt nur ein bisschen und murmelt was von »offiziellen Terminen«.

– Der Josef, den kennste doch noch?! Der zeigt dir, wie's jetzt so zugeht. Ach ja, und noch eins, Richard: Glück auf!

Richard nimmt kurz die ausgestreckte Hand, dann drängt er vorwärts. Nur keine Fisimatenten und Gefühlsduseleien. Josef scheint ihn zu verstehen, er bedrängt ihn nicht und zeigt ihm einfach den Haken, an dem seine Arbeitskluft hängt, dazu die Lampe und der Helm. Richard ist froh, endlich die feinen Klamotten ausziehen zu dürfen, hängt sie aber akkurat auf den Haken, der dann, das hat sich nicht geändert, nach oben unter die Decke gezogen wird. Bedächtig steigt Richard in die Bergmannshose, und als der harte Baumwollstoff seine nackten Oberschenkel berührt, läuft eine Gänsehaut das Bein rauf bis hoch zum Rücken. Mehr zu Hause als in dieser Hose hat sich Richard in den letzten Tagen, Wochen nirgendwo gefühlt, sie stellt keine Fragen und verlangt auch keine Entscheidungen von ihm. Dann ertönt die Sirene, Schichtwechsel. Langsam, jeden Schritt wägend, geht Richard hinter Josef den langen Korridor her, der zum Förderkorb führt. Dämmrig ist es hier bereits, die kleinen Lichtfinger der Grubenlampe tasten die Wände entlang. Im Förderkorb brennt eine nackte Glühbirne, die den zehn Kumpels, die dort bereits mit Helm auf dem Kopf warten, tiefe Schatten über die Gesichter wirft. Als Letzter betritt Richard den Korb, Schweiß steht auf seiner Stirn, aber das ist ja auch kein Wunder bei den Temperaturen unter Tage. Als er sich umdreht, um wie alle anderen zum Ausgang zu schauen, wird der Korb mit lautem Knall geschlossen.

– Willkommen zu Hause, Richard.
– Danke.

– Schön, dass du wieder da bist.

Richards Antwort und die guten Wünsche der anderen Kumpel werden vom rasenden Fahrtwind in dem offenen Käfig weggerissen. Früher konnte Richard die Fahrt hinab nicht lange genug dauern, ein paar Momente der Besinnung, bevor die Plackerei losging. Jetzt ist er froh, als der Korb endlich mit einem Ruck zum Stehen kommt. Zunächst kommt ihm die dumpfe Luft am Eingang des Stollens wie eine Befreiung vor, doch bald kriecht Beklemmung in ihm hoch wie eine Assel die Kellerwand. Er hat die Gänge weniger niedrig in Erinnerung, weniger eng auch, vielleicht sind es auch einfach nur zu viele Leute in dem kleinen Raum vor dem Förderkorb. Er schwimmt mit im Kielwasser der Männer, die schweigend eine Grubenbahn besteigen und noch weiter eintauchen in das Gewirr der Schächte und Strecken. Als die Bahn hält, steigt als Erster der Kumpel mit dem Vogelkäfig aus. Fast muss Richard lächeln, das hat sich also immer noch nicht geändert, der Piepmatz ist immer noch ihre Lebensversicherung. Er kann sich erinnern, wie einmal einer, genauso ein knallgelber Kanarienvogel wie der hier, von der Stange fiel, und wie sie alle losrannten auf der Flucht vor dem tödlichen Grubengas. Gerade nochmal gutgegangen sei das, hieß es hinterher, den Vogel hatten sie dann mit allen Ehren bestattet in Ahlers' Garten, denn Ahlers hatte den Käfig nicht losgelassen bei der wilden Jagd durch die Gänge und ihn schließlich mit ans Tageslicht gebracht. Jetzt kommen ihnen die Männer von der gerade beendeten Schicht entgegen, fettig schwarz und erschöpft glänzen die Gesichter im fahlen Licht. Nach weiteren zwanzig Metern Fußmarsch setzt der Schichtführer den Käfig ab und packt sich als Erster einen der bereitliegenden Presslufthämmer. Schimaniak winkt Richard heran und zeigt ihm wortlos mit ein paar Handgriffen, wie die beinlange, wenigstens 15 Kilo schwere Maschine zu bedienen ist. Zu sagen gibt es nichts, zu laut ist das Gebrumm der Wasserhaltungsmaschinen, das Hämmern im benachbarten Verbindungsquerschlag, und dann wirft auch schon einer aus seinem Trupp den Hammer an. Das ist wirklich neu, seine letzte Kohle hatte Richard wie Generationen von Bergleuten vor ihm mit einer einfachen Hacke abgebaut. Aber er hat keine Zeit, sich an dem technischen Fortschritt zu freuen, schon haben die anderen alle ihre Geräte in Anschlag gebracht und gehen auf das Gestein links und rechts los. Richard atmet tief durch, wuchtet seinen Hammer hoch und drückt den Griff, den Josef ihm gezeigt hat. Die Maschine springt an, mühsam nur ist sie zu bändigen und wird erst ruhiger, als Richard das Eisen an der Spitze in die Kohle treibt. Wie ein nasses Tuch legt sich der Lärm um seinen Körper. Immer enger zieht sich der Lappen um seine Brust, presst die Rippen zusammen, Richard reißt den Mund auf und versucht, die Luft in tiefen Zügen einzusaugen.

– Alles klar, Kumpel?

Schimaniak hat sich zu ihm rübergebeugt und brüllt in sein Ohr.

– Alles klar.

Richard weiß schon gar nicht mehr, dass er lügt. Mechanisch wirft er noch einmal den Hammer an und setzt ihn aufs Gestein. Aber was er hört, ist nicht mehr das metallische Nagen des Eisens an der Kohle, sondern Maschinengewehrfeuer und das Zischen von Leuchtspurmunition, t-t-t-t, s--------c-------h, t-t-t-t, tssssssssssss, t-t-t-t, scht, grrrrrrrrrrrrrrrrr, t-tt. Er lässt seinen Hammer fallen und taumelt zurück, bekommt gerade noch eine Hand an die hintere Schachtwand, um einen Sturz zu verhindern. Er hockt sich auf den Boden und atmet immer schneller, fast im Rhythmus der Schüsse, Luft kommt schon länger keine mehr bis zur Lunge. Er legt den Kopf in den Nacken, um die Flugbahn der Artilleriegeschosse besser abschätzen zu können. Der Helm rollt ihm vom Kopf, gerade jetzt, wo die Tiefflieger fast über ihm sind, und da, ist das nicht das Mündungsfeuer der Bordkanonen? Richard wirft sich flach auf den Boden, birgt den Kopf zwischen Händen und Unterarmen.

– Volle Deckung! Alle Mann runter!

Erst jetzt sehen die Kumpel ihn lang ausgestreckt auf dem Boden liegen und stürzen herbei. Schimaniak ist zuerst bei ihm, packt ihn an der Schulter und versucht ihn auf den Rücken zu drehen. Aber Richard scheint sich mit seinem ganzen Körper an den Boden zu krallen, stoßweise geht sein Atem, das flache Hecheln eines gehetzten Hundes, alle paar Sekunden gipfelnd in ein gepresstes Stöhnen. Die Männer brüllen seinen Namen, reißen ihn hoch, doch er windet sich aus ihrem eisernen Griff, schlägt um sich, zu viert können sie den klatschnass geschwitzten, schwarzen Körper nicht bändigen. Noch einmal bäumt er sich auf, sackt auf die Knie und fällt langsam auf die rechte Seite, die Augen weit aufgerissen. Das Letzte, was Richard Lubanski sieht, leuchtend gelb, ist der Vogel auf der Stange.

Donnerstag, 27. Mai 1954, noch 39 Tage bis zum Finale

Mit einer letzten knallenden Fehlzündung, laut wie ein Schuss, bleibt der graue VW Käfer stehen. Nachlässig zieht Paul Ackermann noch das kleine Stück Segeltuch im Dach des Wagens nach vorne, man weiß ja nie. Zwar spannt sich ein metallisch blau gleißender Föhnhimmel über München, aber am Ende gibt es wieder eines dieser plötzlichen Gewitter wie in der vergangenen Woche, als er vergessen hatte, das

Dach zu schließen, und dann hatte es reingeregnet, fünf Tage lang musste er mit einer Plastikplane unterm Hintern in die Redaktion fahren. Annette hatte schon frohlockt, jetzt sei die Karre endlich ruiniert und er könne das Gespött der Straße dahin bringen, wo es hingehörte, zum Schrott, oder es vielleicht im Kleinanzeigenteil seiner Zeitung feilbieten, in der Rubrik »Für das Tier«, Unterabteilung Aquarien. So ist seine Frau: keine halben Sachen. Sie würde allein deshalb ein neues Auto kaufen, weil beim alten der Aschenbecher voll ist. Insgeheim, da ist sich Ackermann sicher, liebt sie den Käfer genauso wie er, und dass er zu ihrem neuen Haus so gut passt wie ein Schlag Senf zu Rinderfiletspitzen, macht Annettes Anhänglichkeit an den Wagen bestimmt nur noch größer. Sie steht doch feixend hinter den Gardinen und beobachtet die Herren aus der Bogenhausener Nachbarschaft in ihren gedeckten Anzügen, wie sie kopfschüttelnd das Fossil einer längst vergangenen automobilen Ära betrachten und sich fragen, wie jemand, der so ein Auto fährt, zu so einem Haus kommt, noch dazu in dieser Gegend. Pfeifend schlendert Ackermann den Weg zur Haustür hinauf, und obwohl er von Gartengestaltung etwa so viel versteht wie ein Dressurpferd vom Eistanzen, ruht sein Blick wohlgefällig auf den im ersten Rosa schimmernden Rosenbüschen und dem akkurat gestutzten Rasen. Nur kurz durchzuckt ihn der Wunsch, mit Anlauf über die Blumen zu flankieren und mit einer tollkühnen Werner-Kohlmeyer-Gedächtnisgrätsche den imaginären Ball kurz vor der Außenlinie, der von Herrn Becker fein säuberlich abgestochenen Rasenkante noch zu erwischen. Dann fällt ihm das Geräusch wieder ein, das damals, vor fast sieben Jahren, aus seinem Knie gequollen war. Auf einem Aschenplatz in Nürnberg war das gewesen, verzweifelt hatte er, der rechte Verteidiger der A-Jugend von Bayern München, sich dem enteilenden Stürmer des 1. FC in den Weg werfen wollen, um die bayrische Landesmeisterschaft vielleicht doch noch sichern zu können, doch dann kam dieses Knirschen, mit dem Paul Ackermanns Fußballkarriere endete, bevor sie richtig begonnen hatte. Außerdem ist der Vorgarten sowieso zu abschüssig für Fußball; mit den Buben, so es denn mal welche geben sollte, wird er nach hinten gehen müssen, wo sicher ein paar von den 1500 Quadratmetern für ein Spiel auf wenigstens ein Tor abgezweigt werden können. Ackermann öffnet die Haustür und wirft seine abgewetzte Ledertasche in die Ecke der Garderobe, wo seit neuestem ein sandfarbener Sessel steht, dessen Rundungen Ackermann immer an die fantastisch verwachsenen Kartoffeln auf der Kleingärtnerausstellung in Pasing erinnern, über die er während seines Volontariats zweimal berichten musste. Mit den Worten: »Wenn du dich von der ollen Tasche schon nicht trennen willst, soll sie wenigstens einen würdigen Abwurfplatz bekommen«, hatte Annette den Sessel in den Haushalt eingeführt. Ackermann ist es recht, solange das Ding nicht bei seiner täglichen sportlichen Höchstleistung im Weg rumsteht. Wie jeden Tag, wenn er nach Hause kommt, stellt er die Schuhspitzen an die Kante, wo zwei der Fußbodenplatten aus Marmor aneinander stoßen, wiegt den Schlüsselbund kurz in der Hand wie ein Boccia-Spieler seine Kugel und schleudert sie in den Korb, der in fast vier Metern Entfernung auf dem Sideboard steht.

– Davon kann sich Adenauer 'ne Scheibe abschneiden.

So viel Selbstlob muss sein, als die Schlüssel scheppernd landen. Mit einem Satz nimmt er die drei Stufen, die hinaufführen in die Empfangshalle des Hauses, bleibt stehen und lauscht.

– ... begann in München-Grünwald das letzte Trainingslager der deutschen Nationalmannschaft vor der Weltmeisterschaft in der Schweiz. Im Aufgebot stehen Fritz Laband und Jupp Posipal vom HSV...

Ackermann senkt seine Stimme um eine halbe Oktave, um so würdig wie der Reporter zu klingen, dessen perfekt ondulierte Sätze sich über den Flur ergießen, und vollendet den Satz aus dem Fernsehgerät:

– ... und aus dem glorreichen Bayern kommen Maxl Morlock vom deutschen Rekordmeister 1. FC Nürnberg sowie Karl Mai und Heinz Erhardt von der Spielvereinigung Fürth!

Als er die Tür zum Salon aufreißt, springt ein Mann im grauen Kittel erschrocken von der Couch auf.

– Bleiben Sie sitzen, Becker! Was gibt's denn da?
– Die Herren Nationalspieler bei uns in München!

Im Übereifer der Erleichterung, nicht von der Hausherrin beim Fernsehgucken während der Arbeitszeit erwischt worden zu sein, steht Becker, Gärtner, Hausmeister, Mädchen für alles im Hause Ackermann, gerade wie ein Meldesoldat und erstattet Bericht. Sein Dienstherr starrt auf den Bildschirm, drückt mit einer flüchtigen Handbewegung Becker wieder auf die Couch und lässt sich selbst in den großen Sessel vor dem Fernseher fallen.

– Da, das ist Toni Turek, Becker, wissen Sie auch, wo der spielt?
– Fortuna Düsseldorf, Herr Ackermann!
– Und die beiden, vom 1. FC Köln ...
– Das sind Hans Schäfer und Paul Mebus!

Ackermann verschränkt die Hände hinter dem Kopf und legt die Füße auf den Tisch. Nur noch gut zwei Wochen, dann geht es los. Schade nur, dass er nicht dabei sein darf. Na, wenigstens gibt es ja jetzt Fernsehen, da ist man doch fast so gut wie mittendrin, denkt Ackermann und schaut den Nationalspielern zu, wie sie auf dem Bildschirm Dehnübungen machen, auf der Stelle hüpfen oder zu kleinen Sprints ansetzen, immer paarweise. Schließlich springt das Bild in Großaufnahme an einen Spieler heran, der den Ball mit dem Fuß jongliert und mit einer Leichtigkeit in der Luft hält, als spiele sich alles in der Schwerelosigkeit ab, wo die Lederkugel gar nicht herunterfallen kann.

– Ach, Becker, wenn man mit dem Ball so umgehen könnte wie der Boss.

– Dann säßen Sie jetzt nicht hier, Herr Ackermann.

– Da haben Sie auch wieder Recht. Schauen Sie, da kommt unser Mann, Hans Bauer, Bayern München!

Andächtig wie einer Messe lauschen die beiden Männer nun dem Kommentator.

– Karlheinz Metzner, Hessen Kassel. Berni Klodt, Schalke 04, Richard Herrmann, FSV Frankfurt. Uli Biesinger, BC Augsburg. Die Ersatztorleute Heinz Kubsch vom FC Pirmasens und Heinz Kwiatkowski von Borussia Dortmund. Alfred Pfaff, Eintracht Frankfurt.

– Da, sehen Sie den Bus, Becker? Das müssen die Lauterer sein. Na, wie die die Pleite von Hamburg wohl verkraftet haben ...

Das war vor vier Tagen gewesen, am Sonntag, Endspiel um die deutsche Meisterschaft. Ganz ähnlich war da die Situation, erinnert sich Ackermann, er kam nach Redaktionsschluss für die Montagsausgabe nach Hause, da lief das Spiel noch. Becker hatte am Radio gesessen und »vier eins« gerufen, und es dauerte eine Weile, bis Ackermann begriff, dass nicht der Titelverteidiger aus Kaiserslautern, sondern Hannover 96 so deutlich vorn lag. 5:1 war es schließlich ausgegangen, und am nächsten Tag in der Redaktion hatten sie heftig diskutiert über die hämischen »Her-ber-ger, Her-berger«-Schlachtrufe der Hannoveraner Fans und darüber, ob nicht mit dieser Schlappe die ganze Nationalmannschaft erledigt sei. Immerhin bilden die fünf aus Kaiserslautern ihr Rückgrat: Werner Kohlmeyer, Horst Eckel, Werner Liebrich, Fritz und Ottmar Walter.

– Na, wenn dat nich unsere Vizemeister sind! Willkommen in Herbergers Stahlbad! Tretet ein und lasset alle Hoffnung fahren!

Die Kamera ist jetzt ganz dicht bei Helmut Rahn, der an den Bus herangetreten ist, um die Neuankömmlinge zu begrüßen. Gebannt verfolgen Ackermann und Becker das Geplänkel auf dem Schirm.

– Was machst du überhaupt hier? Wir dachten, die Südamerikaner hätten dich gleich dabehalten ...

Mit süßsaurer Miene nimmt Ottmar Walter die Hand, die der Boss ihm entgegenstreckt. Richtig, denkt Ackermann, Rot-Weiß Essen war doch vor einiger Zeit in Südamerika auf Tournee, es gab sogar ein Spiel gegen Uruguay, den amtierenden Weltmeister, bei dem die Essener aber ziemlich Prügel bezogen. Aber hatte nicht in seiner eigenen Zeitung gestanden, dass Rahn Bombenkritiken und sogar einige Vertragsangebote bekommen hatte?

– Fehlt's da unten nicht entschieden an Vogelscheuchen?
– Pass nur auf, Liebrich zwo, du laufender Meter!
– Pass nur auf, Paul Ackermann!

Die beiden Männer im Salon fahren herum und springen auf wie zwei Schulbuben, die beim Verstreuen von Niespulver von der Klassenlehrerin erwischt wurden. Wie lange Annette Ackermann schon hinter ihnen gestanden hat, wollen sie beide lieber nicht wissen. So wie sie auch nicht wissen, ob es nicht doch besser ist, von einem alten Lehrerbesen erwischt zu werden, als von der eleganten jungen Dame im Kostüm, die lässig in der Tür zum Salon steht, ein spöttisches Lächeln um ihre Mundwinkel. Dieses Lächeln kennt Paul Ackermann zu gut, davon sind seine Knie noch jedes

Mal weich geworden. Im Rückwärtsgang tastet er sich Richtung Fernseher und schaltet das Gerät aus.

– Guten Tag, die Herren. Haben wir denn schon Feierabend, Herr Becker?

– Nein, gnädige Frau, ich wollte nur...

Mehr muss Becker nicht mehr sagen, schnell hat er drei Türen zwischen sich und die Hausherrin gelegt.

– Sag mal, Annette, was hast du eigentlich gegen Fußball? Kannst du dich nicht daran gewöhnen? Ich bin immerhin Sportjournalist.

– Aber du hast auch deine guten Seiten.

– Komm doch einfach mal mit ins Stadion. Zu 1860!

– Das hat mir gerade noch gefehlt! Ach hier, das hab' ich gesucht.

Annette bückt sich zu dem kleinen Tisch, der die Ecke zwischen Couch und Sessel ausfüllt, nimmt den großen Bildband und reicht ihn an ihren Mann weiter.

– Marokko.

Ackermann liest das Wort mit einer Mischung aus Andacht und Entgeisterung vor wie ein Kartäusermönch, der nach zwanzig Jahren erstmals sein Schweigegelübde bricht. Annette sieht, wie Ackermann ihre letzten Gespräche Revue passieren lässt auf der verzweifelten Suche nach einem Anhaltspunkt, den er möglicherweise, oder besser: bestimmt vergessen hat. Sie lässt ihn so lange zappeln, wie sie sich gerade noch das Lachen verkneifen kann.

– Vater hat uns nicht nur das Haus, sondern auch die Hochzeitsreise spendiert, und da wollte ich dich fragen, ob du mitkommst. Falls du zwischen zwei Fußballübertragungen mal Zeit hast.

– Hochzeitsreise?

Paul Ackermann schaut durch seine Brille, als müsse er die Abseitsregel in einem Satz erklären. Auf Japanisch.

– Ja, erinnerst du dich? Du hast mir einen Antrag gemacht, ich habe ihn angenommen, und dann haben wir geheiratet.
– Stimmt.

Gegen weibliche Logik ist kein Kraut gewachsen, denkt Ackermann, und ich habe die Sense unter den Frauen geheiratet.

– Und wenn wir schon mal in Afrika sind, wäre es doch nur logisch, wenn wir auch nach Ägypten führen. Die Pyramiden!
– Das klingt alles nicht nach Urlaub, sondern nach Kreuzzug.
– Du bist süß! Danke! Dann hol' ich gleich morgen früh beim Reisebüro die Tickets ab. Gebucht hab' ich nämlich schon!

Als das Telefon klingelt, hat Ackermann noch immer die Finger am blutroten Abdruck ihres Lippenstifts auf seiner Wange und den Geruch von Chanel Nr. 5 in der Nase. Mechanisch hebt er den Hörer ab:

– Ja, äh, Ägyp ... äh, Ackermann.

Ein Ruck geht durch ihn, wie von einem Wüstenwind sind alle afrikanischen Fantastereien mit einem Mal verflogen.

– Jawoll, Frau Bunse, sagen Sie dem Chef, dass ich in einer Viertelstunde da bin.

Ackermann legt den Hörer auf und verlässt mit schnellen Schritten den Salon.

– Annette! Ich muss nochmal los, Ahrens hat angerufen, er will mich nochmal sehen!
– Jetzt noch?

Annette beugt sich über das Geländer im ersten Stock. Sie hat zwar noch keine Redaktion von innen gesehen, aber was Redaktionsschluss bedeutet, weiß doch jedes Kind. Und hat es nicht eben irgendwo fünf Uhr geschlagen? Dann ist doch sogar schon Andruck für den Sportteil, hat ihr zumindest Paul immer erzählt.

– Ja, ich weiß auch nicht, was er will. Aber die Bunse hat gesagt, es sei dringend. Und ihr Wort ist noch mehr ein Befehl als das vom Chef selbst.

Annette lächelt. Einmal samstags morgens hatten sie die energische Dame in der Nähe des Marienplatzes getroffen. Paul hatte gleich die Haltung des ewigen 17-Jährigen eingenommen, die sie selbst so süß an ihm findet, forsch und zugleich etwas linkisch, und immer sich dümmer stellend, als er eigentlich ist. Am Anfang war sie auch darauf hereingefallen, gleich bei ihrem ersten Treffen auf der Anlage von Iphitos München. Ackermann musste von den bayrischen Tennis-Meisterschaften berichten, und weil ihr Vater im Präsidium des Vereins und ihre ältere Schwester eine der Titelfavoritinnen war, verbrachte auch Annette den ganzen Sonntag zwischen den Plätzen. Dreimal war sie schon fast mit dem Typen zusammengestoßen, der mit seinem Notizblock hinter den bekannteren Spielern herlief, wohl, um eine Einschätzung des nächsten Gegners oder was immer zu bekommen. »Oh, verzeihen Sie«, sagte er beim vierten Beinahezusammenstoß und schob die Brille auf der Nase zurecht, »wissen Sie zufällig, wo Katharina von Enders spielt?« Bis heute hatte sie nicht herausgefunden, ob er damals wirklich nicht wusste, dass Katharina ihre Schwester ist oder ob das Ganze nicht vielmehr ein gut recherchierter und noch besser inszenierter Annäherungsversuch war. Vom Stolz der kleineren Schwester erfüllt hatte sie ihn zum richtigen Platz gelotst und gerne seine Fragen über Katharina und ihr Spiel beantwortet. Schnell hatte sie festgestellt, dass er von Tennis wenig verstand und stets versuchte, Parallelen zum Fußball herzustellen. »Ah ja, wie beim Elfmeter«, sagte er zum

Beispiel, als sie, angereichert mit schmerzlichen eigenen Erfahrungen, über die Schwierigkeiten referierte, einen Halbflugball in das vermeintlich ganz offene gegnerische Feld zu platzieren. Goldig fand sie Ackermann, wie einen jungen Hund, dem man im Park begegnet, sich einen Moment dran erfreut und sofort wieder vergisst. Am Ende hatte er aber mit seiner naiven Fragerei viel mehr aus ihr herausgeholt, als sie einem Fremden je über ihre Schwester erzählen wollte. Voller Sorge hatte sie beim Frühstück am nächsten Tag die »Süddeutsche« aufgeschlagen, aber Ackermanns Artikel über den »neuen Stern am bayrischen Tennisfirmament« war klug, diskret, elegant, sie hätte ritterlich gesagt, wenn das bei dem dünnen Schreiberling nicht so lächerlich geklungen hätte. Und bei dem Satz, dass jemand gar nicht verlieren könne, der von einer derart »mit- und hinreißenden jüngeren Schwester« angefeuert würde, war sie fast so rot geworden wie die Erdbeermarmelade auf ihrem Brötchen. Er war ein junger Hund, der einem den Kopf verdrehen konnte. Bei Frau Bunse löst die Mischung offenbar mütterliche Gefühle aus.
– Wann kommst du wieder?
Aber der laute Knall von der Straße zeigt Annette, dass Ackermann seinen Käfer schon abfahrbereit hat.

– Frau Bunse, rasender Reporter Ackermann meldet sich zur Stelle.
– Das ging ja flott.
Die heimliche Herrscherin der Sportredaktion der »Süddeutschen Zeitung« blickt anerkennend über ihre halbe Brille.
– Jetzt ist der Chef aber irgendwo auf dem Flur unterwegs. Schauen Sie doch mal!
Ackermann tritt in den Treppenhausflur, in den aus drei Richtungen die Flure verschiedener Ressorts münden. Beim

Sport in seinem Rücken ist schon Feierabend, aber bei der Politik und beim Lokalen werden noch Manuskripte hin- und hergetragen, Fragen über den Gang gebrüllt und letzte Überschriften durch lautes Vorsagen auf Tauglichkeit geprüft. Ackermann will gerade in dem Gewühl nach Ahrens suchen, als der die Treppe herunterkommt, aus dem Stockwerk der Chefredaktion.

– Ah, Ackermann, schön, dass Sie so schnell kommen konnten.

– Selbstverständlich. Sonst wär' ich wohl besser Kulturreporter geworden.

– Sehr gut, jaja.

Ahrens ist nur zur zerstreuten Aufmerksamkeit derer fähig, die sich selbst für den Mittelpunkt aller Ereignisse halten und eine Position innehaben, die sie in diesem Glauben bestätigt. Ein Witz kann nur gut sein, wenn es sein eigener ist, und zur Anteilnahme am Schicksal anderer ist er nur fähig, wenn es seinem eigenen Vorteil dient.

– Hab' ich Ihnen eigentlich schon zur Hochzeit gratuliert?

Ackermann zögert. Hat er nicht, aber muss er überhaupt? Und warum dieses plötzliche Interesse?

– Na, doppelt genäht hält besser: Glückwunsch nochmal nachträglich.

– Danke.

– Aber immer schön vorsichtig: Frauen sind der natürliche Feind des Fußballs! Gewöhnen Sie sich da mal dran, mit den Jahren wird das Genörgel dann weniger.

– Wenn Sie das sagen, Herr Ahrens.

Ackermann muss an die Geschichte denken, die ihm die Kollegen gleich zu Beginn seiner Zeit beim Sport hinter vorgehaltener Hand erzählten. Wie Ahrens einmal bei einem Spiel der 60er gegen den 1. FC Nürnberg auf der Pressetribüne gesessen hatte und plötzlich eine Durchsage kam: »Eine Nachricht für Siegfried Ahrens von der Süddeutschen Zeitung. Ihre Frau hat gerade angerufen. Sie sollen bitte sofort nach Hause kommen.« Das ganze Stadion hatte gelacht, denn Ahrens ist eine lokale Größe.

– Hören Sie, Ackermann: Ich habe ein Problem hier. Ich brauche einen guten Mann, der für uns in die Schweiz fährt.
– Wie, zur Weltmeisterschaft?
– Genau!
– Aber wieso? Das macht doch Schwerdtfeger.
– Ich habe Schwerdtfeger rausgenommen. Seit seinem Kommentar über das Saarlandspiel ist er bei Herberger unten durch.

Dabei hat er doch nur die Wahrheit geschrieben!, denkt Ackermann. Im März war das Spiel gewesen, es ging um die Fahrkarte in die Schweiz. Deutschland musste gewinnen, nachdem es beim ersten Qualifikationsspiel in Norwegen nur zu einem 1:1 gereicht hatte. Die Deutschen gewannen 3:1, aber die Saarländer waren die bessere Mannschaft, und das, obwohl in ihren Reihen nur Spieler eines einzigen Vereins stehen, vom 1. FC Saarbrücken! »Verkrampft und voller Komplexe« sei der Auftritt der Deutschen gewesen, hatte Kollege Schwerdtfeger geschrieben, »wie von ein paar unreifen Jungs beim Debütantenball«. Dass selbst Fritz Walter nach dem Spiel ganz Ähnliches zu Protokoll gegeben hatte, konnte Schwerdtfeger offenbar nicht vor Herbergers Groll schützen.

– Also brauche ich einen Mann da unten, der eine weiße Weste hat und dazu Talent.
– Sie meinen – mich?
– Und eine schnelle Auffassungsgabe!

Paul Ackermann schaut vom Treppengeländer, wo er mit Ahrens steht, hinab in die Tiefe. In seinem Kopf geht alles durcheinander, er sieht einen Marokkaner mit seinem Kaftan Bälle fangen und im nächsten Moment Helmut Rahn, der auf seine unnachahmliche Art die große Pyramide von Gizeh umspielt. Als er gerade zum Schuss ausholt, blickt er nach oben, als habe er eine Erscheinung, und über der Pyramide erhebt sich die berühmte Statue der Nofretete, die allerdings diesmal das Gesicht von Annette Ackermann zeigt.

– Äh, Herr Ahrens, ich fürchte, das geht nicht. Wir fahren in die Flitterwochen, Ägypten, Marokko, das ist alles schon gebucht und bezahlt...

– Ich geb' zu, das ist etwas unglücklich. Aber, Ackermann: Das ist eine Weltmeisterschaft! Die gibt's nur alle vier Jahre. Und dem Herberger trau' ich einiges zu, vielleicht sogar das Viertelfinale. So eine Chance wirft man nicht weg.

Die Statue der Nofretete Annette zerbricht in tausend Teile.

– Verstehen Sie mich richtig, Chef. Ich würde notfalls barfuß in die Schweiz laufen. Ich weiß nur nicht, was Annette sagen wird.

– Das heißt, ich kann mit Ihnen rechnen! Gehen Sie doch mal gleich morgen früh zum Training nach Grünwald und machen sich mit allem vertraut.

Ackermann hat nicht mal mehr die Kraft zu denken, dass Ahrens doch mal versuchen solle, so etwas seiner eigenen Frau zu erklären, die dann wahrscheinlich beim WM-Endspiel eine Durchsage machen lassen würde, dass ihr Mann leider verhindert sei, weil er die Garage ausfegen müsse. Ackermanns Kraft reicht gerade noch für einen Händedruck mit seinem Chef, schlaff wie ein Salatblatt. Dann steigt er wieder in den Käfer.

Die ganze Fahrt von der Redaktion nach Hause grübelt Ackermann über die richtige Taktik für die kommende

Auseinandersetzung. Aber selbst wenn er bis Hamburg fahren müsste, würde ihm wohl keine einfallen, zu hoffnungslos ist er der Gegnerin unterlegen. Krachend fällt der Schlüssel neben dem Sideboard zu Boden, als er sich dem Unausweichlichen stellt. Schweigend steht er eine Weile in der Schlafzimmertür und beobachtet Annette, die sich ein neues Sommerkleid vor den Körper hält und im Spiegel betrachtet. Sie schüttelt den Kopf und wirft das Kleid, ohne sich umzudrehen, auf die Koffer, die halb gepackt hinter ihr auf dem Bett liegen. Dann wendet sie sich dem prall gefüllten Kleiderschrank zu und entdeckt im Spiegel den Mann in ihrer Schlafzimmertür.

– Schatz! Endlich! Du musst mir beim Aussuchen helfen, ja?

Bevor sie ihm als Vorschuss auf die anstrengende Arbeit einen Kuss geben kann, hält sie inne. Sie weiß, dass er Kleider aussuchen nur erträgt, weil er sie dann mit halb offenem Mund ungestört betrachten darf. Aber jetzt guckt er so ernst, als müsse sie alle Kleider verbrennen.

– Was ist los?
– Annette, ich muss dir was sagen.

So weit war er bei der Vorbereitung der Schlacht im Käfer gekommen. Dann hatte er sich nicht entscheiden können zwischen den Varianten Tarnen und Täuschen oder Frontalangriff. Ein Blick in ihr Gesicht sagt ihm jetzt, dass die Tarnung sofort auffliegen würde.

– Annette, die Hochzeitsreise fällt ins Wasser.

Zum ersten Mal seit sie sich am Rande der Tennisplätze getroffen haben, erlebt Paul Ackermann Annette Ackermann, geborene von Enders, sprachlos. Das hält er für kein sehr gutes Zeichen und spricht lieber selber weiter.

– Ahrens hat mich zur Fußballweltmeisterschaft beordert.

Annette schaut ihn an, als habe er ihr gestanden, ein Ver-

hältnis mit Frau Bunse zu haben. Und fast so etwas ist es ja auch.
– Das ist nicht wahr. Sag, dass das nicht wahr ist.
– Annette! Es ist eine einmalige berufliche Chance. Die kann ich nicht auslassen! Sonst darf ich demnächst wieder die Kartoffeln auf der Kleingärtnerschau rezensieren!
– Willst du damit allen Ernstes sagen, dass diese Bolzerei dir wichtiger ist als die Hochzeitsreise mit deiner Frau? 24 Kerle, die hinter einem einzigen Ball herrennen?
– 22.
Ackermann zieht den Kopf ein wie eine Schildkröte. Aber was gesagt werden musste, ist gesagt, jetzt können die ersten Ausweichmanöver gestartet werden, um den Druck umzulenken. Und es funktioniert.
– Von mir aus auch 22.
– Und es wäre ja auch langweilig, wenn jeder einen Ball hätte.
Abrupt dreht ihm Annette den Rücken zu. Hat er doch zu früh auf Ablenkung gesetzt? Bei den wenigen ernsthaften Streitigkeiten, die sie bislang miteinander hatten, etwa um den Standort des Fernsehers, hatte sie, die Jesuitenschülerin, ihn mit biblischem Ernst belehrt: Es gibt eine Zeit zu Scherzen, und es gibt eine Zeit, die Schnauze zu halten. Offenbar sollte er jetzt wohl besser in Zeitalter zwei eintreten.
– Na gut, Ackermann.
Das ist kein gutes Zeichen. Immer, wenn sie ihn mit dem Nachnamen anredet, steht der Erlass eines unumstößlichen Dogmas unmittelbar bevor.
– Du kannst fahren.
– Ach ja?
– Unter einer Bedingung.
– Und die wäre?
– Ich komme mit.

Freitag, 28. Mai 1954, noch 38 Tage bis zum Finale

– Mensch, Annette, heute beginnt die Weltmeisterschaft!

Paul Ackermann springt aus dem Bett. Annette dreht sich verschlafen auf die Seite.

– Wieso denn heute? Wir sind noch in München, die Weltmeisterschaft ist in der Schweiz. Entweder haben wir was verpasst, oder du spinnst.

– Na klar, Eröffnungsspiel ist erst am 16., aber ich fahr' gleich zum Training! Das ist schon so gut wie Weltmeisterschaft.

– Ackermann, du bist ein Kindskopf!

Annette hat sich unter der Bettdecke verkrochen, damit ihr Mann nicht sieht, wie sie lacht. Sie ist selbst Sportlerin genug, um zu wissen, wie aufregend es ist, den Besten einer Zunft bei der Arbeit zuzusehen. Im vergangenen Jahr war sie mit ihrem Vater nach London geflogen, um das Tennisturnier in Wimbledon anzuschauen. Na gut, wenn sie ehrlich war, spielte für sie der Sport nicht die alles entscheidende Rolle. Es war schön, einmal Gottfried von Cramm in seinen eleganten weißen Hosen über das bisschen Grün gleiten zu sehen, das die Engländer völlig übertrieben »heiligen Rasen« nannten. Aber viel interessanter war doch, welche Hüte und Kostüme die Damen trugen, vor allem, *wie* sie sie trugen. Mit einer Würde und Selbstverständlichkeit balancierten sie wagemutige Extravaganzen auf dem Kopf, winzig kleine Pillboxen in kecken Schräglagen, wagenradgroße Kunststücke, die wie Heiligenscheine um die Häupter zu schweben schienen. So viel understatement – ein Wort, das sie dort aufgeschnappt hatte – würden die Frauen der Münchener Gesellschaft wahrscheinlich in hundert Jahren nicht lernen. So wie die deutschen Tennisspieler das Turnier niemals würden gewinnen können, was doch so etwas wie eine Weltmeisterschaft war, weshalb auch sie, Annette Ackermann, irgendwie als Expertin für Weltmeisterschaften gelten darf und nun ihrem Mann gute Ratschläge geben kann.

– Tritt bloß nicht dem Herberger zu nahe, sonst schmeißt er dich auch noch raus wie deinen Kollegen Schwerdtfeger, und dann wirst du von einer wilden Amazone nach Marokko verschleppt.

– Keine Sorge! Wenn's sein muss, mach' ich für die Nationalspieler den Balljungen und putze ihre Schuhe!

Ackermann ist schon im Flur, zerrt noch einen frischen Notizblock aus der oberen Schublade des Sideboards und sprintet dann aus dem Haus, als könne er es mit dieser Demonstration sportlichen Leistungsvermögens noch in die Nationalmannschaft schaffen. Doch die hat das Training schon ohne ihn begonnen.

Als Ackermann knatternd in der Sportschule Grünwald vorfährt, läuft gerade ein Testspiel, und wenn er das richtig sieht, geht es immer nur auf ein Tor, Herberger lässt seinen ersten Sturm gegen die Verteidiger marschieren, die wohl auch im ersten WM-Spiel auflaufen sollen. Nach einem schön herausgespielten Tor von Helmut Rahn unterbricht ein Pfiff die Partie. Erst jetzt sieht Ackermann den Bundestrainer, der in seinem braunen Trainingsanzug unauffällig am Rand des Rasens gestanden hatte und nun, mit bedächtigen Schritten und die Hände auf dem Rücken verschränkt, den Platz betritt. Ohne dass er ein Wort sagen müsste, bilden die Spieler einen Halbkreis um den Mann, den sie »Chef« nennen.

– Männer! In gut zwei Wochen geht es los. Und wir wollen in der Schweiz doch einen guten Eindruck hinterlassen. Leider sehe ich bei einigen von euch noch eklatante Mängel im körperlichen Bereich ...

Am Spielfeldrand versucht Ackermann, jedes Wort zu erhaschen und auf seinem Block zu notieren. Was ist das Geheimnis dieses Mannes? Groß ist er wahrlich nicht, den meisten Spielern geht er gerade mal bis zur Schulter. Seine Sprache ist zwar fest und entschlossen, aber die Mannheimer Färbung verleiht ihr zugleich etwas Weiches, »im köbälischen Beraisch«, hat er gesagt, durchaus nicht unkomisch, aber gelacht hat keiner. Auch sieht man ihm jedes einzelne seiner 57 Jahre an, aber niemand käme auf die Idee, ihn einen alten Mann zu nennen.

– … deswegen werden wir vermehrt die Gymnastik in das Programm einbeziehen! Wir beginnen mit Liegestützen.

Herberger ist der Erste, der Stellung bezieht. Auffordernd schaut er seine Schützlinge an, die schließlich alle mit durchgedrückten Armen und ausgestreckten Beinen auf das Startsignal warten.

– Na, dann mal los!

Gleichmäßig bewegt sich Herberger auf und ab, die Spieler nehmen seinen Rhythmus auf, ab, auf, ab, auf. Nach zwanzig Liegestützen beginnen die ersten vernehmlich zu schnaufen, bei 25 lässt sich der erste platt auf den Bauch fallen; wenn Ackermann es richtig gesehen hat, ist es Karl-Heinz Metzner. Nach und nach geben auch die anderen auf, zuletzt, jenseits der 50, können auch Helmut Rahn und Fritz Walter nicht mehr. Nur einer pumpt so unangestrengt wie am Beginn der Einheit: der Chef. Mühelos springt er auf und betrachtet von oben die müden Männer auf dem Rasen, die fassungslos sehen, dass der Atem des Mannes, der ihr Vater sein könnte, nur unwesentlich schneller geht als bei Beginn dessen, was sie als Schinderei empfunden haben.

– Ihr seht, ihr müsst noch an euch arbeiten. Nutzt diesen Lehrgang, um hart zu trainieren. Arbeitet an euren Schwächen! Aber trainiert auch die Dinge, die ihr gut könnt. Der

Brite Stanley Matthews ist ein Meister des Dribblings, und doch übt er es Tag für Tag. Warum? Nichts bleibt! Wie heißt es: Ach, wie bald schwinden Schönheit und Gestalt. Schön seid ihr nicht, also kämpft wenigstens für den Rest.

Fast hätte Ackermann laut aufgelacht, und er sieht auch, wie die Spieler grinsen. Als er aus seinem Block, in den er noch schnell die Pointe notiert hat, wieder aufblickt, sieht er Herberger noch einmal in den Kreis der Spieler zurückkehren, dem er eigentlich schon den Rücken zugekehrt hatte.

– Ach, noch eins. Metzner, Sie sind ein ganz hervorragender Fußballspieler.

Herberger blickt den Spieler an, der sein Glück kaum fassen kann. Ein Lob vom Chef vor allen anderen, das kann man sich einrahmen lassen und übers Bett hängen, so selten ist das.

– Aber Sie rauchen heimlich, und damit betrügen Sie Ihre Kameraden, denn Sie würden sonst noch viel besser spielen. Und deshalb möchte ich, dass Sie noch heute abreisen und nach Hause fahren.

Vor lauter Schreck vergisst Ackermann, die vernichtenden Worte zu notieren. Selbst hier am Rand, zwanzig, dreißig Meter von der Mannschaft entfernt, fühlt er sich so mitgenommen, als hätte Ahrens ihn eben gefeuert. Metzner lässt den Kopf hängen, und wenn Ackermann sich nicht ganz täuscht, kämpft der Mann mit den Tränen. Die anderen Spieler schweigen, in ihren Gesichtern sieht man eine Mischung aus Erleichterung, dass dieser Kelch an ihnen vorübergegangen ist, und Furcht, dass der Chef ihnen bei irgendetwas auf die Schliche kommt, und hat nicht jeder was zu verbergen, hier ein paar Kilo zu viel und dort mal zu tief ins Glas geschaut? Herberger verlässt die Bühne seines Furcht einflößenden Auftritts wie ein Feldherr. Wie gebannt folgt Ackermann seinem Abgang, der keine Spur von

Anspannung verrät. Ruhig geht Herberger auf eine Bank zu, auf der Ackermann schon seit längerem Adi Dassler hat sehen können, den Sportschuhfritzen, den er erst kürzlich bei einem Empfang im Haus von Annettes Vater getroffen hat. »Hier, Adi, erzählen Sie meinem Schwiegersohn mal was über die neuen Fußballschuhe, die Sie da angeblich erfunden haben«, hatte der alte von Enders gönnerhaft gedröhnt, »dann hat der Junge endlich mal was Ordentliches zu schreiben in seinem Blatt.« Ackermann hatte entschuldigend gelächelt, und Dassler hatte ihn gleich beim Arm gepackt und beiseite gezogen. »Würd' ich ja gern, aber das ist ein großes Betriebsgeheimnis für die Weltmeisterschaft. Das muss ich erst mal dem Chef zeigen.« Jetzt ist der Moment wohl gekommen, denn Dassler sitzt mit einem Karton auf der Bank und sieht Herberger erwartungsfroh entgegen.

– War das mit dem Metzner nicht ein bisschen hart, Sepp?

– Natürlich. Er wird auch noch eine letzte Chance bekommen. Aber die Jungens müssen wissen, wo Bartel den Most holt. Beim nächsten Mal muss ich hart durchgreifen. Aber jetzt zeig' endlich, was du hast, Adi!

Dassler öffnet den Karton, packt einen Fußballschuh aus und reicht ihn Herberger.

– Hmm, ich würde sagen, er ist leichter als sein Vorgänger.

– Stimmt. Aber das ist es nicht.

Herberger wendet den Schuh hin und her, befühlt das Leder, fährt mit dem Zeigefinger die drei Streifen an der Seite entlang, klopft auf die Sohle und guckt mürrisch.

– Jetzt mach's nicht so spannend!

Dassler langt noch einmal in den Karton und holt ein Werkzeug hervor, das aussieht wie eine Mischung aus Kneif- und Wasserrohrzange. Er nimmt Herberger den Schuh aus der Hand, dreht ihn um, fasst mit der Zange einen der Stollen und dreht ihn langsam aus der Sohle heraus. Herberger schaut ratlos.

– Schrauben?

– Genau! Stollen mit Schraubgewinde.

Ein letztes Mal greift Dassler in den Karton, holt eine hölzerne Schachtel hervor, öffnet den Deckel und hält sie Herberger unter die Nase.

– Vier verschiedene Längen, für jedes Wetter und jeden Boden genau das Richtige.

– Das ist brillant!

– Also?

– Was fragst du so dumm! Ich will zwei komplette Sätze davon für die Weltmeisterschaft!

Voller Elan springt Herberger auf und geht wieder zu den Spielern, die immer noch auf dem Boden hocken.

– Auf geht's, Männer! Jetzt beginnt der Ernst des Lebens! Wir machen wieder die Laufarbeit, wie wir sie gestern besprochen haben! In Intervallen! Aber Warmmachen nicht vergessen, ich will keine Zerrungen oder Muskeleinrisse!

Erleichtert, einem Nachbeben entgangen zu sein, springen die Spieler auf und drehen drei, vier Runden um den Platz. Dann bilden sich Gruppen aus Stürmern, Verteidigern und Torhütern, die erst fünfzig Meter traben, danach die gleiche Strecke sprinten und so immer weiter, fast eine Stunde lang.

– Ich hab' schon sechs Pfund verloren bei der Rennerei!

Max Morlock ist in Schweiß gebadet, als er an Ackermann vorbeigelaufen kommt und leise vor sich hinflucht. Doch bevor der Reporter all seinen Mut zusammengenommen und gefragt hat, ob es denn nicht auch befriedigend sei, in so guter Form zur Weltmeisterschaft zu fahren, ist Morlock schon schnaufend weitergerannt. Ein Pfiff aus

Herbergers Trillerpfeife erlöst ihn schließlich, wieder treffen sich alle in der Mitte des Platzes.

– Sehr schön, Männer, ich sehe, das wird schon. Zur Abwechslung, und damit ihr das Spielen auch nicht verlernt, machen wir jetzt nochmal Fußballtennis.

Wenn das Annette wüsste, denkt Ackermann, als die Spieler ein Feld abstecken und mit einer Schnur in Hüfthöhe in zwei Hälften teilen. In Zweierteams stehen sie einander gegenüber und spielen den Ball, der in jedem Feld nur einmal aufkommen darf, über die Schnur. Tennis fördert bei jedem die schlechtesten Eigenschaften ans Tageslicht, hatte Annette ihm bei ihrem zweiten oder dritten Treffen verraten, das auch auf der Anlage von Iphitos stattfand. Ackermann war in der Woche nach den Meisterschaften einfach nochmal dort aufgetaucht und hatte was von »Nachrecherche« gemurmelt, bei der sie ihm doch behilflich sein könnte. Daraus wurde dann eine regelmäßige Einrichtung, und beim dritten oder vierten Mal hatte er auch Annette erstmals spielen gesehen. Und sofort war ihm klar, was sie mit ihrer Theorie der schlechten Eigenschaften meinte. Jeden eigenen Fehler kommentierte sie lautstark, wobei »wie kann man nur so dämlich sein« noch das Harmloseste war. Als ihre Gegnerin einmal einen Ball knapp an die Linie spielte und euphorisch »drin!« jubelte, zischte Annette »niemals!«. Da hatte sich Ackermann geschworen, nie gegen seine Frau ein Tennismatch zu bestreiten. Dagegen sind Fußballer ja die reinen Chorknaben, denkt Ackermann, als er sieht, mit wie viel Spaß und Leichtigkeit die Nationalspieler den Ball über die Schnur befördern, mal mit dem Kopf, mal mit dem Vollspann, manchmal aber auch mit einem spektakulären Fallrückzieher. Nach einer knappen Stunde ertönt wieder Herbergers Trillerpfeife.

– Feierabend, Männer. Für heute Abend ist ein original bayrisches Essen organisiert, mit Schweinsbraten und

Kraut. Aber halret euch zurück, Männer, im Spiel werdet ihr jeden Knödel mit euch herumschleppen wie ein Bleigewicht! Anschließend wird noch gekegelt, der Sieger bekommt von mir ein Buch. Dass ihm auch nicht langweilig wird auf dem Weg in die Schweiz!

Freitag, 11. Juni 1954, noch 23 Tage bis zum Finale

- Lass mich raten: Es gefällt dir nicht.

Paul Ackermann schüttelt den Kopf. Vor fünf Minuten hat ihm der Portier des Hotels Alpenblick in Spiez den Zimmerschlüssel in die Hand gedrückt, an dem eine große Messingplakette mit einer eingravierten 14 hängt. Die goldenen Knöpfe seiner Uniform hatten mit seinem Gesicht um die Wette gestrahlt, als er ihnen das beste Zimmer des Hauses für die nächsten Wochen anvertraute. Aber was heißt Zimmer: Eigentlich ist es eine Suite, zwei riesige Räume mit Fenstern direkt auf den Hotelgarten und den See hinaus, dazu ein Badezimmer von der Größe einer Umkleidekabine in einem WM-Stadion. Mit dem Unterschied, dass hier nicht elf Spieler Platz finden müssen, sondern nur die zwei vom Team.

- Natürlich gefällt es mir nicht!

Als sei der altrosafarbene Teppich, in dem sie fast bis zu den Knöcheln versinkt, mit altem Laub bedeckt, stolziert Annette durch die beiden Zimmer, steckt die Nase in den gewaltigen Strauß frischer Blumen, die auf dem Sims über dem offenen Kamin stehen, und runzelt die Stirn, als sei er schon halb verwelkt. Dann setzt sie ihr »Jetzt-muss-ich-meinem-Liebsten-wieder-die-Welt-erklären«-Gesicht auf und wendet sich ihrem Mann zu, der mit hängenden Schultern in der Mitte des größeren Zimmers steht.

– Schau, Ackermann. Wir sind doch jetzt Reporter. Da wohnt man in einem kleinen, schäbigen Hotel mit unrasiertem Portier. Und nicht in so einem – Palast!

– Annette, du treibst mich in den Wahnsinn.

Ackermann hat einen Entschluss gefasst. Er packt den kleinen Tisch, der vor einem der Fenster steht, und stellt ihn in die Mitte des Raumes. Vorsichtig, als transportiere er ein Fabergé-Ei, stellt er einen kleinen Koffer auf den Tisch, öffnet den Schnappverschluss und hebt seine Reiseschreibmaschine heraus. Aus seiner alten Ledertasche, von der er sich auch bei seinem ersten internationalen Großeinsatz nicht trennen will, zieht er ein Blatt Papier heraus und spannt es mit solcher Sorgfalt ein, als müsse er gleich sein Testament darauf verfassen. Doch bevor er zum ersten Mal die Ortsmarke »Spiez« tippen kann, legen sich zwei zarte Hände von hinten auf seine Schultern, und die Finger mit den rot lackierten Nägeln gleiten langsam seinen Brustkorb hinab in die Weste, die er über dem leichten Sommerhemd trägt. Wenn das jetzt all die Tage so weitergeht, wird er nicht einen Artikel nach München durchgeben können und Ahrens kommt persönlich, um ihn in den Hintern zu treten. Wenn seine Frau ihn lässt. Annettes Finger umschließen jetzt seine Krawatte.

– Na ja, Fußballreporter – das verbinde ich immer mit ... mit Elend!

– Ach ja? Nun, damit du deine Ansichten über den Beruf deines Mannes nicht revidieren musst, kann ich dich beruhigen: Diese Suite ist ursprünglich für Schwerdtfeger gebucht worden. Wäre von vornherein ich für die WM vorgesehen gewesen, hätte man mich sicher unter irgendeiner Brücke untergebracht, da kannst du ...

Bevor er sich weiter in eine Rechtfertigungsrage redet und alle Wörter, die er doch für die Artikel braucht, verpulvert, küsst ihn Annette einfach. Sie hat sich nun mit den Umständen abgefunden und beschließt, mit der Reporterarbeit zu beginnen.

– Also, wie war das: Das Eröffnungsspiel machen Jugoslawien und Frankreich, oder?
– Genau, am 16. Juni in Lausanne. Da werden wir mit dem Auto hinfahren, das dein Vater uns freundlicherweise noch so kurz vor der Abreise angeboten hat.
– Und zu wem halten wir?
– Zu niemandem. Wir sind Reporter. Also müssen wir neutral sein.

Wenn Spinnen in Vorfreude auf die Beute, die gleich in ihr Netz fliegt, lächeln könnten, würden sie ein Gesicht aufsetzen wie das von Annette Ackermann.

– Ach, und bei Deutschland gegen die Türkei? Sind wir da auch neutral?

Schon hat die Beute sich mit dem ersten Beinchen in den teuflischen Fäden verfangen.

– Äh, na ja, da halten wir natürlich zu Deutschland.
– Ach, sind wir da dann keine Reporter?
– Ja, doch, schon.

Jetzt muss sie ihn eigentlich nur noch auffressen.

– Ist das nicht ein kleines bisschen irrational?
– Ja, kann sein ...
– So wie ich manchmal?

Mit einer eleganten Bewegung zieht Annette ihre Hände aus dem Expeditionsgebiet in Ackermanns Weste zurück und verschwindet im Badezimmer, und wenn sich ihr Mann nicht täuscht, flötet sie dabei die Melodie von »Ich brauche keine Millionen, mir fehlt kein Pfennig zum Glück«. In lustvoller Verzweiflung legt er seinen Kopf auf die Schreibmaschine. Wenn diese Scharmützel bis zum Finale anhalten, wird er am Ende selbst nicht mehr wissen, wie Fußball eigentlich funktioniert. Er blickt auf die Uhr. In gut einer Stunde soll die deutsche Mannschaft in Spiez eintreffen. Hatte jedenfalls der Pressemann des Deutschen Fußballbundes gesagt, mit dem Ackermann vorgestern noch einmal telefoniert hatte. Eine Stunde, das reicht, um die ersten Eindrücke von Spiez aufzuschreiben, der Schönheit der Landschaft rund um den Thuner See und der unglaublichen Ruhe, was der Konzentration der deutschen Mannschaft auf die Spiele helfen dürfte. Ackermann hat gerade das große S von »Spiez« getippt, als die Badezimmertür auffliegt.

– Du, Schatzi ...

Zurück auf Los, denkt Ackermann, legt den Kopf wieder auf die Schreibmaschine und spricht so gefasst wie möglich in die Tastatur hinein:

– Was denn, mein Liebling?

Allein mit einem spitzenbesetzten Höschen und einem Büstenhalter bekleidet kommt Annette ins Zimmer, lässt sich rücklings auf das Sofa fallen, streckt ihre Beine in die Luft und beginnt, auf einem imaginären Fahrrad zu radeln.

– Also, in unserer Gruppe sind die Türkei und Ungarn gesetzt.

– Ja, im Prinzip schon.

– Was soll das heißen: im Prinzip schon? Als du mir vorhin im Auto erklärt hast, dass die sechzehn Mannschaften in vier Gruppen eingeteilt worden sind, da waren die beiden noch gesetzt.

– Sind sie ja auch. Aber die Türkei war es ursprünglich nicht. Das war Spanien. Aber die haben in der Qualifikation gegen die Türken verloren, womit niemand gerechnet hat. Und da war es dann offenbar zu spät, neue Setzlisten zu machen. Also kriegen die ungesetzten Türken den gesetzten Platz von den Spaniern ...

– ... die aber gar nicht mitspielen.

– Genau.

– Sag nicht ›genau‹, als ob das Ganze in irgendeiner Weise logisch wäre!

– Ich hab' die Regeln nicht erfunden.

– Aber du bist Reporter und musst sie deinen Lesern erklären! Also nochmal von vorn: Türkei und Ungarn sind gesetzt, und Deutschland und Südkorea nicht, oder?

– Genau! Und es spielen nur Gesetzte gegen Ungesetzte.

– Warum eigentlich?

– Woher soll ich das wissen? Bin ich der FIFA-Präsident? Angeblich wären es zu viele Spiele, wenn in den Gruppen jeder gegen jeden spielen würde.

– Aber das wäre gerecht, oder nicht?

– Ja, eigentlich schon.

– Ich schlage also vor, dass wir unseren ersten Bericht aus der Schweiz mit dem Satz beginnen: »Fünf Tage vor dem Beginn der V. Fußballweltmeisterschaft streiten Experten, Zuschauer und Spieler noch immer über das ungerechte Spielsystem.« Du hast mir doch erzählt, dass selbst der Fritz Walter gesagt hat, das sei alles nicht fair.

– Ja, schon. Aber jetzt ist es nun mal entschieden, und alle Teilnehmer haben den Modus akzeptiert.

– Dann spielt also die Türkei gegen Deutschland und Südkorea, die ja angeblich nix sind, wie du sagst, aber wir spielen gegen die Türken und Ungarn.

– Genau.

– Aber da haben wir ja gar keine Chance!

– Außer, wir schlagen die Türken.

– Aber du sagst, gegen Ungarn kommen wir in keinem Fall an.

– Richtig. Und die Türken werden Südkorea schlagen.

– Dann hätten wir und die Türken beide zwei Punkte, richtig?

– Kluges Mädchen. Und dann gibt es ein Entscheidungsspiel zwischen uns und der Türkei.

Annette hat ihre Radfahrt beendet und lässt die Beine mit einem Seufzer sinken, als sei sie von Spiez nach Genf geradelt, um der FIFA mal gehörig die Meinung zu sagen.

– Ich weiß, Ackermann, du willst das nicht hören. Aber so ein albernes System hätten wir Frauen uns sicher nicht ausgedacht.

Bevor Ackermann erneut seine Demutshaltung über den Typenhebeln einnehmen kann, schlägt draußen eine Kirchturmuhr zweimal.

– Und ich weiß was, das du nicht hören willst. In einer halben Stunde kommen die Jungs an und ich als dein Ehemann werde nicht erlauben, dass du der deutschen Fußballnationalmannschaft in diesem Nichts von einem Höschen guten Tag sagst.

– Das würde den Herren sicher nicht schlecht gefallen ...

Um weiteren Diskussionen vorzubeugen, hackt Ackermann mit beiden Zeigefingern energisch in seine Tastatur; er stanzt die Buchstaben mehr aus als dass er tippt. Flüchtig schaut er auf das Geschriebene, »Spiet« steht jetzt da. Es hat einfach keinen Zweck.

– Ich geh' schon mal runter und warte in der Halle auf dich.

– Auch nicht schlecht, wie die hier wohnen.

Annette hat sich bei Paul eingehakt und schaut von der Uferpromenade des Thuner Sees hinauf zu dem mächtigen Gründerzeitbau, der sich am Ende einer zum Wasser abfallenden Wiese auftürmt. »Hotel Belvedere« kann man zwischen den Birken hindurch auf der Fassade lesen.

– Na ja, aber wir wohnen vornehmer. Wie es sich für meine Frau von und zu gehört.

– Sei still! Hörst du das?

Von irgendwo weiter oben weht kräftiger Männergesang die Wiese zum See hinab, »Wer-ner Lie-brich, Wer-ner Lie-brich, schläfst du noch?!«.

– Das müssen sie sein!

Ackermann macht sich los und rennt zum Hotel. Fast wäre er mit dem Bus zusammengestoßen, der gerade um die Ecke des Hauses biegt. Die Dachfenster des Gefährts sind geöffnet, die letzten Takte des Kanons quellen gerade noch heraus, dann geht die Tür auf. In akkurat gebügelten grauen Hosen, die grünen Jacketts mit dem DFB-Emblem locker über die Schulter geworfen, steigen die Nationalspieler aus, der erste ist Werner Kohlmeyer.

– Aahhh, das ist ein Lüftchen! Das sollten sie in Dosen tun und verschicken!

– Genau, Kohli, und immer wenn dir auffem Platz die Puste ausgeht, machste dir ne Dose auf.

Bevor Kohlmeyer Helmut Rahn einen Knuff verpassen kann, ist der zur Seite gesprungen und hält Ausschau nach seinem Gepäck.

– Wenn du mich schlägst, kannze auch gleich meine Koffer schleppen.

– Aufgepasst, Männer! Ich habe für uns den gesamten 3. Stock reserviert. Da seid ihr dann völlig ungestört.

Dass ihm dann auch die Kontrolle über seine Schäflein leichter fällt, sagt Herberger nicht. Nicht einmal die Belegung der Doppelzimmer hat der Chef offenbar dem Zufall überlassen, denkt Ackermann, der das Gewusel bei der Ankunft aus einiger Entfernung verfolgt. Die Taktik hinter den Pärchen ist klar: Bis in die letzten Träume hinein soll gefachsimpelt werden, notiert der Reporter in seinem Block. Es gibt ein Torhüterzimmer mit Kwiatkowski und Kubsch, ein Rechter-Flügel-Zimmer mit Morlock und Klodt, und bei Kohlmeyer und Laband muss man wohl ein Auge darauf haben, dass die Verteidiger nicht auch noch die Zimmertür vermauern.

– Komm, Ackermann, wir gehen jetzt. Oder willst du denen etwa noch beim Auspacken zugucken?

Eine Zeit lang hat Annette ihrem Mann durchaus wohlwollend bei der Berufsausübung zugeschaut. Doch jetzt, als die Spieler mit ihren Taschen im Hotel verschwinden, reicht es dann. Ackermann ist da anderer Meinung.

– Zugucken nicht. Aber vielleicht erfahr' ich ja noch was Interessantes, irgendwas über das erste Spiel oder so.

– Aber du willst dich doch sicher nicht bei Herberger unters Bett legen. Komm, wir setzen uns auf die Terrasse und trinken ein Kännchen Kaffee.

Ackermann muss zugeben, dass seine Frau Talent hat, seinem Beruf ungeahnte Annehmlichkeiten zu verleihen. Noch ist die Rübli-Torte, die sie bestellt haben, nicht serviert, da hören sie schon aus dem geöffneten Fenster unmittelbar über ihren Köpfen vertraute Stimmen.

– Mensch, Boss, deine Frau hat die Sachen so schön zusammengelegt und du stopfst die in den Schrank wie Kraut und Rüben ... Wie unterscheidest du dann die alten Sachen von den frischen?

– Ich riech dran, wieso? Wie machst du dat denn, Fritz?

Dann hört man auf der Terrasse einen lauten Schlag. Während Annette und Paul sich noch fragend ansehen, geht das Zwiegespräch über ihren Köpfen weiter.

– Aaahh, das nenn ich mal 'n Bett! Die Schweizer können also nich bloß Uhren bauen.

– Mann, Boss, ich überlege andauernd, wofür mich der Chef bestrafen will, dass ich mit dir auf dem Zimmer bin ...

– Wat meinst du, Friedrich: Nimmt er mich zum ersten Spiel gegen die Türken? Ich bin tipptopp in Form! Ich glaub', er nimmt mich. Wat meinst du?

– Geht das schon wieder los? Also gut: Ja, er nimmt dich.

Triumphierend blickt Ackermann Annette an: Siehst du, schon exklusive Informationen gesammelt, sagen seine Augen, und schnell notiert er die Neuigkeit auf seinem Block – bis Rahns durchdringende Stimme wieder seine Aufmerksamkeit fordert.

– Aber der Berni Klodt ist auch gut in Form! Vielleicht nimmt er ja den!

– Ja, du hast Recht: Er nimmt den Berni.

Jetzt ist es an Annette, triumphierend zu gucken, was ihr Mann aber nicht sehen kann, da er gerade die letzte Notiz auf seinem Block durchstreicht und darunter notiert: »Berni Klodt auf Rechtsaußen gg. Tür.«

– Komm, Friedrich, dat war jetzt ein Witz, oder?

– Weißt du was? Ich geh' jetzt duschen.

Fast hätte Ackermann auch das noch notiert, doch in diesem Moment tritt Helmut Rahn auf den Balkon vor dem Zimmer hinaus.

– Komische Type, der Fritz.

Dann schreitet der Mann, in dessen ernsthafte Vorbereitung zum Weltmeisterschaftsturnier die deutschen Fußballfans all ihre Hoffnungen setzen, an das Geländer, breitet die Arme aus und schreit in die Stille von Spiez:

– Prima schnittfeste Tomaten heute, Leute! Kauft die prima Oma-Lutsch-Birnen!

Sonntag, 20. Juni 1954, noch 14 Tage bis zum Finale

Einmal schlägt die Glocke der Kirche am Katernberger Markt, als Matthias Lubanski die Fingerspitzen in das Weihwasserbecken taucht. Viertel nach neun ist es, das Hochamt beginnt erst um zehn, deshalb ist der schlichte Kirchenraum noch leer. Nur in den Bänken vorne rechts sieht Matthias zwei, drei Gläubige knien, die alten Frauen, die immer da sitzen, weil sie glauben, hier dem Herrn näher zu sein als in den spartanischen Zimmern im Altersheim, und auch der schmale Rücken im dunklen Anzug überrascht Matthias nicht, immer mal wieder sitzen, knien, beten hier gestandene Männer, Arbeitslose zumeist, die um höheren Beistand für ihr verkorkstes Leben bitten. Wie immer, wenn er in die Kirche kommt, hat Matthias nur einen flüchtigen Blick für die anderen Kirchenbesucher, den Blick nach unten auf die dunklen Steinfliesen, drückt er sich im äußeren Gang zwischen den Bänken und den Beichtstühlen hindurch nach vorne bis zur Marienkapelle. Mehrere Dutzend Kerzen brennen auf dem treppenartigen Eisengestell, das Matthias immer ein bisschen an die Tribüne in der Hafenstraße erinnert. Kurz nur blickt er auf das Bild mit der mild lächelnden Maria im blauen Mantel, die einen properen Jesusknaben im Arm hält, als sei es ein Ball. Er knickst flüchtig, nicht so tief, wie es der Herr Pfarrer im Kommunionunterricht gefordert hatte, und auch das Kreuzzeichen, das Matthias schlägt, ist nur ein hastiges Gefuchtel, so als wolle er eine lästige Fliege von Stirn, Brust und Schultern wegwischen. Aber was sollen die Äußerlichkeiten, hatte der Pfarrer nicht gesagt, dass der Herr in die Herzen blickt? Und wenn er bei der Gelegenheit auch noch einen Blick in die linke Hosentasche wirft, wird er sofort den Groschen sehen, den Matthias heute Morgen hineingetan hat und nun herausfingert. Er steckt ihn in den Schlitz des schwarzen Opferstocks, der an die Kerzentribüne geschweißt ist, nimmt ein dickes Exemplar, keine von den kleinen, die kosten nur fünf Pfennig, hält sie an einen der bereits brennenden Dochte und steckt sie auf einen der wenigen Dorne, die auf dem Gestell noch frei sind. Dann tritt er einen Schritt zurück, faltet die Hände und blickt der Maria fest in die Augen, und danach dem Jesuskind, damit sie auch wissen, dass er nicht zum Spaß hier und es diesmal wirklich dringend ist. Dafür schlägt er das abschließende Kreuzzeichen auch ganz bewusst und vorschriftsmäßig, damit am Ende die göttliche Hilfe, auf die allein er jetzt noch zählen kann, nicht an seiner Schusseligkeit scheitert. So hastig, wie er gekommen ist, verlässt Matthias die Kirche wieder, und so kann er auch nicht sehen, wie der Mann im dunklen Anzug ihm lange nachblickt.

– Mensch, Mattes, da bist du ja! Wo warste denn so lange?
Peter winkt schon zu ihm herüber, als Matthias vom Bolzplatz der Siedlung aus noch kaum zu sehen ist.
– Wir warten schon auf dich! Wir wollen doch das Türkenspiel nachspielen, und uns fehlt noch einer inner Abwehr!
– Ich musste noch was erledigen!
Matthias kommt über die Schutthaufen gelaufen, die sich im Niemandsland um den Fußballplatz herum häufen.
– Du spielst hinten links, neben der Carola.
Wie ein kleiner Herberger, mit dem Ball unterm Arm, dirigiert Peter die Mitspieler auf ihre Posten. Dann führt er selbst den Anstoß aus. Zwölf Kinder wuseln über den Platz, ein Schwarm Eisenspäne, der sich immer wieder neu um den Magneten Ball sortiert. Nur notdürftig halten die einzelnen Spieler die vorgeschriebenen Positionen, aber das ist auch nicht viel anders als bei den Nationalspielern vor drei Tagen.
– Laband verliert den Ball, Suat nimmt ihn auf Halbrechts auf und stürmt auf das deutsche Tor zu!
Wie ein Radioreporter kommentiert Peter das Geschehen auf der schwarzen Asche, während Lutz mit schnellen

Schritten und dem Ball am Fuß an Matthias vorbeizieht und mit einem wuchtigen Schuss den Ball in Richtung der reichlich krummen Torpfosten drischt.

– Turek wirft sich nach dem harmlosen Ball, aber zu spät, zu spät! 1:0 für die Türkei nach nur drei Minuten! Wie soll das nur weitergehen, genügt der türkischen Mannschaft doch ein Unentschieden zum Weiterkommen!

Immer wieder rennen die sechs, die die Mannschaft vom Bosporus darstellen, auf das gegnerische Tor zu. Ihr Kombinationsspiel funktioniert, und brächte nicht Matthias immer wieder in entscheidenden Momenten einen Fuß an den Ball, könnte es nach einer knappen Viertelstunde schon drei oder vier zu null heißen. Doch wieder fängt er einen Vorstoß ab, spielt den Ball über 15 Meter exakt auf Peter, der zwischen zwei Verteidigern hindurch voranstürmt, auf den herausstürzenden Torwart zu, und die präzise Vorlage sicher verwandelt.

– Das 1:1 durch Schäfer! Torwart Turgay ohne Chance.

Eine weitere halbe Stunde wogt das Spiel hin und her, dann schlägt die Kirchturmuhr dreimal.

– Halbzeit!

Erschöpft setzen sich die kleinen Fußballer auf den Boden, Peter holt aus seiner Tasche hinter dem Torpfosten eine metallene Feldflasche.

– Hier, Leute, Tee. Ich hab' gehört, dass unsere Mannschaft den auch getrunken hat.

Als die Glocken erst viermal kurz und dann elfmal lang schlagen, nehmen die Mannschaften wieder ihre Position ein. Kurz nachdem Peter den Ball wieder freigegeben hat, schießt Mischa das 2:1 für die Deutschen.

– Siehst du, hat Herberger doch Recht gehabt, den Berni Klodt zu bringen und nicht den Boss. Oder meinst du, der hätte den reingemacht?

Entgeistert sieht Matthias seinen Mitspieler an. So eine Frage! Der Boss ist der beste Rechtsaußen der Welt! Klodt ist zwar auch nicht schlecht, aber in den wichtigen Spielen ... Aber wer weiß, was der Boss gemacht hätte, wo er, Matthias, doch gar nicht dabei war! Das sagt er dem Mischa natürlich nicht.
– Klar hätte er ihn reingemacht. Und noch zwei mehr.
Immer wieder wirft sich Matthias den gegnerischen Spielern entgegen oder hetzt ihnen nach, keine ruhige Minute sollen sie mit dem Ball haben, zäh und laufstark, wie Richard es gesagt hat. Eine Flanke segelt in den Strafraum, Matthias muss nur im richtigen Moment springen, noch ein Schritt, und dann ...
– Matthias!
Benommen schaut Matthias nach oben. Wo ist der Ball? Und wieso beugt sich Carola über ihn und guckt, als sei er von der Straßenbahn angefahren worden? So fühlt er sich zwar, aber was macht er hier auf dem Boden? Als er sich vorsichtig umsieht, entdeckt er Toni Turek, also Buri, ebenfalls auf dem Boden, den Kopf mit der Schiebermütze in beiden Händen verborgen. Doch der kann schon wieder aufstehen, als Matthias noch immer auf dem Boden sitzt, vorsichtig die gewaltige Beule an seiner Stirn abtastet und immer noch rätselt, welche der beiden Carolas, die er vor sich sieht, nun die echte ist.
– Komm, Mattes, mach' mal 'ne Pause!
Irgendwo zwischen den beiden Carola-Mündern ist der Satz herausgekommen, dem Matthias achtsam Folge leistet. Vom Spielfeldrand aus sieht er, wie Carola zum 3:1 einköpft, die weißblonden Haare fliegen nur so, als sie den Ball so perfekt einnickt wie Ottmar Walter. Und sieht sie mit dem schwarzen Fleck, der danach auf ihrer Stirn zurückbleibt, nicht noch verwegener aus als sonst? Jedenfalls steht sie jetzt

nur noch einmal auf dem Platz, Zeit also, wieder mitzumachen. Kaum ist Matthias wieder dabei, erläuft er sich einen schnellen Ball fast an der eigenen Torauslinie, die mit ein paar Steinen notdürftig markiert ist, stoppt ihn, überblickt kurz das gesamte Spielfeld, und fast aus dem Stand flankt er weit hinüber vor das gegnerische Tor, wo Peter frei steht und Turgay zum vierten Mal machtlos ist. Zwanzig Minuten später schlägt die Kirchturmuhr wieder dreimal.

– Schluss! 4:1 für Deutschland!

Peter reißt die Arme hoch, während die türkischen Doubles pflichtschuldigst für eine halbe Minute die Köpfe hängen lassen.

– Klasse gespielt, Matthias.

Als sich Carolas Hand auf seine Schulter legt, weiß Matthias zum ersten Mal im Laufe dieses Spiels nicht recht, was er tun soll. Sein Blutkreislauf übernimmt den wesentlichen Teil der Arbeit und lässt ihn feuerrot werden, was im Endergebnis aber nur dazu führt, dass die Schmutzschicht in seinem Gesicht noch einen Tick dunkler wird. Er grinst ein bisschen und flüchtet sich in Fachsimpeleien.

– Wenn heute Nachmittag gegen die Ungarn alles schief geht, können wir durch das zweite Spiel gegen die Türken immer noch eine Runde weiterkommen. Kommst du gucken bei uns in der Wirtschaft? Mama hat doch 'nen Fernseher aufgestellt, und ich kassier' den Eintritt.

– Mal sehen, ob ich darf. Eigentlich kriegen wir gleich Besuch, ich muss auch sofort los.

Während Carola vom Platz geht, spielen die anderen noch weiter Weltmeisterschaft. Mischa, der im Geiste noch weitere viermal sein Berni-Klodt-Tor geschossen hat, ist nicht mehr zu stoppen.

– Wenn wir Weltmeister werden, spring ich mit allen Klamotten kopfüber in den Baldeneysee.

- Dann lass dich aber vom Akki retten!

Alle wiehern, als seien sie die Stammtischbrüder in »Christas Eck«. Schwimmen kann keiner von beiden.

- Halt! Fünfzig Pfennig.

Energisch hebt Matthias eine Hand. Er sitzt hinter einem kleinen Tisch gleich am Eingang von »Christas Eck«. Den Vorhang vor der Tür hat er zurückgeschoben, damit er nicht überrumpelt wird, wenn der Nächste hereingestürmt kommt. So hat auch der alte Grabitz, der seinen kugelförmigen Körper auf schnellen Beinen Richtung Tresen rollen will, keine Chance.

- Was, Eintritt?

Matthias zuckt nur mit den Schultern. Grabitz schaut aber gar nicht ihn an, sondern hängt mit den Augen schon am Fernseher am anderen Ende des Raumes. Wenn ihn nicht alles täuscht, tauschen da Fritz Walter und der Puskás die Wimpel. Nur widerwillig schaut er von den beiden Spielführern zu Matthias, der energisch auf die Zigarrenschachtel klopft.

- Fünfzig Pfennig? Ihr nehmt es ja von den Lebendigen!

Grabitz holt ein speckiges Portemonnaie hervor und gräbt darin, als suche er nach einer Goldader. Endlich wird er fündig, wirft die Münze in die Schachtel, die Matthias ihm hinhält, und drängt durch die voll besetzte Kneipe zum Tresen, wo zwischen Tiburski und Bohse noch ein Hocker frei ist.

- Heinrich Kwiatkowski im Tor, mit der drei Kohlmeyer, mit der vier Bauer ...

Der Rest des Kommentars aus dem Fernsehen geht im allgemeinen Tumult unter. Pfiffe gellen durch den Saal, die meisten Männer johlen, werfen die Arme in die Luft und ereifern sich, als säßen sie selbst im Berner Stadion und nicht in einer Essener Kneipe.

– Was ist denn los?

Verwundert schließt Ingrid den Zapfhahn und stellt ein halb gefülltes Glas ab. Die Männer wollen sich gar nicht beruhigen, nur hin und wieder schwimmen verständliche Satzfetzen auf dem Gebrabbel, dann versteht sie »der hat se wohl nich alle!« oder »dat is unser Untergang«. Fragend schaut Ingrid zu Bruno, der, wie immer eine Selbstgedrehte lässig in der Hand, am Ende des Tresens steht. Eigentlich hatte er sich geschworen, dem ganzen Gekicke nicht so viel Beachtung zu schenken. Früher hatte er sich zwar auch für Fußball begeistert, aber dann, das war noch gar nicht so lange her, hatte er auf einer Parteiversammlung erfahren, dass Herberger schon ganz früh, im Mai '33, in die NSDAP eingetreten war, ohne große Not, nur damit er Ruhe hatte bei seinem Fußball. Und hatten die Spieler nicht alle irgendwie das gemacht, was sie am besten konnten: mitlaufen? Dafür hatte Herberger viele von ihnen vor der Front bewahrt. Nachdem er all das wusste, war Bruno die Lust am Fußball einigermaßen vergangen. Aber jetzt ist Weltmeisterschaft, alle reden drüber, sogar in der Band, und ein bisschen kribbelt es vor dem wichtigen Spiel jetzt auch in seinem Bauch. Und er guckt genauso verwundert auf den Fernsehschirm wie die anderen.

– Die Aufstellung! Mebus, Mai, Pfaff, Herrmann – das ist nicht die erste Elf! Herberger lässt die Ersatzleute spielen!

– Und was ist mit dem Boss?

Matthias hat den Platz an der Kasse aufgegeben und hat sich zu Bruno durchgedrängelt. Sein Blick hängt an den Lippen seines Bruders, denn den Fernseher kann er nicht sehen, zu viele aufgebrachte Gäste, die von ihren Stühlen aufgesprungen sind, nehmen ihm die Sicht.

– Rahn spielt. Aber mit der Mannschaft haben sie eh keine Chance.

– Aber wetten, dass der Boss ein Tor macht? Ich weiß es!
– Okay, Kleiner. Wenn er eins macht, kriegst du für die nächste Runde Tabak den doppelten Preis. Wenn nicht, krieg ich eine Runde umsonst. Einverstanden?

Matthias zögert. Wenn es um so viel Geld geht, hört da nicht die Freundschaft auf, sogar die zum Boss? Ach was, da kann gar nix schief gehen, die Kerze brennt ja wahrscheinlich noch.

– Einverstanden. Und Hand drauf.

Matthias und Bruno schütteln die Hände fast so feierlich wie Fritz Walter und Ferenc Puskás nur wenige Minuten zuvor. Dann sucht sich Matthias schnell eine Lücke im Pulk der Leiber, von der aus er freie Sicht auf den Fernseher hat. Das Erste, was er sieht, ist ein Ungar, der am rechten Flügel stürmt, bis sich ihm ein Deutscher, das muss Kohlmeyer sein, resolut entgegenwirft. Ecke. Der Ball segelt in den Strafraum, komm, Kwiatkowski, den hast du, aber der Torwart kann ihn nicht festhalten, Vorsicht, da steht doch noch ein Ungar...

– Ich hab's gewusst, ich hab's gewusst!

Mit der flachen Hand schlägt Grabitz im Rhythmus seines Wutausbruchs auf den Tresen. Die ganze Kneipe stöhnt, kaum hört Matthias noch den Kommentar des Reporters.

– Das ist das 1:0 für Ungarn, schon in der dritten Minute... durch Kocsis... eine kalte Dusche für die deutsche Rumpfelf...

– Was heißt hier Rumpfelf?! Krückenelf! Da wären wir Versehrten ja noch besser!

Tiburski schwankt schon bedenklich auf seinem Hocker, aber gerade noch rechtzeitig fasst er den Handlauf, der den Tresen entlangführt, findet sein Gleichgewicht wieder und stürzt, kaum dass der Hocker wieder festen Boden unter den Füßen hat, sein Pils mit einem Zug hinab.

– Wieso hält der Kwiatkowski den Ball denn nicht fest? Das kann ja mein dreijähriger Enkel besser!
– Weil der Bauer, der Dämlack, seine Rübe dazwischen hält!

Grabitz schlägt noch einmal entrüstet auf den Tresen, um gleich darauf die Arme hochzureißen.
– Tor, Tor!!
– Näää, Grabitz, mach ma halblang. Dat war Abseits.
– Ach, komm, Tiburski, den Schiri kennen wir doch, dieser Mister Ling aus England. Der hat uns schon damals verpfiffen, in Dublin vor drei Jahren, weisse noch?

Tiburski weiß nicht mehr. Sein Langzeitgedächtnis ist spätestens seit dem siebten Pils hoffnungslos überflutet, und auch den eleganten Bewegungen des Ferenc Puskás auf dem Schirm kann er nur noch mit Mühe folgen, immerhin gut genug, um zu erkennen, dass der Major nach einem langen Solo unhaltbar zum 2:0 einschießt.
– Mannmannmann.

In der Kneipe ist es still geworden. Manch einer schaut auf die Uhr und rechnet aus, dass die Packung zweistellig wird, wenn die Ungarn in dem Tempo weiterspielen. Und als hätten sie die Rechenmaschinen in den Köpfen klackern hören, legt das ungarische Innentrio nach: Hidegkuti schiebt zu Puskás, der spielt Liebrich den Ball durch die Beine, passt zu Kocsis – 3:0 nach 21 Minuten. Zum ersten Mal kann Christa Lubanski am Zapfhahn eine Pause einlegen, den meisten ist der Durst vergangen. Schweigend spült Ingrid die Gläser, nur einmal blickt sie kurz auf, als irgendjemand »Herberger, du Vaterlandsverräter« durch die Stille brüllt und ein anderer vorschlägt, doch mit dem Eilzug ein paar Sack Zement in die Schweiz zu schicken, um das Tor endlich dicht zu machen.
– Da, da, der Boss!

Verzweifelt versucht Matthias, die Aufmerksamkeit aller wieder auf das Spiel zu lenken, in dem der unermüdliche Rahn sich den Ball erkämpft. Er spielt auf Pfaff, der die Lederkugel seelenruhig am herausstürzenden Grosics vorbei ins Tor schiebt. Matthias will in die Höhe springen, aber die anderen murmeln allenfalls beifällig. Verwundert schaut er sich um. Klar, die Ungarn haben Jojo mit den Deutschen gespielt, wie der Boss sagen würde, aber drei eins, da ist noch nix verloren. Gleich ist Halbzeit, vielleicht fällt Herberger ja noch ein Trick ein. Und der Boss macht sowieso mindestens noch ein Tor, heißt also 2:3, und dann werden die Ungarn nervös und alles ist möglich. Die ganze Pause hindurch und die ersten fünf Minuten der zweiten Halbzeit rasen immer neue Spielzüge durch seinen Kopf, an deren Ende immer Rahn trifft. Und als er sich endlich wieder auf die Übertragung konzentrieren kann, liegt der Ball auch im Tor, im deutschen freilich, Hidegkuti hat ihn hineinbefördert, aus zwanzig Metern flach in die lange Ecke, als hätte er sich bei Rahn etwas abgeschaut. 4:1. Wie bei der Beerdigung von Onkel Toni vorletzte Woche gucken jetzt alle, aber da wurde wenigstens beim anschließenden Kaffeetrinken noch gelacht. Die Männer hier sehen aus, als würden sie bis an ihr Lebensende die Mundwinkel nicht mehr hochbekommen. Als in der 55. Minute das 5:1 fällt, kommen die ersten an den Tresen, bezahlen ihren Deckel und schleichen so deprimiert zum Ausgang, als hätten sie selbst wenigstens zwei der Gegentore verschuldet. Der Kommentar ist kaum noch zu verstehen, so laut pfeifen die deutschen Fans im Wankdorf-Stadion, 30.000 sollen es sein, hatte der Reporter zu Beginn der Partie geschätzt. Aber selbst damit ist Schluss, als Toth das 7:1 erzielt, der Rest ist Selbstmitleid und Schweigen.

– Matthias!

Der Junge fährt herum. Ach ja, da hinten sitzt ja Papa, die ganze Zeit schon. Kein Wort hat er gesagt, seit das Spiel läuft, wie er überhaupt wenig spricht seit der Sache auf der Arbeit vor zwei Wochen. Es muss so gegen vier Uhr gewesen sein, als Schimaniak mit dem Fahrrad angefahren und ganz atemlos in die Kneipe gestürzt kam. Christa hatte gerade erst aufgemacht für die Männer von der Frühschicht, und er, Matthias, saß an seinem Stammplatz und verarbeitete Tabak. »Komm, Christa, schnell, dem Richard isset nich jut!«, hatte Schimaniak gerufen. »Ingrid, du bleibst mit dem Mattes hier!«, hatte sie noch sagen können, dann war sie schon raus, schnappte sich eins der Fahrräder vor der Tür und fuhr mit Schimaniak davon. Spät am Abend waren sie erst wiedergekommen, mit dem Auto von Ahlers. Beide, Ahlers und Schimaniak, mussten Papa stützen, damit er den Weg vom Wagen zur Haustür überhaupt schaffte. Ganz grau war er im Gesicht gewesen, aber nicht von der Kohle, die hatten sie ihm wohl schon abgewaschen, jedenfalls steckte er in seinem guten Anzug. Sie legten ihn auf's Bett, saßen noch eine Weile stumm in der Küche, ehe sie mit den Worten »wenn du wat brauchst, sach Bescheid« verschwunden waren. Mama hatte Papa dann beim Ausziehen geholfen, er legte sich ins Bett und stand drei Tage lang nicht mehr auf. Ab und zu hatte er, Matthias, mal durch die Tür zum Schlafzimmer gelauert, und es sah so aus, als hätte sich Papa die ganzen drei Tage nicht bewegt. Unentwegt starrte er an die Decke, und selbst wenn er schlief, schienen seine Augen da oben irgendwas zu suchen. Mama hatte nur kurz erzählt, was passiert war, ein Zusammenbruch unter Tage, vielleicht war Papa noch zu schwach für die schwere Arbeit, hatte sie gesagt. Viel mehr wusste sie nicht, denn Papa sprach nicht, auch nicht mit ihr, und als er am vierten Tag endlich wieder aufstand, sagte er kein Wort über das, was passiert war, und sein Gesicht, das sie inzwischen gut genug kannten, sagte, dass man ihn besser auch nicht fragen sollte. Seitdem sprach er nur das Nötigste, guten Morgen, guten Abend, reich mir doch mal das Brot rüber, so Sachen. Tagsüber ging er stundenlang spazieren, am Nachmittag saß er mit der Zeitung in der Kneipe. Zur Arbeit war er nicht mehr gegangen.

Jetzt sitzt er auch wieder da, mit der Zeitung von gestern, ob er von dem Spiel überhaupt was gesehen hat, weiß Matthias nicht.

– Verkaufst du mir eine von deinen Zigaretten?
– Ja, klar.

Matthias läuft zu seinem Kassentisch, wo neben der Zigarrenkiste für das Geld auch die Metalldose für den Tabak steht. Auf dem Rückweg zu Richards Tisch wirft er einen flüchtigen Blick auf das Spiel. Immer noch 7:1.

– Da, schenk' ich dir.
– Danke. Setz' dich doch mal zu mir.

Lieber würde er ja wieder in seine Lücke vorstoßen, um wenigstens das eine Rahn-Tor nicht zu verpassen, das doch noch kommen muss.

– Was ich dich fragen wollte, Matthias ... Ich hab dich heute morgen in der Kirche gesehen, und da sahst du nich sehr glücklich aus. Und 'ne Kerze hast du angezündet.

Jetzt hat Matthias keinen Blick mehr für das Spiel, sondern sieht seinen Vater schuldbewusst an. Also war er der Mann in der Bank gewesen!

– Darf ich fragen, wofür du sie angesteckt hast? Doch nicht etwa für mich?
– Neee, das nich ... Ich ...
– Na komm, sach schon: Für wen war die Kerze?
– Für den Helmut Rahn.
– Helmut Rahn?
– Der von Rot-Weiß! Herberger stellt ihn meistens nich

auf und da dachte ich, ich muss was tun. Und es hat ja auch geholfen.

– Komm doch mal mit raus.

Richard steht auf und geht zur Tür. Matthias folgt ihm und versucht verzweifelt, am Tonfall, am Gang, an den Bewegungen seines Vaters zu erraten, was nun kommt. Teilnahmslos, fast kalt hatte er geklungen, aber tut er das nicht immer seit dem Zusammenbruch? Oder will er ihn loben dafür, dass er so an seinen Freund denkt und an den lieben Gott glaubt?

– Versteh' ich das richtig? Du zündest in der Kirche eine Kerze an, nur damit irgend so ein Balltreter nicht auf der Reservebank sitzt?

So viel auf einmal hat Richard seit Tagen nicht mehr gesagt. Dennoch kann Matthias ihn nicht ansehen, so steif ist sein Nacken geworden vor Wut und Hilflosigkeit.

– Helmut Rahn ist nicht irgendein Balltreter! Er ist der Beste und ich ...

– Bist du noch zu retten? Und jetzt erklär mir mal, wie du dazu kommst, die Kirche für solche albernen Mätzchen zu missbrauchen!

In diesem Moment dringt verhaltener Jubel aus der Kneipe, einige klatschen, und wenn Matthias in seiner Not sich nicht ganz verhört hat, hat der alte Grabitz gerufen: »Na, wenigstens unser Boss weiß noch, wie man 'n Tor schießt!« Der Boss – ein Tor! Hat er es nicht immer gewusst? Und die Kerze hat gleich doppelt gewirkt!

– Das sind keine albernen Mätzchen!

– Du gehst sofort nach Hause! Da kannst du mal über den Sinn der Kirche nachdenken.

– Aber das Spiel ist doch noch gar nicht ...

Matthias hat die Hand gar nicht kommen sehen, vielleicht hat er seinem Vater so eine Geschwindigkeit auch gar nicht mehr zugetraut. Aber bevor er überhaupt reagieren kann, ist Richards rechte Hand mit einem lauten Knall auf seiner Wange gelandet.

– Schluss jetzt! Und ab nach Hause!

Matthias sieht seinen Vater an. Siedend heiß ist es in seinem Kopf, aus der Wange lodern offene Flammen, und oben am Gaumen spürt er schon das metallische Gefühl, das immer vor den Tränen kommt.

– Und fang' bloß nicht an zu heulen! Ein deutscher Junge weint nicht.

Fast muss Matthias husten, so groß ist der Schluck, mit dem er versucht, die Tränen hinunterzuwürgen. Noch mehr Blut schießt ihm in die Ohren. Er hört nicht mehr, wie die ganze Kneipe ein letztes Mal stöhnt und Tiburski grölt: »Dat jibt et doch jar nich! Schon wieder dieser Kocsis, dieser Paprika-Kicker!« Auch, dass sein Bruder aus der Tür tritt und fragt: »Was ist denn hier los?«, bekommt er nicht mehr mit, so wenig wie die Antwort seines Vaters: »Das geht dich gar nichts an. Halt den Mund und mach, dass du wieder reinkommst!« Als Bruno noch mit sich kämpft, ob er seinem Vater gehorchen soll, ist Matthias schon um die Ecke verschwunden. Er rennt und rennt, nach Luft schnappend wie ein Ertrinkender, und irgendwie ist er das ja auch, die Tränen schnüren ihm die Kehle zu, nach wenigen Schritten hat er ein Seitenstechen, als fuhrwerke jemand mit dem Messer in seinem Blinddarm herum, aber er läuft weiter, immer weiter. Endlich erreicht er die Holztür zum Hinterhof, stößt sie auf, macht ein paar letzte schnelle Schritte über den Hof und kriecht in seinen Hasenstall hinein. Er kauert sich mit angezogenen Beinen in die Ecke, ein hilfloses Bündel im Stroh, die Augen presst er auf die Knie, aber es hilft nichts, minutenlang rinnt das salzige Wasser seine Oberschenkel hinab, bis der Bund seiner kurzen Lederhose es aufsaugt.

– Habt ihr das gehört? Ein deutscher Junge weint nicht...

Etwas hat sich die Verkrampfung in Matthias' Körper gelöst. Halt suchend packt er einen der Hasen und nimmt ihn auf den Schoß. Er streichelt ihn so verzweifelt, als wäre es die letzte Zärtlichkeit, die beide je zu erwarten hätten.

– Wär' er doch bloß nie wiedergekommen...

Montag, 21. Juni 1954, noch 13 Tage bis zum Finale

Als der Pianist die ersten Takte von »Tanze mit mir in den Morgen« spielt, schließt Annette Ackermann die Augen und schmiegt sich noch dichter an ihren Mann. Das gedämpfte Licht im »Seeungeheuer« macht sie ein wenig schläfrig, und einmal ist ihr auch schon der Gedanke durch den Kopf gegangen, ob man auf den üppigen roten Plüschsofas an der Wand nicht genausogut schlafen könne wie im Bett ihres Hotels, das zwar auch wunderbar weich ist, zur Zeit aber auch unerreichbar weit weg scheint. Sie weiß gar nicht genau, was sie so müde macht. Ist es so eine Art Aufregungskater nach dem Spiel? Sie hatte neben Paul auf der Pressetribüne gesessen und fast die ganzen neunzig Minuten lang die Fäuste geballt gehalten, nur in der Pause und nach dem siebten ungarischen Tor, als eh nichts mehr half, hatte sie locker gelassen. Dann hatte sie Ackermann beim Schreiben zugesehen, der noch auf der Tribüne seine Maschine ausgepackt hatte und sich den Frust von der Seele hackte. »Ungarn machen aus deutscher Mannschaft Gulasch« war seine Überschrift, aber er glaubte so wenig wie Annette, dass die Zeitung das drucken würde. Zwei Stunden später stand dann der letzte Satz des Artikels auf dem Papier: »Wenn die Deutschen sich im Entscheidungsspiel gegen die Türkei am kommenden Mittwoch genauso konfus präsentieren wie heute, wird die Weltmeisterschaft für sie schon beendet sein, bevor sie richtig begonnen hat.« Dass dann auch für sie, Annette und Paul Ackermann, womöglich schon Feierabend wäre, sie die schöne Suite mit dem Seeblick würden räumen müssen und keine Gelegenheit mehr hätten, den deutschen Spielern beim Training zuzuschauen oder eine Runde Tretboot zu fahren, stand natürlich nicht in dem Artikel, obwohl Annette das mindestens genauso wichtig fand und es für sie der Grund war, die Niederlage durchaus persönlich zu nehmen. Auch Ackermann hatte noch Wut in der Stimme, als er seinen Text nach München durchtelefonierte. Um kurz vor neun waren sie erst mit allem fertig geworden, in der lauen Sommernacht gingen bereits die ersten Sterne über dem St.-Jakob-Stadion in Basel auf, als sie endlich ins Auto stiegen, um nach Spiez zurückzufahren. Noch einmal hatten sie alles Revue passieren lassen, Herbergers merkwürdige Aufstellung, das verwirrende Kombinationsspiel der Ungarn, das selbst dann nicht zum Erliegen gekommen war, als der überragende Puskás 29 Minuten vor dem Schlusspfiff verletzt vom Platz musste. »Ich wette, das hat der Liebrich extra gemacht«, hatte Annette gesagt, die trotz ihrer Grundsympathie für die deutsche Mannschaft ganz von der Dynamik, ja Kunstfertigkeit des ungarischen Kapitäns gefangen genommen war. Die letzte Stunde der Fahrt von Basel an den Thuner See hatten sie dann schweigend nebeneinander gesessen, den Blick leer auf die Straße im Scheinwerferlicht geheftet, im Geiste noch einmal der Partie nachhängend, die nichts anderes war als die größte Katastrophe in der Geschichte des deutschen Fußballs. Na, einmal hatten sie neun zu null verloren. Aber das war 1909. Ganz benommen waren sie schließlich eine halbe Stunde vor Mitternacht am Hotel aus dem Auto gestiegen. »Komm,

Ackermann, so können wir nicht ins Bett gehen«, hatte Annette gesagt, »einen Drink nehmen wir noch, vielleicht ist es ja die letzte Gelegenheit.« Und so waren sie noch die Stufen zum »Seeungeheuer« hinabgestiegen, wo sie schon einmal, nach dem Sieg gegen die Türkei, zur Feier des Tages ein Glas Sekt getrunken hatten. Diesmal galt es eher, den Kummer zu ertränken, wozu sich, wie sie fanden, Martini ganz hervorragend eignet. Und vielleicht ist es ja auch der vierte Martini, der Annette jetzt, eine Stunde nach Mitternacht, so schläfrig macht.
 – 8:3, was für eine Blamage!
Paul Ackermann kann sich immer noch nicht beruhigen, im Gegenteil. Bei ihm haben die Drinks wie ein Muntermacher gewirkt und das ganze Drama noch einmal in düsteren Farben heraufgerufen.
 – Und Schuld hat ganz allein der Herberger!
Annette hebt den Kopf von seiner Schulter, mühsam, als trage sie persönlich den Bundestrainer huckepack.
 – Was hast du bloß? Ich finde das sehr gescheit.
 – Ach, findest du?
Alles kann Ackermann jetzt gebrauchen, nur nicht diese amateurhaften Ansichten, dazu noch von einer, seiner Frau, die sich doch immer nur von ihren Gefühlen leiten lässt, was ja mitunter sehr schön sein mag, im Falle des vorliegenden Debakels aber in etwa so klug ist, wie einem Patienten mit Blinddarmdurchbruch eine Schachtel Pralinen zu schenken. Ackermann kommt völlig aus dem Takt, und würde Annette ihn nicht mit einem sanften Druck ihrer rechten Hand wieder auf die rechte Bahn bringen, wäre er womöglich über einen der kleinen Tische am Rand der Tanzfläche gestolpert und in den Flügel gestürzt.
 – Na ja, er schont seine wichtigen Leute für das Entscheidungsspiel gegen die Türken. Hätte ich auch so gemacht.

– Na, wenn das den Seppl nicht freut!
– Und außerdem sehen die Ungarn nicht, wie stark wir wirklich sind ... Ich meine, wenn wir nochmal gegen sie spielen.

Jetzt reicht es dann wirklich. Wo ist denn seine Frau heute Nachmittag gewesen? Hat sie nicht neben ihm auf der Tribüne gesessen und gesehen, was auf dem Rasen passiert ist? Scheibchenweise haben die Ungarn die deutsche Mannschaft in Stücke geschnitten, als sei sie eine ihrer guten Salamis! Doppelt verärgert, weil er nicht nur die Expertisen Annettes erdulden muss, sondern ihm dieses Bild nicht schon für seinen Artikel eingefallen ist, legt Ackermann einen halben Meter zwischen sich und seine Frau.

– Annette, wach auf! Wir sind hier nur Kanonenfutter! Die Ungarn sehen wir noch ein einziges Mal wieder: wenn wir am 5. Juli beim Frühstück die Zeitung aufschlagen und sie uns als Weltmeister zuwinken!

Bevor Annette etwas sagen kann, zieht Ackermann sie plötzlich so dicht an sich heran wie nie zuvor bei diesem Tanz. Gebannt starrt er zur Tür, in der drei Männer stehen, die mit einem kurzen Blick die Bar sondieren und dann zielstrebig auf den Tresen zusteuern.

– Drei Pils! Und die nächsten drei schomma auf Halde!

Ackermann zieht den Kopf ein und geht hinter der Schulter seiner Frau in Deckung, als hätte er den Leibhaftigen gesehen. Obwohl der Pianist jetzt ziemlich laut und schwungvoll »Es gibt kein Bier auf Hawaii« spielt, flüstert Ackermann nur noch.

– Annette, sieh nicht hin! Da sind Rahn, Mebus und Pfaff ...

Annette übernimmt sofort die Führung, und mit einer Drehung des Walzers hat sie sich in Position gebracht, um die drei Fußballer in Ruhe betrachten zu können. Mit dem

Rücken zur Tanzfläche sitzen sie auf Barhockern, lassen die Köpfe hängen und gucken, wenn Annette das richtig deutet, von unten herauf sehnsüchtig auf den Zapfhahn.

– Na und? Die trinken einen. Wie wir.

Jetzt ist es Ackermann, der die Drehrichtung vorgibt, um bessere Sicht zu haben.

– Annette, sei doch nicht so naiv! Glaubst du, der Herberger erlaubt seinen Leuten, während der Weltmeisterschaft auf Sauftour zu gehen?

– Ach, du glaubst, die sind ausgebüxt?

– Komm, lass uns mal unauffällig da rüber tanzen. Dann können wir vielleicht hören, was sie sagen.

– Sofort! Ich organisier' uns nur noch ein bisschen Tarnung.

Alle Müdigkeit ist von Annette gewichen. Ihr Augen funkeln so angriffslustig wie am Nachmittag vor dem Anpfiff. Mit drei, vier schnellen Schritten, die Horst Eckel zur Ehre gereicht hätten, schiebt sie Ackermann über die Tanzfläche, doch nicht in Richtung Tresen, sondern auf das Klavier zu. Wie eine Tango-Tänzerin lässt sie ihren Kopf über die linke Schulter nach hinten fallen und sieht den Pianisten schmachtend an.

– Mein Bester, können Sie bitte eine langsame Nummer spielen? Nur für mich?

Der Musiker im blauen Dinner-Jacket verbeugt sich würdevoll, tupft noch ein paar letzte Walzer-Töne mit der rechten Hand auf die Tasten und wechselt dann zu »Limelight«, Slow Fox. Die Ackermanns schieben zurück an das andere Ende der Tanzfläche, wo sie, keine zwei Armlängen von den drei Pils entfernt, die mittlerweile frisch gezapft auf dem Tresen stehen, Position beziehen und sacht auf der Stelle tänzeln.

– Auf den Club der Unzufriedenen!

Helmut Rahn hebt sein Glas, die beiden anderen stoßen mit ihm an, und dann leeren sie die Gläser in einem Zug.

– Acht Stück, wat 'ne Blamage! Und? Wie fühlt ihr euch? So als Lückenbüßer?

Alfred Pfaff wischt sich den Schaum vom Mund und schüttelt den Kopf.

– Für die Drecksarbeit waren wir gut genug. Aber passt auf: Beim nächsten Spiel kann der Alte auf uns wieder gut und gerne verzichten.

– Ihr beide habt's ja noch gut, ihr habt wenigstens jeder ein Tor gemacht. Ich hab' nur auf die Knochen gekriegt, ich kann immer noch nicht auftreten.

Mit einem Stöhnen, als habe ihn Hidegkuti gerade noch einmal erwischt, beugt sich Paul Mebus nach unten und betastet sein rechtes Schienbein. Als er mühsam wieder hochkommt, hat der Wirt bereits drei frische Biere serviert, an die Helmut Rahn bereits seine Hand gelegt hat.

– Wat soll's! Spülen wir den Ärger runter, Männer. Aber richtig! Soll sich ja gelohnt haben, wenn der Alte uns erwischt.

– Hast du dir schon auf dem Fahrplan angeguckt, wann morgen ein Zug nach Essen geht?

– Näää. Sollt ich aber vielleicht ma machen. Denn bevor nachher inne Zeitung steht, der Boss zeichnete sich bei dieser Weltmeisterschaft durch großartige Leistungen beim Tretbootfahren und beim Forellenfangen mit der bloßen Hand aus, da fahr' ich lieber freiwillig nach Hause. Noch ma drei Bier! Und tu ma noch drei Schnaps dabei, sonst kommen wir hier nie auf Touren.

Die Ohrenzeugen auf der Tanzfläche legen im Geiste schon mal einen Deckel an. Ob die drei den wohl rumtrinken? Auf dem besten Wege dazu sind sie ja. Dabei, das hatte Ackermann bei seinen Recherchen im Hotel Belvedere herausgefunden, achtet Herberger, der nichts dem Zufall überlässt, penibel auf die Ernährung der Spieler. »Je trockener der Körper, desto leistungsfähiger ist er«, habe der Bundestrainer gesagt. Behauptete jedenfalls die energische Dame, die das Buffet im Speisesaal der Nationalmannschaft regiert und, als Ackermann sie an einem Nachmittag zur Seite nahm und über ihre prominenten Gäste ausquetschte, nicht ohne Stolz erzählte, dass die Spieler sie »Feldwebel« nennen würden. Erlaubt seien Apfelschorle, Trauben- und Orangensaft mit aufgelöstem Traubenzucker, von allem nicht zu viel, worauf die Spieler aber selbst achten würden. Sie habe selbst mehrfach gehört, wie man sich spielerisch zur Ordnung gerufen habe, »feuchter Tisch! Wie sieht's denn hier aus?« habe zum Beispiel einmal der Herr Rahn gesagt. Und was ist mit einem Bierchen ab und zu, hatte Ackermann noch mit seiner unschuldigsten Miene gefragt. Wo denken Sie hin, hatte der Feldwebel geantwortet. Der Herr Herberger persönlich habe sie und ihre Mitarbeiterinnen dafür verantwortlich gemacht, dass das strikte Alkoholverbot beachtet würde. Verschwörerisch hätte er sie herangewunken und gesagt, dass sie doch wisse, dass es zwar ausgewachsene Männer seien, die man aber manchmal wie Kinder behandeln müsse, um sie vor sich selbst zu schützen. Das habe sie natürlich sofort begriffen, sagte der Feldwebel, schließlich habe sie selbst zwei Söhne, die erfolgreiche Skifahrer seien, nicht zuletzt deshalb, weil sie, ihre Mutter, ihnen manche Flause ausgetrieben hätte. All diese brandheißen Informationen hat Ackermann seiner Frau noch einmal ins Ohr geflüstert, als der Pianist mit einem demonstrativen Knall den Deckel über die Tasten klappt und mit einer kurzen Verbeugung verschwindet.

– Wie viel Uhr ist es eigentlich, Ackermann?
– Gleich zwei.

Mit einem Fingerzeig winkt Ackermann noch einmal den Wirt heran und bestellt zwei Mineralwasser. Schnaps ist Schnaps und Dienst ist Dienst, und das hier könnte die wichtigste Recherche der WM werden. Soviel er weiß, hat Herberger den Spielern zwar an diesem Abend frei gegeben, aber sicher nicht bis tief in die Nacht. Das ist also eine sensationelle Geschichte, da muss der Reporter einen klaren Kopf bewahren. Aus dem Augenwinkel beobachtet Ackermann Paul Mebus, der von der Toilette zurückkommt und seine Jacke vom Barhocker nimmt.

– Ich geh' dann mal.

– Ich auch.

– Ach, Männer, dat könnt ihr doch nich machen! So jung kommen wir nich mehr zusammen. Und einer ... einer geht immer noch rein.

Nach Rahns Aussprache zu urteilen, findet Ackermann, müssten sie mit dem Deckel jetzt wirklich rum sein. Mebus und Pfaff legen jeder einen Geldschein auf den Tresen und steuern mit dem konzentrierten Blick von Männern, die sich selber für vollkommen nüchtern halten, auf den Ausgang zu.

– Spielverderber!

Mehr kann Rahn nicht mehr rufen, dann sinkt sein Kopf schwer nach vorne.

– Noch ein Bier?

Der Wirt hat auf den Tonfall umgeschaltet, mit der ein Pastor im Beichtstuhl die Zungen der Sünder lockert. Übermäßiges Mitleid hat er mit dem gedemütigten deutschen Fußballer an seinem Tresen nicht, davon hat er schon zu viel für sich und seine eigene, die Schweizer Mannschaft verbraucht, die heute auch verloren hat, 0:2 gegen England. Nein, er betreibt das »Seeungeheuer« lange genug um zu wissen, wo noch ein Geschäft zu machen ist. Nur das

Pärchen, das jetzt bei Mineralwasser die Zeit totschlägt, kommt ihm komisch vor. Die sind jung und haben so nett miteinander getanzt, haben die nichts Besseres zu tun?

– Ich sach doch, einer geht noch rein.

Als Rahn dieses Bier halb ausgetrunken hat, plumpst er von seinem Hocker wie ein Blutegel, der sich an einem Oberschenkel satt getrunken hat. Bevor der Wirt hinter seinem Tresen hervorkommen kann, ist Annette aufgesprungen.

– Lassen Sie mal, das machen wir schon. Wir kennen ihn. Komm, Ackermann, hilf mir mal.

Gemeinsam wuchten sie den Boss hoch, legen sich jeder einen seiner Arme auf die Schulter und drehen sich schnaufend zur Tür.

– Und wer zahlt?

In Sekundenbruchteilen hat der Wirt vom Pastorenton auf den des Gerichtsvollziehers umgeschaltet. Ackermann fingert einen 50-Franken-Schein aus seinem Sakko und knallt ihn auf den Tresen.

– Das dürfte wohl reichen, oder?

– Vielen Dank, die Herrschaften, und noch viel Glück beim Turnier. Gute Nacht miteinander!

Mit einer eleganten Bewegung öffnet er die Tür und geleitet seine letzten Gäste noch die Stufen hinauf zur Straße. Der See schimmert, als habe der Mond die Erde still geküsst, aber das seltsame deutsche Sturmtrio hat keinen Blick für die Poesie der Nacht, sondern muss auf jeden seiner Schritte achten.

– Nach Hause, nach Hause, nach Hause gehn wir nicht!

– Wenn der so weitersingt, kann er den Herberger auch gleich anrufen und ihm sagen, dass er sich hat voll laufen lassen!

Ackermann hat schon sein ganzes Hemd unter der Last des Bosses durchgeschwitzt, obwohl es vom »Seeungeheuer« zum Hotel Belvedere nur zweihundert Meter sind. Als sie die Treppe erreichen, die zum seeseitigen Eingang des Hotels hinaufführt, lassen sie Rahn sacht auf die unterste Stufe gleiten, und Ackermann breitet noch dessen Jackett über ihm aus. Fehlte ja noch, dass er sich eine Erkältung einfängt und deshalb vielleicht das nächste Spiel verpasst.

– Mann, ist der schwer.
– Das sind die Muskeln.
– Wie bitte, mein Schatz?
– Ja, guck doch mal diese Oberschenkel! Da ist jeder Muskel trainiert!
– Jaja, schon gut. Komm jetzt!

Ackermann packt die Hand seiner Frau und weiß selbst nicht so genau, ob er sie nur zum Gehen auffordern oder nicht vielmehr verhindern will, dass sie den Boss noch einer Leibesvisitation unterzieht. Plötzlich bewegt sich der Mann auf der Treppe, schlägt die Augen auf und guckt so glasig entrückt nach oben, als erschiene ihm ein Engel, der ihm einen göttlichen Geheimpfad ins Endspiel weist.

– Wer bist du denn, Kumpel?
– Gestatten, Ackermann. Süddeutsche Zeitung.
– Prima Sportteil.
– Danke.
– Und Sie, Gnädigste?
– Seine Frau.
– Schade.

Rahns Blick verschleiert sich wieder; eine dunkle Wolke hat sich vor den Engel geschoben. Unschlüssig betrachten die Ackermanns den Mann zu ihren Füßen.

– Ich schlage vor, wir lassen ihn hier sitzen, hauen ab und rufen den Pförtner an. Sonst ziehen die uns noch mit da rein und die AZ schreibt: Münchener Journalistenkollege trinkt die Nationalmannschaft untern Tisch und versaut uns die WM.

– Ackermann, du bist mein Held.
– Es gibt kein Bier auf Hawaii, es gibt kein Bier. Drum fahr' ich nicht nach Hawaii, drum bleib' ich hier!

Rahn singt so laut wie ein Schlachtenbummler nach einem grandiosen Sieg. Erschrocken ducken sich die Ackermanns und blicken ängstlich auf die Hotelfassade und den nächtlichen Garten, ob es schon Zeugen dieses eindrucksvollen Solos gibt. Als sie sich zur Flucht wenden, wirft Annette einen letzten Blick auf den Boss.

– Was für Oberschenkel!
– Was für eine Story!

Jetzt hat Annette nur noch Augen für ihren Mann.

– Untersteh' dich! Oder ich lass' mich scheiden.
– Dann untersteh' ich mich.
– Gut. Dann nichts wie weg hier!

Obwohl Annette einen letzten, sichernden Blick auf die Hotelfassade wirft, übersieht sie den Mann, der die ganze Zeit im Schatten auf einem Balkon im dritten Stock gestanden und das Kammerspiel zu seinen Füßen mit verschränkten Armen beobachtet hat. Jetzt tritt Sepp Herberger vor und lehnt sich auf das Geländer. Er blickt hinab auf Rahn wie ein Vater auf seinen gestrauchelten Sohn, schüttelt den Kopf und seufzt. Er weiß, was er nun tun muss, und er hasst es jetzt schon. Morgen früh wird er zu Hans Huber gehen müssen, dem zweiten Vorsitzenden des Deutschen Fußballbundes und Delegationsleiter hier in der Schweiz. Weit hat er da nicht zu laufen, Huber wohnt in der Etage unter ihm. Dann wird er den Boss zu sich bitten, entweder auf sein Zimmer oder hinunter an den See, um mit ihm einen Spaziergang zu machen, bei dem er ihm die bittere Nachricht beibringen wird. Was macht der Junge auch für Sachen! Hundertmal hat er ihm gesagt, dass er sein außerordentliches Talent verschleudert mit seinen Eskapaden, und hat der Boss nicht jedes Mal gesagt: »Ich weiß, Chef, soll nich wieder vorkommen.« Und jetzt liegt er schon wieder da, total betrunken im Freien wie ein Obdachloser, mitten während der WM, wo doch noch alles drin ist! Bringen wollte er ihn am Mittwoch, im Entscheidungsspiel, denn wer gegen die Ungarn ein Tor macht, wird doch auch gegen die Türken erfolgreich sein. Jetzt kann er froh sein, wenn er bis Mittwoch überhaupt wieder nüchtern ist. Aber was hätte er noch tun sollen? Hat das Exempel, das er in München an Metzner statuiert hat, nicht gewirkt? Damals war doch allen klar gewesen: Wer gegen die Disziplin verstößt, ohne die es nun mal nicht geht, der fährt nach Hause, egal, wie wichtig er für die Mannschaft ist. Oder hätte er ihn nicht begnadigen dürfen? Aber er musste auch zeigen, dass er niemanden vollständig fallen lässt, gute Fußballer sind sensibel, sie brauchen auch Zuspruch, gerade, wenn sie Mist gespielt oder gebaut haben. Eine Mannschaft funktioniert nur, wenn alle die gleichen Pflichten haben, aber auch die gleichen Rechte – und die Chance, sich zu ändern. Keine Extrawürste, weder so noch so, für niemanden! Denn dann kommt Neid auf, und Neid ist gefährlicher als jeder gegnerische Stürmer. Elf Freunde müssten sie sein, hatte er den Spielern immer wieder gesagt, und bislang hatte das doch auch sehr gut funktioniert. Natürlich ist die Niederlage gegen die Ungarn schwer zu verkraften. Aber muss man sich deshalb gleich so sinnlos betrinken? Dann hätte er doch am ehesten Grund dazu! Die Pfiffe der 30.000 deutschen Zuschauer heute Nachmittag galten doch nicht den Spielern, sondern ihm, Herberger, der angeblich die Mannschaft ins offene Messer hat rennen lassen. Die Mannschaft hatte voll hinter seinem Plan gestanden, nicht die komplette erste Garnitur gegen Ungarn einzusetzen, Turek, Laband, Morlock, Schäfer und Ottmar Walter für das zweite, entscheidende Spiel gegen die Türkei zu schonen. Und hätte nicht auch die B-Mannschaft eigentlich imstande sein müssen, neunzig Minuten lang wenigstens ein Unentschieden zu halten? Dass sie nicht komplett chancenlos waren, zeigt sich doch allein daran, dass ihnen drei Tore gelungen waren. Und eins auch dem Boss, der somit doch eigentlich gar keinen Grund hätte sich zu betrinken, und dennoch liegt er nun da unten und schläft seinen Rausch aus, dort, wo ihn die beiden guten Geister abgelegt haben, die den Boss offenbar erkannt hatten, aber mit der Sache wohl nichts zu tun haben wollten und davongeschlichen waren. Da wird er, Herberger, dem Portier wohl mal Bescheid sagen müssen, dass er den Nachtschwärmer von der Treppe aufliest, nachher verkühlt er sich da noch ernsthaft; als wenn die Heimreise, die er morgen antreten muss, nicht schon genug Strafe wäre.

Herberger seufzt noch einmal schwer und geht durch sein Zimmer hinaus auf den Flur im dritten Stock, wo alles so ruhig ist, als hätte es diesen tumultösen Tag nie gegeben.

– Stopp!

Erschrocken bleibt Herberger stehen. Hat er einen Einbrecher überrascht, oder hat es der Rahn doch irgendwie von alleine die Treppe hinaufgeschafft?

– Grüezi, Herr Herberger.

– Grüezi ...

Jetzt erst sieht der Chef die Frau, die am Ende des Ganges auf den Knien rutscht.

– Sie, ich wollt' Sie nicht erschrecken, aber ich hab' da grad gewischt und ich wär' Ihnen sehr dankbar, wenn Sie nicht gleich drüberlaufen täten.

– Gewischt? Um die Zeit?

Wenn Herberger sich beim flüchtigen Blick auf seinen Wecker eben nicht getäuscht hat, muss es wenigstens halb drei in der Nacht sein.

– Ja, wann denn sonst?

– Ja, stimmt, wann sonst ...

Unverdrossen wischt die Frau weiter. Die ist bestimmt noch einmal 10 Jahre älter als ich, denkt Herberger, vielleicht sogar noch mehr. Wenn man so alt ist, sollte man eigentlich nicht mehr auf dem Boden herumrutschen müssen. Aber wer weiß, vielleicht ist sie ja die heimliche Chefin des Hauses und schläft schlecht, und bevor sie sich sinnlos im Bett wälzt, tut sie lieber was Sinnvolles?

– Darf ich mich so lange auf den Stuhl da setzen, bis der Boden trocken ist?

– Gerne. Sie können wohl nicht schlafen, wie?

– Nein.

– Haben Sie heute verloren?

– Und wie!

– Sind Sie jetzt dann nicht mehr im Bewerb?

– Doch, doch. Wir haben eine Schlacht verloren, aber nicht den Krieg.

– Und was bedrückt Sie dann?

Seltsam, wie die Frau ihn durchschaut, obwohl das Licht doch schummrig ist und sie am anderen Ende des Flurs auf den Knien kaum einmal den Kopf hochnimmt, um ihn anzusehen. Oder steht irgendwo in großen Buchstaben auf seiner Trainingsjacke »Hallo, ich bin der Herr Herberger, ich bin der Trainer der Deutschen Fußballnationalmannschaft und habe ein Riesenproblem«? Schnell schaut Herberger an sich herunter, aber da ist nichts, nur das Emblem des DFB auf seiner Brust.

– Sagen Sie, junge Frau, haben Sie Kinder?

– Neun Stück! Und Sie?

– Nein ... Oder doch, 22, wenn Sie so wollen. Und einer macht mir großen Ärger.

– Wahrscheinlich Ihr Lieblingskind. Die machen immer Ärger.
– Und da fällt es dann besonders schwer, es zu bestrafen.
– Ach Blödsinn!
Zum ersten Mal richtet sich die Frau auf, lässt den Putzlappen sinken und starrt Herberger so an, als habe er gerade behauptet, in einer Fußballmannschaft spielten fünfzehn Leute.
– Wieso Blödsinn?
– Man muss auch mal fünfe grad sein lassen.
– Aber ohne Fleiß kein Preis.
– Wenn der Apfel reif ist, fällt er von selbst vom Ast.
Herberger lächelt. Dieses Spiel beginnt ihm zu gefallen.
– Wer nicht hören will, muss fühlen.
– Den Gerechten gibt der Herr im Schlaf.
– Früher Vogel fängt den Wurm.
– Der Ball ist rund, und ein Spiel dauert neunzig Minuten.
Herberger hält inne, schaut die Frau mit dem Putzlappen eine Weile an, dann nickt er stumm. Der Boden ist inzwischen getrocknet, und plötzlich dringt heftiges Rumoren die Treppe hinauf, aus dem der Fluch »Verdammt! Wo bin ich hier?« deutlich hervorsticht. Herberger zögert einen Moment, dann geht er auf Zehenspitzen in sein Zimmer. In diesem Moment biegt Helmut Rahn um die Ecke. Schwer wie ein Sack Zement hängt er auf dem Nachtportier, dessen dunkelblaue Uniform von der Schwerarbeit am Mann schon reichlich mitgenommen aussieht. Vor der Tür von Zimmer 303 stellt er Rahn ab und rückt die Mütze zurecht.
– Den Rest schaffen Sie alleine?
– Jawoll, Herr General!
So zackig, wie es nach fünfzehn Bier noch möglich ist, schlägt Rahn die Hacken zusammen, hebt die linke Hand

hoch Richtung Haare, die so aussehen, als wäre damit die Straße gefegt worden. Ehe er umfällt, fasst seine Rechte an die Klinke und drückt sie geräuschvoll hinunter, dann verschwindet Rahn im Zimmer. Der Portier wischt sich den Schweiß von der Stirn, dann hört er einen lauten Knall und eine Stimme, in der Schlaf und Ärger eine gurgelnde Mischung eingehen.
- Na, kleines nächtliches Zusatztraining eingelegt?
- Ach, leck mich doch.

Das ist, da hat der Portier keinen Zweifel, die Stimme des Herrn Rahn. Und dann muss der andere wohl sein Zimmergenosse sein, der Herr Fritz Walter.
- Sag mal, Helmut, bist du total bescheuert?
- Kann schon sein.
- Der Chef schickt dich nach Hause, wenn er Wind von der Sache bekommt!
- Na und? Ein Ersatzspieler weniger in der Schweiz. Is auch billiger.
- So ein Blödsinn! Wir sind eine Mannschaft, wir gewinnen zusammen, und wir verlieren auch zusammen. Das gilt für dich genauso wie für jeden anderen hier.
- Jetzt is sowieso zu spät. Ich glaub, der Dassler hat mich gesehen, also weiß auch der Chef bald Bescheid.

Angestrengt lauscht der Portier. Er versteht zwar nichts von Fußball, aber das hier ist mehr als Fußball, und wer weiß, vielleicht kommt morgen wieder einer von den Herrn Journalisten und fragt ihn, ob es irgendwas Neues gäbe von den deutschen Spielern. Und da hätte er doch eine schöne nächtliche Geschichte zu erzählen.
- Helmut, eins will ich von dir wissen: Bist du für uns oder bist du gegen uns?
- Wie darf ich denn die Frage verstehen?
- Wenn du für uns bist, rede ich mit dem Adi, dass er

dem Chef nichts sagt. Aber wenn so was nochmal vorkommt, fahre ich dich persönlich zum Bahnhof und trete dir in den Arsch!

– Huch, Friedrich, so kenn' ich dich ja gar nich! Meinste dat etwa ernst?

– Ich hab' noch nie im Leben etwas ernster gemeint.

– Natürlich bin ich für euch, verdammte Scheiße!

So laut hat Rahn gebrüllt, dass der Portier erschrocken zwei Schritte von der Tür zurückweicht. Eine kleine Geschichte für die Journalisten ist zwar schön und gut, aber das hier könnte in ernste Schwierigkeiten ausarten. Auf Zehenspitzen tritt er den Rückzug zur Treppe an, keine Sekunde zu früh.

– Also gut, Boss. Ich geh' jetzt auf's Klo. Und wenn ich wiederkomme, hast du wie Onkel Fritzens lieber Junge deinen Schlafanzug angezogen und liegst im Bett. Und da bleibst du so lange, bis ich dir was anderes sage. Sonst kann man morgen früh von der anderen Seite des Sees noch sehen, wie viele Pils du hattest.

Der Portier des Hotels Belvedere ist schon ein halbes Stockwerk tiefer, als die Tür von Zimmer 303 auffliegt. Bevor sie wieder zufliegt, hört er noch einen gedämpften Satz:

– Ay, ay, Sir.

Dann ist es still.

Sieben Stunden später öffnet sich die Tür von Sepp Herbergers Zimmer. Entschlossen tritt der Bundestrainer auf den Flur, eine blank gewetzte Ledermappe unter dem Arm. Am Treppenabsatz zögert er kurz, wirft einen Blick auf Zimmer 303, dann steigt er rasch hinab ins Erdgeschoss und geht in den Saal des Hotels Belvedere. Dort brummt es schon wie in einem Stadion kurz vor dem Anpfiff. Dicht an dicht gedrängt sitzen Journalisten in dem holzgetäfelten Raum und blicken erwartungsvoll auf das Podium, wo an einem langen Tisch bereits mit entschlossenen Gesichtern Peco Bauwens, der Präsident des Deutschen Fußballbundes, und sein Stellvertreter Hans Huber sitzen. Als Herberger eintritt, zögert er kurz und lässt seinen Blick über die Meute schweifen, von der er weiß, dass sie gleich über ihn herfallen wird. Gerade will er mit festem Schritt auf das Podium steigen, als er noch einmal innehält. Da, reichlich versteckt in der Mitte des Pulks, die junge Frau ... Schon außergewöhnlich genug, dass es eine Frau hierher verschlagen hat, Fußball ist doch Männersache. Aber ihm, Herberger, soll es recht sein, wenn sie ihm nicht irgendwie bekannt vorkäme. Und der junge Mann mit der Brille neben ihr ... Ja, genau, das sind doch die beiden, die heute Nacht den Boss vor sich selbst gerettet haben! Ein Lächeln huscht über Herbergers Lippen, das er aber längst wie in einer alten Sporttasche wieder in den tieferen Schichten seines Gesichts vergraben hat, als er in der Mitte des Podiums Platz nimmt.

– Guten Morgen, meine Herren. Und guten Morgen, gnädige Frau.

Herberger deutet eine leichte Verbeugung in die Saalmitte an, wohin nun erst auch alle anderen Journalisten starren und wo Annette Ackermann so rot wird wie ihre Handtasche.

– Ich hoffe, Sie hatten alle eine so ruhige Nacht wie ich.

Während Herberger sich zurücklehnt, knurrt der Saal wie ein hungriger Löwe, dem der Dompteur ein Stück Fleisch unerreichbar vor die Nase hält.

– Herr Herberger!

Der erste Journalist ist mit ernstem Gesicht aufgestanden, und während Ackermann Annette noch zuflüstert: »Das ist Holzmann, du weißt schon ...«, hat der seinen aggressiven Bass um einen weiteren Halbton gesenkt.

– War die Aufstellung von Basel, das Durcheinander in

der Abwehr, das Mittel, mit dem Sie, Herr Herberger, die Ungarn packen wollten?

– Hanoooo ...

Annette ist begeistert. Nicht nur sitzt sie inmitten all der wichtigen Journalisten bei einer Pressekonferenz der deutschen Nationalmannschaft, nicht nur hat Sepp Herberger, von dessen Akribie und Schläue ihr Paul schon so viel erzählt hat, sie persönlich begrüßt, nein, schon bei seinem ersten Wort hat sie seine Taktik durchschaut, die sie von ihrem eigenen Mann so gut kennt: Herberger stellt sich dümmer, als er ist. Hinter dem breit gezogenen Dialektwort, das ihn wie einen ertappten badischen Bauerntölpel klingen lässt, finden der kleine Mann und seine wahren Ansichten genügend Platz, um in Deckung zu gehen, ohne auch nur einen Millimeter von der einmal bezogenen Position weichen zu müssen. Zugleich bringt die klug inszenierte Beschränktheit die Journalisten nur noch mehr auf, das merkt Annette gleich am Stühlerücken links und rechts von ihr.

– Sehen Sie, Herr Holzmann, übermorgen wartet ein schweres Spiel auf uns. Die Türkei ist gewarnt. Sie wird alles in die Waagschale werfen. Dort müssen wir bestehen.

– Aber Herr Herberger, acht Gegentreffer! Wo war die deutsche Hintermannschaft? Was war mit Posipal?

– Jupp Posipal ist ein ausgezeichneter Spieler, der in der Weltauswahl gestanden hat. Er hat mein uneingeschränktes Vertrauen.

– Aber viele Deutsche, nicht nur die Experten, sind der Meinung, dass das 3:8 dem deutschen Fußball schwersten Schaden zugefügt hat!

Beifälliges Gemurmel erhebt sich im Saal, manche Reporter nicken sogar mit dem Kopf. Genau, so ist die Stimmung daheim, was er sich dabei gedacht hat, wollen alle wissen, vor allem die Chefredakteure. »Legen Sie den Herberger mal so richtig auf den Grill, Ackermann!«, hatte Ahrens heute Morgen noch am Telefon verlangt, »wir in der Heimat jedenfalls haben kein Verständnis für seine Taktik der Selbstaufgabe!« Ackermann ist schon ganz heiß vor Aufregung, aber noch schuldet das Würstchen Herberger dem Kollegen Holzmann eine Antwort.

– Ach, wissen Sie, der Ball ist ja nun mal ein Schweizer Fabrikat. Und das letzte Mal, als ich ihn gesehen habe, da war er noch ganz prall.

Annette hält sich ihren weißen Seidenschal vor den Mund, um nicht laut loszuprusten. Der Kerl hat es wirklich faustdick hinter den Ohren, und wenn ihr Paul diese Technik der gespielten Kindskopfereien ähnlich perfektioniert wie der Bundestrainer, wird sie im Alter ganz schön kämpfen müssen, um gegen ihn bestehen zu können. Auch einige Journalisten haben mit dem Scherz Herberger fast alles verziehen, doch Paul Ackermann gehört nicht dazu, wie seine Frau mit einem schnellen Seitenblick feststellt. Im Gegenteil, er erhebt sich gerade, und wenn sie daran denkt, was Ahrens über das Grillen des Bundestrainers gefordert hatte, würde sie sagen, Paul hält seinen Notizblock so entschlossen wie einen Pfannenheber, mit dem er das Fleisch wenden will, das auf der einen Seite schon gut gebraten ist. Aber sie sieht auch, dass der Mann am Grill ein nervöses Zittern nur mit Mühe unterdrücken kann.

– Herr Herberger! Die Niederlage gegen Ungarn war ein Schock! Gefährdet diese Taktik den Zusammenhalt der Mannschaft beim Entscheidungsspiel gegen die Türken nicht? Kann man in unserer Elf Offensive und Angriff überhaupt noch koordinieren?

Ackermann bemerkt seinen Ausrutscher nicht gleich. Aber er bemerkt, ohne hinzusehen, den Blick seiner Frau, den er zur Genüge kennt, es ist der, mit dem sie ihm immer signalisiert, dass es sie nur einen Anruf kostet, ihn in die Irrenanstalt einweisen zu lassen. Also kann irgendetwas nicht gestimmt haben in seiner Frage, und während er sich in seinem Satz noch Wort für Wort zurücktastet auf der Suche nach dem Fehler, sieht er bereits den Spott aus Herbergers Mundwinkeln hervorkriechen.

– Ähem, ich wollte sagen: Defensive und Verteidig... Angriff! Angriff ist die beste... Kann der Angriff überhaupt noch...? Und was ist mit dem Mittelfeld... Ich meine... Was wird sein?

Schwitzend sinkt Ackermann auf seinen Stuhl. Das einzige Grillwürstchen im Saal ist er, und das ist gerade geplatzt. Na, prost Mahlzeit. Zum Glück ist so viel Blut in seine Ohren gestiegen, dass er das Gelächter der Kollegen nicht hören muss. Und seine Frau, wie er mit einem raschen Seitenblick feststellt, ist ausnahmsweise so pietätvoll, lieber ihren Handrücken aufzuessen als laut loszuprusten, wie es sonst so ihre Art ist. Nur der Spott in Herbergers Mundwinkeln ist, wie Ackermann feststellt, als er es endlich wagt, die Augen auf den Bundestrainer zu richten, nicht größer geworden. Er lächelt so, wie sich Ackermann gewünscht hatte, dass sein Vater lächeln möge, als er ihm von seinem Wunsch erzählte, Sportreporter zu werden. Aber sein Vater hatte weder gelächelt noch gelacht, sondern losgebrüllt, und wenn sich Ackermann an die dann folgenden Suaden noch richtig erinnert, spielten darin die Wörter »was Anständiges werden«, »Jurist«, »Arzt« und »alles umsonst« eine nicht unwesentliche Rolle. Inzwischen hatte sein Vater die Süddeutsche sogar abonniert, aber im Grunde seines Herzens hielt er ihn, Paul Ackermann, wohl immer noch für den Absteiger der Saison, auch wenn ihm jetzt der Bundestrainer antwortet.

– Ach, wissen Sie, junger Mann: Der Ball ist rund, und ein Spiel dauert neunzig Minuten.

Donnerstag, 24. Juni 1954, noch 10 Tage bis zum Finale

Die große Uhr in der Halle zeigt 3.30, als Matthias Lubanski eine der hölzernen Schwingtüren am Essener Hauptbahnhof öffnet. Vorsichtig blickt er sich um. Das letzte Mal, als er hier war, wimmelte es vor den Fahrkartenschaltern, unter der Uhr, rund um die Bänke in der Mitte des Raums nur so von Menschen, das war, als sie Richard abgeholt hatten. Drei Tage hat der ihn nun schon im Zimmer eingesperrt, immer nach der Schule und dem Mittagessen musste Matthias gleich hochgehen, und selbst als alle Hausaufgaben gemacht waren und auch noch ein paar zusätzliche Übungen aus den Büchern, durfte er nicht raus. Durch das offene Fenster hatte er die Rufe der anderen gehört, wie sie um die richtigen Mannschaften stritten und darüber, ob man das 3:8 auch nachspielen solle oder ob das Unglück bringe für das weitere Turnier. »Wo ist denn der Mattes, unser neuer Starverteidiger?«, hatte Peter laut gefragt, und als Carola sagte: »Der hat Stubenarrest, weil er für den Helmut Rahn in der Kirche eine Kerze angezündet hat«, hätte Matthias beinahe geheult. Am Dienstag, dem zweiten Tag seiner Dachzimmerhaft, hatte schon keiner mehr nach ihm gefragt, und am Mittwoch war es den ganzen Nachmittag ziemlich still gewesen. Da hatten alle irgendwo das Spiel gegen die Türkei geguckt, entweder bei Mama in der Kneipe oder bei Elektro Friedrichs, wo ein Fernseher im Schaufenster stand und sich davor unzählige Menschen drängelten. Es war erst ganz kurz nach dem Anpfiff gewesen, da war ein ziemliches Geschrei von draußen durch das offene Fenster in Matthias' Zimmer geweht, und gleich darauf noch einmal. Vergeblich hatte Matthias versucht, sich auf ein Buch zu konzentrieren, immer wieder starrte er hinaus und lauschte, bis ihm auch das zu blöd wurde und er das Fenster schloss. Eine halbe Stunde später hatte er ein Klicken an der Scheibe gehört, und als er aufgestanden war um nachzusehen, hatte Carola auf der Straße gestanden mit einem Pappschild in der Hand. »Halbzeit 3:1 für uns« hatte sie groß darauf geschrieben, dann hatte sie ihm zugewinkt und war gleich wieder verschwunden. Fast eine Stunde hatte er danach wie auf Kohlen gesessen, an den Fingernägeln gekaut und war im Zimmer auf und ab gegangen wie der durchgedrehte Bär im Duisburger Zoo, den er bei einem Ausflug letzten Sommer gesehen hatte, wie er ohne Sinn und Verstand immer den gleichen Weg am Gitter entlanggelaufen war. Erst das neuerliche Klicken an der Fensterscheibe hatte der Rumstromerei ein Ende gemacht, Carola hatte eine neue Tafel in der Hand, auf der nur ganz groß zwei Zahlen und ein Ausrufezeichen standen: 7:2! Beim Abendessen hatte Ingrid dann, immer noch ganz aufgeregt, erzählt, dass Morlock drei Tore erzielt hatte, und dass es den Deutschen nach der Pause relativ einfach gemacht wurde, weil einer der Türken verletzt ausscheiden musste. Sogar der alte Tiburski hätte auf seinem Stammplatz am Tresen nicht andauernd gemeckert, sondern nur halb so viel Bier wie sonst getrunken und bei den Toren fünf, sechs und sieben seinen einen Arm zum Jubeln in die Luft gestreckt, was irgendwie rührend ausgesehen hätte, wie eine Trauerweide mit einem weit nach oben ragenden Ast. Schweigend hatte Matthias ihren Schilderungen zugehört und erst am Schluss zu fragen gewagt, ob der Boss denn auch mitgespielt und ob er ein Tor geschossen hätte. »Hör doch bloß mit diesem Kerl auf, sonst bleibst du noch drei Tage länger oben!«, hatte sein Vater gepoltert, der bis dahin schweigend, über seinen Teller gebeugt, dagesessen war. Danach sagte niemand mehr ein Wort, und Ingrid hatte nur in einem von Richard unbeobachteten Moment vorsichtig den Kopf geschüttelt. Da war Matthias wortlos aufgestanden, in sein Zimmer gegangen und hatte mit den Vorbereitungen seines Ausbruchs begonnen. Um zwei Uhr war er dann leise aufgestanden, ohne dass Bruno im Bett unter ihm etwas gehört hätte, hatte sich im Badezimmer angezogen und war zu Fuß den ganzen Weg in die Essener Innenstadt zum Bahnhof gegangen.

Die Halle ist jetzt menschenleer und nur notdürftig beleuchtet, die meisten der Lampen, die an langen Stangen von der hohen Decke hängen, sind abgeschaltet. Matthias zögert, die Stille und Leere versperren ihm den Weg. Tief atmet er durch, wie er das seit kurzem vor dem Beginn jedes Fußballspiels in der Siedlung macht, fasst entschlossen die Träger des Rucksacks, den er auf dem Rücken hat, und stapft quer durch die Halle auf die gegenüberliegende Wand zu, an der in Schaukästen die Fahrpläne aushängen. Er muss den Kopf weit in den Nacken legen, um die Züge in der ersten Spalte ganz oben, in der Rubrik »4.00 bis 8.00 Uhr« überhaupt sehen zu können; fast rutscht ihm die Schirmmütze, die Ingrid ihm zum zehnten Geburtstag geschenkt hat, vom Kopf. »4.16 Gelsenkirchen Hbf – Bismarck – Herne – Castrop-Rauxel – Mengede – Dortmund Hbf, nur werktags« ist das Erste, was Matthias entziffern kann; von der Schweiz steht da nix. Aber das war ja auch nicht anders zu erwarten, in Ingrids Schulatlas war erst ziemlich weit hinten eine Karte drin, auf der die Schweiz überhaupt drauf war, ganz klein war da der Thuner See zu erkennen und »Spiez« gerade noch zu lesen. Aber Katernberg war auf der Karte nicht mehr drauf, nicht mal Essen. Umsteigen muss wohl sein, aber wo? In Dortmund? Oder nicht doch eher in Duisburg? »4.38 Altenessen – Bergeborbeck – Dellwig – Oberhausen Hbf – Meiderich – Duisburg Hbf, nur werktags«, das ist der zweite Zug, in einer Stunde. Wann wohl der Fahrkartenschalter öffnet? Und ob der Beamte da drin weiß, wie man in die Schweiz kommt? Und wie viel eine Fahrkarte dahin kostet?

Matthias zieht den Rucksack ab, stellt ihn vor seine Füße auf den Fliesenboden, öffnet die Lederschnalle und wühlt im Inneren herum. Irgendwo zwischen Strickjacke, langer Hose, einem Apfel und dem Foto mit der Unterschrift vom Boss drauf muss das Sparschwein doch sein! Ah, da, nicht vergessen, Gott sei Dank. Der gesamte Gewinn der Firma Tabak und Zigaretten Matthias Lubanski steckt in der kleinen Sau aus Porzellan. Jetzt hebt der Geschäftsführer sie mit beiden Händen hoch über seinen Kopf und schüttelt sie heftig durch. Es klödert und klingelt, aber Geld fällt keins heraus. Matthias stellt das Schwein auf die Bank und fasst mit der rechten Hand an den Bund seiner kurzen Lederhose. Dort baumelt am Gürtel sein ganzer Stolz, das Fahrtenmesser. Er zieht es aus der Lederscheide und stochert mit der Klinge im Schlitz des Sparschweins herum. Ein paar Groschen fallen heraus, aber immer noch scheppert es in den Innereien. Zehn Minuten lang operiert er weiter am offenen Rücken, dann gibt er auf. Es dauert noch einmal fünf Minuten, bis er den Mut hat, sein Ein und Alles schwungvoll hochzuheben und an der Ecke einer der Holzbänke zu zerschlagen. Acht, neun Groschen fallen noch heraus und rollen durch die Halle. Dreimal zählt Matthias das Geld, einmal kommt er auf 4,10 Mark, zweimal auf 4,30 Mark. Ob das reichen wird für eine einfache Fahrt in die Schweiz? Für den Rückweg wird dem Boss schon was einfallen, jetzt heißt es erst mal hinkommen. Eine knappe Stunde ist es immer noch bis zur Abfahrt des Zuges nach Duisburg, der wohl der Bessere ist, und Matthias legt sich, den Rucksack als Kopfkissen benutzend, auf eine der Bänke. Fünf Minuten später ist er eingeschlafen.

- Achtung, Achtung, eine Durchsage. Der Zug nach Duisburg, planmäßige Abfahrt um neun Uhr achtunddreißig, verspätet sich voraussichtlich um zehn Minuten.

Matthias fährt hoch. Duisburg? Das ist sein Zug! Aber hat er richtig gehört: *Neun* Uhr achtunddreißig? Er kann kaum er die Augen öffnen, so blendet ihn das Licht der Sonne, die durch die großen Glasfenster über den Eingangstüren in die Halle scheint. Menschen hasten unaufhörlich an ihm vorbei, und vor dem Fahrkartenschalter hat sich eine lange Schlange gebildet. Plötzlich legt sich ein Schatten auf Matthias' Gesicht, irgendjemand hat sich zwischen ihn und die Sonne geschoben. Matthias wendet den Kopf über die rechte Schulter und blinzelt nach oben. Das Gesicht seines Vaters, das hat er inzwischen gelernt, kennt viele Formen der Reglosigkeit, aber dieses hat Matthias noch nie gesehen. Die Wangen sind derart eingefallen, als sauge er sie gerade ein. Die grün-grauen Augen blicken so kalt wie das Eis, das sich im letzten Winter auf dem Tümpel an Arendahls Wiese gebildet hat. Und auch die Falte oberhalb der Nasenwurzel hat Matthias noch nie so tief gesehen, als habe jemand eine Axt in Vaters Stirn gehauen. Das erste Wort sagt Richard, da sind sie schon auf der Stoppenberger Straße.

- Soso, in die Schweiz wollte mein Herr Sohn also!
- Aua!

Immer, wenn Matthias droht, einen Schritt zurückzufallen, packt Richard ihn am Ohr und zieht ihn hinter sich her wie einen widerspenstigen Esel.

- Zu diesem Fußballer! Der hat's dir ja mächtig angetan. Na, jetzt wirst du eine weitere Woche in aller Ruhe darüber nachdenken können, ob der Kerl dat alles wirklich wert is.

Anfangs kämpft Matthias noch mit den Tränen, aber spätestens, als sie am St.-Vincenz-Kloster vorbeigehastet sind, hat er sich oft genug vorgesagt, dass deutsche Jungs nicht weinen, und den Rest des Marsches nach Katernberg stellt er sich als einen internationalen Wettkampf vor, in dem der Weltmeister im Schweigen gesucht wird.

– Hose runter!

Gewonnen, denkt Matthias noch bevor ihm die Bedeutung der Worte richtig klar ist. Mit einer Hand hält er sich am Tisch in der Küche fest, wo beide einander gegenüberstehen. Bislang hat er seinen Vater einfach nicht verstanden, seine ewige schlechte Laune, das Gerede von der Disziplin. Aber jetzt hat er zum ersten Mal richtig Angst vor ihm.

– Was?

– Hose runter, hab' ich gesagt!

Zitternd stehen sie sich gegenüber, Richard hat bereits sein Hemd ausgezogen, als wolle er zum Holzhacken gehen, den Verschluss seines Gürtels geöffnet und nestelt den Lederriemen aus der Hose. In Matthias' Kopf kreiselt das Bild von Buris nacktem Hintern, den er ihnen mal auf dem Fußballplatz gezeigt hatte, wie Kabelstränge zogen sich die roten Streifen darüber, seinem Alten sei mal wieder die Sicherung durchgebrannt, hatte Buri gesagt und nur mit den Schultern gezuckt, einen richtigen Grund hätte es nicht gegeben, besoffen sei er halt gewesen. Matthias hatte zugehört, als ob Buri von einem Wilden irgendwo im tiefen Afrika erzählte, und jetzt stand so einer offenbar in ihrer Küche in Katernberg.

– Bücken!

Die kurze Lederhose hängt Matthias bereits in den Kniekehlen, als er mit beiden Händen die Lehne des Küchenstuhls umklammert. Die Aussicht, auf dem Fußballplatz nun bald auch eine Heldengeschichte zum Vorzeigen zu haben, ist fast völlig verdunkelt davon, wie er sich den Schmerz vorstellt. Und als der Gürtel das erste Mal mit einem Zischen und dann einem lauten Knall auf seinen Hintern niedersaust, ist sowieso kein Platz für Fantasie mehr, alles ist hier und jetzt, ein allumfassendes Gefühl, als würde er in der Mitte entzweigeschnitten.

– Richard! Bist du wahnsinnig? Hör sofort auf damit!

Matthias hat gar nicht gehört, wie seine Rettung die Treppe hinabgestürmt kam. Christa versucht, ihrem Mann den Gürtel zu entreißen, doch er hat den Riemen einmal um die ganze Hand geschlungen und lässt nicht locker.

– Lass mich!
– Willst du ihn blutig prügeln?!

Matthias ahnt, dass es nicht sinnvoll ist, geduldig auf den Ausgang dieser Küchenschlacht zu warten. Blitzschnell zieht er die Hose hoch, umkurvt den Küchentisch, stürmt die Treppe hinauf in sein Zimmer und schließt, so schnell er kann, die Tür hinter sich. Dann legt er ein Ohr an das Holz und lauscht.

– Du stellst dich also auch gegen mich, Christa?
– Was soll das denn heißen?
– Ob du dich gegen mich stellst, will ich wissen!
– Gegen mich! Für mich! Es geht doch hier nicht nur um dich!

Es hat schon viele Momente in seinem Leben gegeben, in denen Matthias seine Mutter bewundert hat. Damals, als der Schäferhund von Eckers auf ihn losgegangen war zum Beispiel, da hatte sie so lange mit ihrem Regenschirm auf den Köter eingedroschen, bis er den Schwanz einkniff und jaulend davonlief. Oder auch in der Kneipe, als einer der Männer zu viel getrunken hatte und anfing, Gläser an die Wand zu schmeißen, wie sie ihn da von hinten am Kragen gepackt hatte, wie man eine Katze trägt, und ihn zur Tür hinausbugsiert hatte. »Lass dich hier nie wieder blicken, du Strolch!«, hatte sie ihm hinterhergerufen, und das hatte der sich auch zu Herzen genommen. Aber das alles ist nichts im Vergleich zu dem, was nun in der Küche passiert, wo Christa, das spürt Matthias, nichts Geringeres verteidigt als ihr Leben.

– Ob es den Kindern gut geht oder was ich empfinde, zählt das nicht mehr für dich?

– Du machst mir Vorwürfe? Du? Guck doch mal, wohin deine Erziehung geführt hat! Der Älteste ist ein Großmaul mit kommunistischen Flausen im Kopf, das Mädchen ein Flittchen, und der Kurze ein Spinner, der in die Schweiz abhauen will!

– Dann frag dich mal, warum der Mattes weg will! Wegen dir!

– Wegen mir? Ich versuch nur, ihm etwas Disziplin beizubringen, damit er tüchtig wird und es zu wat bringt im Leben!

Noch oben, hinter seiner Zimmertür kann Matthias den Speichel in Richards sich überschlagender Stimme hören, der das Wort »Disziplin« in einen gefährlichen Zischlaut verwandelt, als flöge ein Geschoss durch die Gegend.

– Ach, so ist das! Was glaubst du denn, wo ich in den letzten Jahren gewesen bin? Ich hab' die Familie durchgebracht, ich hab' die Kneipe aufgebaut, von der wir jetzt leben, und nebenbei hab' ich den Haushalt geschmissen und die Kinder großgezogen. Und jetzt kommst du und machst alles schlecht und stellst die so genannte Ordnung wieder her!

– Ich sag' ja gar nich, dat alles schlecht is ...

– Ich will dir mal was sagen, Richard. Bevor du kamst, waren wir eine halbwegs glückliche Familie. Seitdem du da bist, sind die Kinder verstört, traurig und verzweifelt.

– Dann geh' ich doch am besten gleich zurück ins Lager! Willst du das?

– Mein Gott, hör doch mal endlich auf mit deinem ewigen Selbstmitleid! Kannst du nicht einmal, ein einziges Mal nur für zehn Sekunden an andere denken?

Sogar Matthias hinter seiner Zimmertür duckt sich für einen Moment. Er hat schon immer gewusst, dass man sich mit seiner Mutter besser nicht anlegt. Aber so hat er sie auch noch nie erlebt, und sie ist – im Gegensatz zu Richard – noch nicht fertig.

– Seitdem du wieder da bist, beschäftigen sich alle pausenlos mit deinen Gefühlen, deinen Stimmungen, deinen Launen. Und du? Niemand hat dir Vorwürfe gemacht, dass du nicht mehr unter Tage arbeiten kannst. Aber hast du jemals ein Wort der Anerkennung für uns gefunden? Bruno spielt mit der Kapelle ein paar Mark ein, Ingrid hilft bis zum Umfallen in der Wirtschaft mit, und sogar der Kleine trägt mit seinem Zigarettenverkauf zum Haushaltsgeld bei. So viel zum Thema Disziplin!

In der Pause, die nun im ganzen Haus klafft wie ein Riss in der Wand, holen alle tief Luft und versuchen das Zittern, das sich ihrer Brustkörbe, ihrer Hände, ihrer Lippen bemächtigt hat, in den Griff zu kriegen. Matthias will sich schon in seinem Bett verkriechen, als ihn Christas Stimme noch einmal zurück an die Tür holt.

– Und ich sag' dir noch was, Richard: Wer am wenigsten Disziplin von uns allen hat, das bist du!

Sonntag, 27. Juni 1954, noch 7 Tage bis zum Finale

– Hallo Sportsfreund!

Matthias schrickt hoch und hätte sich fast den Kopf am niedrigen Dachbalken gestoßen, wenn nicht im letzten Moment die Routine gegriffen hätte, die er sich in einem knappen Jahrzehnt als Bewohner des ersten Stocks eines Etagenbetts erworben hat. Kurz vor dem Zusammenprall von Holz und Schädel dreht er sich automatisch über die rechte Schulter zur Tür, um zu sehen, wer da unverhofft das Zimmer betritt, das nun schon seit so vielen Tagen sein Kerker ist.

– Tach …

Enttäuscht lässt sich Matthias zurückfallen. Es ist nur Bruno; vielleicht hat er ja was vergessen, es ist gleich fünf, er muss doch sicher los zum Tanztee um dort wieder mit seiner Band zu spielen. Soweit er, Matthias, weiß, hat Papa es noch nicht verboten, nur Ingrid darf nicht hingehen. Aber wie Matthias sie kennt, wird sie es vielleicht doch riskieren. Aber Bruno stürmt gar nicht ins Zimmer, als hätte er sein Plektron oder die Krawatte mit dem durchgedrehten Muster vergessen, die er als Musiker immer umbindet. Er bleibt im Türrahmen hängen und beugt nur den Oberkörper herein wie der Wärter, der mal kontrollieren will, ob der Gefangene auch noch in der Zelle hockt.

– Wie geht's denn unserem Strafgefangenen? Verurteilt zu fünf Jahren Stubenarrest wegen Fahnenflucht in Tateinheit mit Sabotage von Sparschweinen!

Matthias ist wieder einmal zum Heulen zumute, das Spiel hat sicher schon angefangen. Aber als Bruno seine Stimme immer tiefer absenkt, um wie ein Feldwebel an der Front zu klingen, muss Matthias doch lachen. Bruno hat's raus, der lässt sich von niemandem was gefallen, auch von Papa nicht. Wie er das bloß macht? Jedenfalls kann man von ihm für's Größerwerden eine Menge lernen.

– Also, pass auf. Erstens: Wenn er dich nochmal schlägt, schlag' ich zurück. Versprochen.

Von einem Moment auf den anderen hat Feldwebel Bruno ausgedient, jetzt spricht nur noch der große Bruder, und das mit heiligem Ernst. Matthias hat ihm die Geschichte mit dem Gürtel in der Küche noch gar nicht erzählt, dann hätte Bruno seinen Vater wohl schon umgebracht. Aber die

Ohrfeige beim Tor von Rahn gegen Ungarn, die hat Bruno mitbekommen und nicht vergessen.

– Zweitens ist, wie wir ja wissen, die Gefangenschaft eine Notsituation, in der man besondere Maßnahmen anwenden darf. Wenn man schon das 7:2 gegen die Türkei verpasst hat und auch das Viertelfinale Deutschland gegen Jugoslawien nicht bei der niedlichen Carola hören kann ...

Erst jetzt schiebt sich Bruno vollends in das Zimmer. Noch immer hat er beide Arme hinter dem Rücken verborgen und guckt nun wie der Zauberer im Kinderzirkus, der gleich das Kaninchen aus dem Hut zerrt. Kaninchen hat Matthias aber schon, und so holt Bruno hinter seinem Rücken ein Kofferradio hervor.

– ... heißt das nicht, dass man komplett darauf verzichten muss.

Erneut fährt Matthias, der sich inzwischen getröstet und resigniert hat auf's Bett fallen lassen, nach oben, und diesmal hilft keine Routine, er knallt mit dem Schädel heftig an den Dachbalken. Aber er ignoriert den Schmerz völlig, schwingt sich vom Bett und stürzt zu Bruno, der das Radio auf den Schreibtisch unter dem Fenster gestellt und bereits den Sender gefunden hat.

– ... es hat sich eingeregnet im Stadion les Charmilles von Genf, und der deutschen Mannschaft wird das recht sein; das ist Fritz-Walter-Wetter ... Aber noch beherrscht der jugoslawische Spielmacher Cajkovski, den sie Tschik nennen, das Mittelfeld. Jetzt erobern die Deutschen den Ball. Laband passt zu Morlock, zwei, drei Schritte des kleinen Nürnbergers, draußen am Flügel startet Rahn in den freien Raum ...

– Rahn! Er spielt! Ich werd' verrückt!

Matthias schaut seinen Bruder mit großen Augen an. Klar, gegen Ungarn hatte der Boss gespielt, da hatte die

Kerze geholfen. Aber dann hatte Matthias ja keine Gelegenheit mehr gehabt, nochmal in die Kirche zu gehen. Und was war passiert? Nicht aufgestellt hatte Herberger den Boss im Entscheidungsspiel gegen die Türkei. Dafür hatte Klodt wieder auf Rechtsaußen gespielt, zwar kein Tor geschossen, aber seine Sache wohl nicht schlecht gemacht. 7:2 war es ausgegangen, dreimal Morlock, zweimal Schäfer, je einmal die Gebrüder Walter. Und jetzt spielt trotzdem Rahn! Hatte nicht der Boss selbst ihm erzählt, dass es bei den englischen Fußballern ein Sprichwort gibt: Never change a winning team, man solle niemals eine siegreiche Mannschaft ändern? Aber als sie in den Wochen vor der WM auf dem Weg vom und zum Training wieder und wieder mögliche Verläufe des Turniers durchgegangen waren, Partien und Ergebnisse hochgerechnet hatten, da hatte der Boss auch immer davon gesprochen, dass Jugoslawien ihm liege. »Dat is meine Mannschaft, Furzknoten!«, hatte er gerufen, als sie hochgerechnet hatten, dass aus der Gruppe 1, aus der in jedem Fall der deutsche Viertelfinalgegner kommen muss, Brasilien oder Jugoslawien in Frage kämen. »Die haben wir schon vor anderthalb Jahren geschrubbt, kurz vor Weihnachten, im totalen Matsch. Dat war vielleicht 'ne Suhle! Dem Tormann, dem Beara, dem hab' ich bisher noch in jedem Spiel einen reingemacht!« »Und was is mit Brasilien?«, hatte Matthias gefragt, immerhin seien die Vizeweltmeister. Aber Rahn hatte überhaupt nicht zugehört, ein Viertelfinale gegen Jugoslawien schien er im Kopf schon gewonnen zu haben. »Mit Rot-Weiß haben wir doch schon zweimal gegen Hajduk Split gespielt. Jedes Mal, und wenn ich der schlechteste Mann auffem Platz bin, kriegt der Beara ein, zwei Dinger von mir rein.« Vielleicht, überlegt Matthias nun, gebannt auf das Radio starrend, vielleicht hatte der Boss seinem Zimmergenossen Fritz Walter das auch erzählt, und der hatte es dann Herberger weitergesagt, weiß doch jeder, dass der Chef sich immer wieder mit dem Fritz bespricht und sich durchaus von ihm was raten lässt. Na, wie auch immer, Hauptsache, der Boss spielt. Matthias starrt wieder auf das Radio, als laufe sich Rahn irgendwo zwischen dem Lautstärkeregler und der Zimmerantenne frei.

– ... abspielen, Maxl! Zickzackkombination über zwei, drei weiße Hemden. Jetzt Schäfer... Hebt sich den Ball hoch, ein kleiner Rastelli, noch einmal... Horvat braust heran, Ottmar, Morlock... Horvat... Tooor! Tor!

Matthias und Bruno schauen sich an. Hat der jugoslawische Verteidiger von hinten heraus ein Zaubertor geschossen, Toni Turek, der sich vielleicht zu sicher fühlte und weit vor dem eigenen Tor stand, mit einem nie dagewesenen Weitschuss überlistet und seine Mannschaft in Führung gebracht?

– Ein Eigentor der Jugoslawen!

Matthias reißt jubelnd die Arme hoch und fällt seinem großen Bruder um den Hals. Bruno strahlt, als habe er soeben seinen ersten Schallplattenvertrag abgeschlossen.

– Eigentor von Horvat, dem riesenhaften Mittelläufer, der, von Schäfer bedrängt, den Ball über den herauslaufenden Torwart Beara ins eigene Netz köpft. Ausgerechnet Horvat in seinem Jubiläums-Länderspiel, dem 25., für das er vor dem Spiel noch Blumen bekommen hat! Na, die werden nun die Köpfe hängen lassen...

– Kommt besser sofort runter.

Gebannt über das Radio gebeugt haben Bruno und Matthias gar nicht bemerkt, dass Ingrid schon eine Weile hinter ihnen steht und schmunzelnd ihre Brüder betrachtet. Doch jetzt ist sie ganz ernst geworden.

– Essen steht auf dem Tisch.

– Wie, Essen? Jetzt schon? Is doch erst Viertel nach fünf!
Bruno schaut auf seine Uhr und klopft darauf, ob sie nicht vielleicht stehen geblieben ist. Aber nein, das Spiel, das um fünf begonnen hat, ist ja auch noch nicht älter als eine Viertelstunde.
– Und warum seid ihr nicht in der Kneipe?
– Wirste schon sehen.
Fast gleichzeitig greifen Matthias und Bruno nach dem Radio, um es auszuschalten. Dann beeilen sie sich, hinter Ingrid die Treppe hinabzukommen. In der Tür zur Küche bleiben sie abrupt stehen. Eine ungeahnte Helligkeit erfüllt den Raum, als hätte ein Engel sich verflogen, dabei liegt nur nicht mehr das rot-weiße Wachstuch auf dem Tisch, sondern eine gestärkte, blütenweiße Leinentischdecke, die einzige, die Christa durch den Krieg gebracht hat. Normalerweise kommt die nur Weihnachten auf den Tisch, aber das ist ja noch ein halbes Jahr hin. Matthias kann es kaum glauben, als er seinen Vater mit einer Schürze am Herd stehen sieht. Als seine Söhne hereinkommen, bindet Richard sie ab und holt hinter der Tür zwei Pakete hervor.
– Christa, für dich. Alles Gute zum Geburtstag.
Christa reibt sich verlegen die Hände dort ab, wo sie sonst eigentlich immer die Schürze hat, nun aber nur der Rock ihres Sommerkostüms ist. Mit nervösen Handbewegungen wickelt sie einen großen Blumenstrauß aus dem braunen Packpapier, aus dessen Mitte eine goldene 40 auf einem Holzstab ragt. Fast lässt sie das Gebinde fallen, so fahrig ist sie. Blumen! Die hat sie seit mindestens einem Jahrzehnt nicht mehr bekommen. Vergessen haben die Kinder ihren Geburtstag eigentlich nie, aber Blumen waren nicht drin. Bilder haben sie gemalt, von Fördertürmen oder Fußbällen, und manchmal haben sie Gutscheine ausgestellt für »dreimal Abwaschen« oder »fünfmal Treppe putzen«. Umständ-

lich beginnt Christa nach einer Vase zu suchen. Erst als die Blumen ihren Platz in der Mitte des Tischs gefunden haben, wagt sie sich an das zweite, kleinere Paket. Vorsichtig, um das Papier ja nicht zu zerreißen, wickelt sie es auf und enthüllt nach und nach eine Flasche 4711 original Kölnisch Wasser. Sie nimmt Richards Hand und schmiegt sich kurz an ihn. Er macht einen Buckel wie eine Katze, die sich nach Zärtlichkeiten streckt und im nächsten Moment davonläuft. Schließlich klatscht er in die Hände und reibt sie aneinander, als wolle er den Überschuss an Sentimentalität zwischen ihnen pulverisieren.

– Na, dann wollen wir mal. Alle Platz nehmen, bitte!

Die Kinder schauen ihren Vater an, als habe er verkündet, dass es ab jetzt nur noch Sekt zum Frühstück gäbe und zum Mittagessen nur noch Filetspitzen. Schwungvoll wie der Oberkellner im Gartencafé am Baldeneysee trägt er die Schüsseln auf.

– Also, Kaninchen à la Katernberg, dazu Kartoffelpüree und Möhren Marke Lubanski. Haut rein!

Nahezu die einzigen Geräusche während der nächsten halben Stunde sind das Klappern des Bestecks auf den Tellern und das Klingen der Schüsseln, wenn einer zum zweiten- oder drittenmal nachnimmt. Ganz zum Schluss kommt noch das sanfte Knacken kleiner Knochen dazu, weil niemand auch nur einen Fetzen Fleisch übrig lassen will.

– Wirklich, Richard, so gut hab' ich seit Jahren nicht mehr gegessen. Das hast du wundervoll gekocht.

Christa nimmt Richards Hand und sieht ihn mit einem Blick an, von dem sie selbst nicht mehr ahnte, dass sie ihn nach all den Jahren noch beherrscht. Entgeistert hatten ihre Freundinnen geschaut, als sie damals nach den ersten Treffen mit Richard erzählte, dass er kochen könne. Überprüfen konnte sie es da ja noch nicht, es fehlte einfach an Gelegenheiten. Aber dann, nach ihrer Hochzeit, hatte er hin und wieder gekocht, und am ersten Hochzeitstag war es sogar ein Menü mit fünf Gängen gewesen.

– Ja, Papa, das war köstlich.

Sogar Ingrid ist bereit, für heute ihren Frieden mit ihm zu machen, das Essen ist eine halbwegs angemessene Entschädigung für den entgangenen Tanztee. Bruno will das nicht finden und starrt mißmutig auf den Teller, von dem allerdings auch er mit einem Stück Brot den letzten Rest Sauce gewischt hat. Seine Mutter macht eine ihrer berühmten unmissverständlichen Bewegungen mit dem Kinn, die die Kinder mit den Jahren zu lesen gelernt haben. Bruno nickt widerwillig und blickt seinen Vater von unten herauf an.

– Ja. War genießbar.
– Kann ich noch was haben?

Matthias schiebt seinen Teller in die Mitte des Tisches. Endlich löst sich Richards Anspannung. Während der ganzen Mahlzeit war er hin- und hergerissen zwischen dem intensiven Studium seines Tellerinhalts und verstohlenen Blicken auf die Familie, wie sein Werk ankommen würde. Er lächelt wie der Mann von der Lottogesellschaft, kurz bevor er an der Tür des ahnungslosen Hauptgewinners läutet, legt die Serviette zur Seite, beugt sich neben seinem Stuhl herab und hebt seinen alten Feldrucksack auf. Er öffnet die im Laufe der Jahre brüchig gewordene Lederschnalle, zieht ein weiteres Päckchen hervor und reicht es seiner Tochter.

– Eigentlich hat ja heute nur eure Mutter Geburtstag. Aber weil ich so lange nicht da war, möchte ich auch jedem von euch Kindern was schenken.

Richard guckt feierlich, während sein immer noch verspannter Körper erzählt, welche Anstrengung ihn all das gekostet hat und noch kostet. Er traut dem Frieden nicht und beobachtet Ingrid so ängstlich, als könnte sie ihm die gute Gabe wutentbrannt ins Gesicht schleudern. Aber seine Tochter hat in der Kneipe lange genug Versehrte an Leib und Seele beobachtet, um zu wissen, wie schwer die sich damit tun, wirklich aus sich herauszugehn. Klar, rumbrüllen können sie alle, aber der Lärm ist nur der Schutzwall, hinter dem man all das Kaputte, die Angst, die Verlorenheit nicht sehen soll. Versonnen betrachtet Ingrid das blaugrüne Seidentuch, das sie aus dem Papier gezogen hat, beugt sich über den Tisch und küsst ihren Vater auf die Wange, flüchtig nur, aber da die letzte Zärtlichkeit dieser Art mehr als elf Jahre zurückliegt, werden beide rot.

– Es ist sehr schön. Danke, Papa.

Verschämt steckt Richard seinen Kopf erneut in den Rucksack und wühlt dort so lange herum, bis er wieder eine halbwegs normale Betriebstemperatur erreicht hat. Schließlich taucht er wieder auf und reicht seinem Ältesten ein Feuerzeug. Bruno weicht zurück, als habe sein Vater ihm ein Messer auf die Brust gesetzt, dessen Klinge auch noch mit einem gefährlichen Gift bestrichen ist. Argwöhnisch betrachtet er das matt schimmernde Teil in dessen rissiger Hand.

– Na komm, nimm schon! Is zwar nicht aus Ostberlin, funktioniert aber wenigstens.

Bruno findet den Witz so blöd wie die CDU, aber sein Widerstand ist gebrochen. Mit der Lässigkeit, zu der er sich all die Jahre gezwungen hat und die ihm in schwierigen Situationen problemlos zur Verfügung steht, streckt er die Hand aus, nimmt das Feuerzeug und probiert es ein-, zweimal aus. Bevor er danke sagen kann, ist sein Vater schon wieder in den Rucksack abgetaucht und fördert einen Fußball zutage. Er wiegt ihn kurz in beiden Händen, dann wirft er ihn quer über den Tisch zu Matthias, der zwar so fassungslos guckt, als habe Herberger ihn soeben in die Nationalmannschaft berufen, den Ball aber dennoch mit der Selbstverständlichkeit des echten Könners fängt.

– Mensch, Papa! Ein richtiger Lederball! Mann! Damit bin ich ja der König auf dem Bolzplatz!

Obwohl er sich das vor einer guten halben Stunde noch nicht hätte träumen lassen, springt Matthias, von einem seltsamen Motor in seinem Inneren getrieben, auf, rennt einmal um den Tisch herum und umarmt seinen Vater so fest, wie es bislang keiner der anderen fertig gebracht hat. Gerührt sieht Christa die Erleichterung in beiden Gesichtern, dass der Kampf, den doch keiner von beiden gewinnen konnte, endlich vorbei ist. Matthias lässt Richard los und tippt den neuen Ball zwei-, dreimal auf den Küchenboden.

– Nächstes Mal kommst du wieder mit und guckst zu, ja? Ich spiele jetzt Verteidiger, wie du gesagt hast. Und das geht richtig gut.

– Versprochen.

Matthias scheint zu schweben, als er aus der Küche zum Hinterausgang rennt. Jetzt müssen sie ihn immer mitspielen lassen, nicht nur, weil er ein guter Verteidiger ist, sondern weil er den Ball hat und das olle Lumpending endlich dahin kommt, wo es hingehört: auf den Müll. Was wohl Atze und Blacky dazu sagen? Das letzte Mal, als er bei ihnen im Stall saß, haben sie ihn wegen Papa weinen sehen. Da müssen sie natürlich auch erfahren, dass sich was geändert hat, dass Papa eigentlich doch ganz in Ordnung ist und offenbar doch irgendwas mitkriegt, obwohl sein Gesicht immer so grau und hart aussieht.

– Der Halbzeitpfiff! Endlich, endlich kann man da nur sagen, denn die deutsche Mannschaft steht hier schwer unter Druck. Als hinge ein Gewitter über dem deutschen Strafraum, fahren immer wieder die jugoslawischen Angriffe wie Blitze hinein ...

Matthias sieht sich im Hof um. Er hat doch sein Radio eben ausgemacht, Papa wird kaum Fußball hören, wo kommt also die Stimme des Reporters her? Ah, da drüben steht der alte Tiburski im Garten in seiner üblichen Aufmachung, nur hat er diesmal zum Schutz vor der Sonne ein Taschentuch über den Kopf gestülpt, das durch einen Knoten in jeder Ecke notdürftig in Position gehalten wird. Über der Jacke, die wie immer auf dem Zaunpfosten hängt, hat Tiburski den Bügel seines Kofferradios festgeklemmt. Immer, wenn die Stimme aus dem Radio für einen Moment aussetzt, um Luft zu holen, stößt Tiburski sein typisches Gemurmel in die Pausen, »Mannmannmann« und »den Jugo hab' ich noch nie gemocht«, während er gleichzeitig mit einer Hacke eines der Beete traktiert.

– Wenn einer für die Rettung der knappen Führung steht, dann ist es Werner Liebrich, der Fels in der Brandung. Es muss etwas passieren im deutschen Verbund, sonst ist der Ausgleich hier nur noch eine Frage der Zeit.

– Wie steht's?

Matthias ist an den Zaun herangetreten und hat Tiburski eine Weile schweigend bei der Arbeit zugesehen. Ob sein Papa, auch wenn er zwei Arme hat, mal genauso endet? Immer halb betrunken und vor sich hinfluchend? In der Schule hat einer der Lehrer gesagt, dass der Krieg aus Männern ganze Kerle mache. Die Kriegsteilnehmer, die Matthias kennt, waren vielleicht Männer, als sie loszogen. Wiedergekommen sind sie jedenfalls als Krüppel, jeder auf seine Weise.

– Immer noch eins null. Aber die Jugos, dat sind alles Partisanen, dat is dat Tückische. Bekämpfen kannze die nur, wo die sich zeigen.

– ... endlich wieder ein Angriff der deutschen Mannschaft. Fritz Walter passt zu Schäfer, der verlängert zu Rahn, Rahn ackert sich durch, schießt ...

Das Radio reißt Matthias aus seinen Gedanken. Rahn! Vielleicht kann er ja auch ein entscheidendes Tor schießen, wenn er, Matthias, nur ganz fest an ihn denkt. Er drückt beide Daumen so, dass seine Fingerknöchel ganz weiß werden.

– Aber die Fahne des Linienrichters ist oben, Rahn hat die Abseitsfalle der Jugoslawen übersehen.

– Sach ich doch, alles Partisanen, die kämpfen mit allem, wat erlaubt is. Und noch 'ner Menge anderem Zeuch. Na, hoffentlich hat der Boss deren Strafraum vorher nach Sprengfallen durchsucht, hahahahhhh.

Tiburski stößt dieses heisere Lachen hervor, das für Matthias immer klingt wie Rex, der Hund ein paar Häuser weiter, wenn er an der langen Kette am Zaun entlang rennt und die Eisenglieder scheppernd hinter sich herzerrt. Matthias dreht sich um und geht zurück auf den Hof.

– Atze! Blacky! Ich muss euch mal was zeigen!

Die ganze Zeit hat Matthias seinen neuen Ball wie ein Spielführer auf dem Weg zum Anpfiff unter dem Arm mit sich getragen. Jetzt nimmt er ihn in beide Hände und streckt ihn der Kiste mit dem Maschendraht entgegen.

– Guckt mal, was Papa mir ...

Matthias stutzt. Wo sind die Kaninchen? Haben sie sich so weit im Stroh verkrochen, dass er sie auf den ersten Blick nicht sehen kann? Selbst wenn, sie sind doch inzwischen so dick geworden, dass der Käfig schon halb voll Stroh sein müsste, damit sie darin verschwinden könnten, und selbst dann würde wohl immer noch irgendwo ein schwarzweißes Schlappohr raushängen.

– Atze! Blacky! Wo seid ihr denn?

Matthias tritt ganz dicht an den Käfig heran und späht durch die Maschen ins Halbdunkel. Er rüttelt an der Tür, doch die ist fest verschlossen. Auch unter dem Stall, der auf vier hüfthohen Pfosten steht, findet sich keine Spur von den Hasen. Suchend blickt Matthias noch einmal über den ganzen Hof, dann läuft er, langsam unsicher werdend, wieder an den Zaun.

– Herr Tiburski, haben Sie meine Kaninchen gesehen?
– ... ein wahres Trommelfeuer der Jugoslawen. Aber langsam scheinen sie zu resignieren, an Turek und Co. prallt alles ab. Morlock und auch Fritz Walter ackern unermüdlich, sie sind Verteidiger, Läufer, Stürmer, ganz nach Bedarf ...
– Herr Tiburski!!
– Wat denn?
– Haben Sie meine Kaninchen gesehen?
– Nee, Junge, hab' ich nich.
– Wo können die denn sein?

Zum ersten Mal richtet Tiburski sich auf und blickt Matthias an. Sogar das Radio stellt er ein bisschen leiser, wenn die Jugos zuschlagen, wird es schon laut genug werden, deren Sprengsätze hat man doch auf dem Balkan auch immer gehört.

– Is da vielleicht 'n Loch im Draht? Oder hasse die Tür nich richtich zugemacht?
– Neee.
– Dann weiß ich auch nich. Oder doch, wart' mal. Hat deine Mutter nich heute Geburtstach?
– Ja. Wieso?
– Na, denk' doch mal nach!

Tiburski schnappt sich wieder seine Hacke und treibt sie mit noch mehr Wut als zuvor in die Erde. Die Kette seines Lachens rasselt wieder leise, als Matthias sich umdreht und mit leerem Blick in den Hof starrt. Was haben die Hasen mit Mamas Geburtstag zu tun? Er hat sie doch geschenkt bekommen, vor zwei Jahren schon. Warum sollte Mama sie jetzt bekommen? Und Papa hat ihr doch Parfum geschenkt, vorhin beim Essen. Beim Essen? Matthias bleibt abrupt stehen. Auf den grauen Steinplatten vor ihm sind dunkle Flecken, ganz feucht noch. Ist das nicht Blut? Direkt daneben stehen die Mülltonnen, und plötzlich ist es Matthias, als sackte alles, was er in seinem Kopf und Oberkörper hat, in seinen Magen, wo es sich zu einem Klumpen ballt, so schwer, dass er fast in den Knien einknickt. Zitternd streckt er eine Hand aus und hebt den Deckel vom Mülleimer. Ein Schwarm Fliegen stiebt heraus, ärgerlich brummend. So viele sind es, dass Matthias erst gar nicht sehen kann, wovon sie sich widerwillig erhoben haben. Erst nach und nach erkennt er ein paar grau-rote, feucht glänzende Stränge, die sich zu einem Klumpen ballen, und dann sieht er auch den Zipfel eines schwarz-weißen Fells. Und überall Blut.

Im selben Moment wie den Deckel lässt Matthias auch den Fußball fallen, der noch dreimal schwach auftippt, bevor er mit einem kratzenden Geräusch über den ganzen Hof rollt und erst auf dem Gulli am hinteren Ende des Hofes zur Ruhe kommt. Matthias hört, sieht all das nur, als steckte sein Kopf in einer gewaltigen Glasschüssel. Was sich eben noch in seinem Magen zusammengeballt hat, strebt nun mit aller Macht wieder auseinander, nach oben, Matthias muss würgen, kalter Schweiß steht auf seiner Stirn, er schluckt und schluckt, aber das Feuer in seinem Inneren wird nicht kleiner. Dann endlich löst sich der Schrei.

Christas eben noch fröhliches Gesicht erstarrt. Mit weit aufgerissenen Augen blickt sie über den Tisch erst ihren Mann, dann ihre Tochter an. Noch im gleichen Moment springt sie auf, merkt gar nicht, wie sie bei der ruckartigen Bewegung ihre Flasche Kölnisch Wasser und den Stuhl umstößt, stürzt aus dem Zimmer. Ingrid folgt ihrer Mutter, das seidene Halstuch hat sie achtlos fallen gelassen, langsam wie ein herbstmüdes Blatt segelt es auf den Boden unter dem Tisch. Auch Richard und Bruno sind aufgestanden, langsam tritt jeder an eines der Küchenfenster und blickt auf die Straße. In Hausschuhen rennt Christa vorbei, und als Bruno sich ein wenig vorbeugt, kann er gerade am Ende der Straße noch ein paar rote Haare sehen, ehe sie um die Ecke verschwinden. Er blickt seinen Vater an.

– Ich dachte, du hättest sie auf dem Markt gekauft.

– Als ob wir für so wat Geld haben!

Richard versucht, das taube Gefühl in seinem Inneren wegzubrüllen. War doch gut gemeint! In letzter Zeit hat sich Matthias doch eh nur noch für Fußball interessiert. Hat nicht sogar Christa schon ein paar Mal den Stall sauber machen müssen, weil der Junge es vergessen hatte? Und das ganze Futter und das Stroh, ist ja nicht so, als wenn das nichts kosten würde. Aber je mehr Richard Lubanski in sich hineinspricht, hineinschreit, desto gewaltiger hallt es von dort zurück: Du bist so dämlich, dass es brummt. Unsicher tritt er vom Fenster zurück und blickt auf Bruno, der seinen Vater stumm ansieht und nur den Kopf schüttelt in Verachtung und Fassungslosigkeit.

– Und hör' auf so den Kopf zu schütteln bei deinem Vater!

– Ich schüttel den Kopf, wann ich will.

– Du hältst den Mund und gehorchst!

– Mund halten und gehorchen – mehr haben sie euch nicht beigebracht!

Bruno sucht mit beiden Händen rücklings Halt auf der

Anrichte. Sein Vater macht zwei, drei Schritte auf ihn zu, die Hände zu Fäusten geballt, das Kinn vorgeschoben, der Mund noch schmaler als sonst.

– Was heißt hier euch? Seit wann bin ich euch für dich?
– Ist doch egal.
– Hältst du mich für einen Nazi, nur weil ich meine besten Jahre im Dreck verbringen musste?
– Was weiß ich.
– Hör mal zu, mein Lieber. Als Einzelner konnte man gar nichts machen, da musste man mit.

Wenn der Klügere nachgibt, regieren die Dummen die Welt, denkt Bruno. Zu oft hat er jetzt schon von all den Kerlen, die so alt sind wie sein Vater, den gleichen Mist gehört. Egal, ob er die Lehrer in der Schule oder die Typen in der Kneipe in eine Diskussion über die Nazis verwickelt hat, die Ausflüchte waren immer die gleichen. Was sollten wir machen, wir wären doch erschossen worden, außerdem haben wir die ganz schlimmen Sachen wie die mit den Juden doch gar nicht gewusst. Versetz dich doch mal in meine Situation. Da hättest du auch nicht anders gehandelt! Wir haben doch Familie! Auswendig kann er diese Leier schon, plausibler ist sie ihm in all den Jahren nicht geworden. Und jetzt fängt der eigene Vater auch noch an. Hat er denn nix gelernt in all den Jahren in Russland? Dass der Führer sie alle verarscht hat? Redet immer nur vom Dreck, in dem er saß. Dass er genug andere da hineinbefördert hat, manche wahrscheinlich sogar ins Grab, davon kein Wort. Aber er wird es wohl nie begreifen, ein hoffnungsloser Fall. Aber der Kampf geht weiter. Muss ja.

– Ja, ja, is gut. Du bist nichts, dein Volk ist alles.

Weil er sich mit beiden Händen immer noch an die Anrichte klammert, bekommt er die Arme gar nicht schnell genug hoch, um sich vor der Ohrfeige zu schützen, die krachend seine rechte Wange trifft. Sein Vater starrt ihn an, den Mund halb offen, nach Luft schnappend, eine Faser Kaninchenfleisch noch zwischen den Zähnen.

– Sag mal, wie redest du denn mit mir?!

Bruno versucht, die Fassung zu bewahren. Noch immer hat er sich keinen Millimeter bewegt, doch all seine Lässigkeit ist verschwunden, ganz verkrampft lehnt er da, und wenn er sich selbst gegenüber ehrlich ist, spürt er beim Anblick seines Vaters zum ersten Mal in den eigenen vier Wänden – Angst. Aber wenn er eins in den ganzen Jahren gelernt hat, in denen er den Mann im Haus spielte, spielen musste, dann ist es, keine Angst zu zeigen. Nur so hat er die größten Krakeeler in der Kneipe in den Griff bekommen, und nur so hat er sich den Respekt der Lehrer erworben, die ihn wegen seiner »staatsfeindlichen Gesinnung« fertig machen wollten, denen er aber immer Paroli geboten hat, nicht mit Drohungen, sondern mit Argumenten, unermüdlich. Dass mit seinem Vater im Moment nicht gut diskutieren ist, sieht er so klar wie die eine geplatzte Ader, die Richards Augapfel wie ein roter Faden in zwei Hälften teilt. Also hilft vielleicht die Kneipentaktik weiter: volle Pulle dagegen.

– Schlag mich nicht nochmal.

Der zweite Hieb mit dem Handrücken quer über Brunos Mund kommt noch schneller als der erste. Fast sehnt Bruno das Gefühl herbei, das er damals nach der Schlägerei vor »Christas Eck« im Mund hatte, das etwas zähe, fremde Gefühl von frischem Blut. Doch so fest war Richards Schlag nicht, vielleicht, weil eine letzte Sicherung ihn zurückhielt, vielleicht, weil seine ausgemergelten Arme, Hände, Gefühle gar nicht mehr hergaben.

– Hab' ich elf Jahre durchgehalten, um mich von meinem eigenen Sohn veräppeln zu lassen?

Er blickt Bruno so gierig an, als erwarte er wirklich eine

Antwort darauf, eine Erlösung aus dem Vater-Sohn-Getümmel, dem er so wenig gewachsen ist wie er dem Gemetzel im Krieg gewachsen war. Er starrt und starrt, sein Blick will nicht ablassen von dem Mann gegenüber, der doch sein Junge ist, sein Junge zumindest mal war, und der jetzt seinen Blick scheinbar mühelos aushält, leicht von oben herabschaut, ein bisschen mitleidig und – verächtlich. Schließlich schlägt Bruno einmal träge mit den Augenlidern, wendet sich betont langsam von seinem Vater ab und verlässt das Haus erhobenen Hauptes durch die Vordertür. Kaum weiß er sich außer Sichtweite der Küchenfenster, fällt Bruno in sich zusammen, als habe jemand das Lineal aus seinem Rückgrat gezogen, das ihn künstlich aufrecht hielt.

Weit muss Bruno gehen, bis er Matthias und seine Mutter findet. Nebeneinander hocken sie am Ufer des Rhein-Herne-Kanals, und als Bruno die beiden gekrümmten Rücken vor dem trüben Wasser sieht, von Angst, Wut, Hilflosigkeit zusammengeschnürte Pakete, fährt ihm ein Schauder über den Rücken, und in seinem Bauch, nicht in seinem Kopf, macht sich das Gefühl breit, dass er in diesem Moment vor sich sieht, was ihm am Wertvollsten ist in seinem Leben, und gleich daneben hockt die dunkle Ahnung, dass er das bald verlieren wird.

– Mensch, bis hierher ist er gerannt, ohne einmal anzuhalten! Ich bin kaum hinterhergekommen!

Ingrid atmet noch immer heftig, als sie Bruno entgegenkommt und sich bei ihm einhakt.

– Und? Wie geht's ihm?

– Weiß nich genau. Erst dachte ich, er rennt gleich durch bis ins Wasser. Aber dann hat er angehalten und sich fallen lassen. Und geheult hat er, frag' nich wie. Und dann gekotzt. Mama is gerade erst zu ihm hin.

Arm in Arm gehen die beiden Geschwister auf die beiden

Rücken zu und setzen sich in ihrer Nähe auf eine rostige Seilwinde, die fast schon vom hohen Gras des Brachlandes am Kanal überwuchert ist. Schweigend beobachten sie, wie Christa versucht, Matthias den Ball zu reichen, den sie während der ganzen wilden Jagd hier heraus festgehalten hat. Als Matthias aufgehört hat zu schluchzen, klingt seine Stimme, als sei sie in der letzten Viertelstunde um fünf Jahre gealtert.

– Den Ball will ich nicht mehr.

Christa legt ihn behutsam zur Seite und rückt noch etwas näher an ihren Jüngsten heran.

– Das Schwarz-Weiße von Grabitz hat geworfen. Wenn du willst, besorg' ich dir zwei Junge.

– Ich will nie wieder Kaninchen.

– Das versteh' ich.

Christa schaut hinaus auf den Kanal, wo ein Schlepper langsam vorbeigleitet, den ein Berg Kohlen tief ins Wasser drückt. Matthias hat den Kopf auf seine Arme gelegt. Immer wieder zwingen seine Gedanken ihn, sich noch einmal an den Mülleimer heranzutasten, aber jedes Mal, wenn er den Deckel hochheben müsste, zuckt er zusammen und zieht schnell die Nase hoch. Da ist wieder der dumpfe Geruch aus der Tonne, das Blut, das Fell. Nach und nach taucht immer deutlicher die Frage in Matthias auf, wie Richard die Hasen wohl getötet hat. Hat er ihnen den Hals gebrochen? Oder sie gleich aufgeschlitzt? Oder hat er sie gar vor die Wand geworfen? So, hatte Akki neulich erzählt, habe sein Opa ein paar junge Katzen umgebracht, mit denen er nicht wusste wohin. Und als der Alte die Flecken sah, die das auf der Wand machte, hatte er den Rest in der Regentonne ertränkt.

– Mama?

– Hmmhh.

– War Papa früher auch so?

– Wie denn?

– So gemein.

Christa legt ihren Arm um den Rücken des Jungen, der ihr jetzt noch viel schmaler vorkommt als eben, als sie ihn aus der Ferne sich übergeben sah. Sie zieht ihn fest an sich heran, streicht ihm mit der linken Hand durchs Haar und nimmt schließlich sein Gesicht in beide Hände und zwingt ihn, sie anzusehen.

– Matthes! Denk mal an vorhin und wie es in dir drin wehgetan hat, als du gemerkt hast, dass Atze und Blacky weg sind.

Mattias windet sich. Genau das will er sich gerade nicht vorstellen. Der Geruch ist schlimm genug, das Gefühl in seinem Bauch, in seinen Beinen, dieser Sog nach innen in seinem Kopf, das alles will er nach Möglichkeit nie wieder spüren.

– Und jetzt stell dir mal vor, dass es in dir drinnen jeden Tag so weh tut, zehn Jahre und acht Monate lang, jeden Tag. Kannst du dir das vorstellen?

Matthias schüttelt den Kopf. Christa hält sein Gesicht immer noch mit beiden Händen sanft fest.

– Aber so muss es für deinen Papa gewesen sein, als er nicht nach Hause durfte. Elf Jahre lang.

– Aber da kann doch ich nichts dafür.

– Kann denn der Papa was dafür?

Jetzt schaut Matthias hinaus auf den Kanal. Der Schlepper ist vorbeigeglitten, wie ein Grabhügel überragt der schwarze Kohlenberg die flache Kajüte. Noch einmal sieht Matthias den Moment, als sein Vater aus dem Zug stieg, ein graues Gespenst, das mit seinem entschlossenen Schritt über den Bahnsteig auf sie zu nicht seine abgrundtiefe Verlorenheit überspielen konnte. Langsam schüttelt Matthias den Kopf. Nein, der Mann hatte nicht mehr genug Kraft, um überhaupt noch für irgendetwas zu können. Christa sieht, dass ihr Mattes begreift.

– Siehste. Wir können alle nix dafür.

Jetzt starren beide in die Ritzen zwischen den Betonplatten, auf denen sie hocken. Unkraut wuchert überall, Metallteile, deren Funktion längst in Vergessenheit geraten ist, liegen herum. Schwalben sicheln durch die lauwarme Luft über dem Brachland, und durch das verschwommene Brummen, das Tag und Nacht, unaufhörlich alles grundiert, klingt schwach der Ruf einer Lerche.

– Aber wir können alle helfen, dass es wieder besser wird.

Christa wuschelt Matthias noch einmal durchs Haar, was er normalerweise nicht mag, schon gar nicht, wenn ihn seine Freunde abholen und Mama ihn noch zur Tür bringt. Aber jetzt hofft er, dass ihre Hand, deren Schwielen und Risse er so gut kennt, nie mehr wieder von seinem Kopf verschwindet.

– Du bist 'n ganz Großer, mein Kleiner. Und das haste bestimmt nicht allein von mir. Dein Papa is nämlich auch 'n ganz Großer. Tief drinnen. Und wenn wir alle ihm helfen, dann wirst du dich noch wundern, was du 'n tollen Vater hast.

Krampfhaft versucht Matthias, sich Richard als jemanden vorzustellen, dem er gerne die Tasche tragen würde. Aber er sieht nur den grauen Mann auf dem Bahnsteig, spürt nur das Brennen in der Wange nach der Ohrfeige vor der Kneipe, fühlt nur den Blick auf sich ruhen, mit dem Richard ihn betrachtete, als er ihn auf der Bank im Essener Bahnhof aufgabelte. Er spürt schon wieder Tränen in seiner Kehle und schaut seine Mutter an. Christa zieht ihn noch einmal an sich heran, verbirgt sein Gesicht in ihrem Busen und sagt, so laut, dass es alle ihre Kinder und vor allem sie selbst auch deutlich hören:

– Wir brauchen nur Geduld. Der Rest kommt von alleine.

Als sie aufstehen, ist die Sonne schon fast untergegangen. Wenn sie nicht um den Ernst der Situation wüsste, würde Christa jetzt sagen, dass ihr Hintern eingeschlafen sei. Doch ein Blick auf das Häuflein Elend in kurzen Lederhosen neben ihr verbietet ihr jeden Scherz. Aber sie sieht, nein, ahnt, dass auch Matthias nur auf ein erlösendes Wort wartet, das ihn aus der Trauersuppe zieht, ihm irgendwas zu tun gibt.

– Komm, Großer, wollen wir mal heimgehen und hören, wie das Spiel ausgegangen ist?

Das Spiel. Zum ersten Mal während dieser Weltmeisterschaft hat Matthias längere Zeit nicht mehr an die deutsche Mannschaft und den Boss gedacht. Und eigentlich ist ihm auch egal, wie's ausgegangen ist. Selbst wenn der Boss ein Tor gemacht hat – davon werden Atze und Blacky auch nicht wieder lebendig. Und wenn sie doch noch verloren haben, ist der Boss auch schneller wieder da, dann kann Matthias ihm alles erzählen und endlich wieder seine Tasche tragen. Wenn Papa ihn lässt. Und wenn nicht, kann der Boss mal mit ihm reden. Aber umgekehrt, wenn sie gegen Jugoslawien gewonnen haben, stehen die Deutschen im Halbfinale, und dann ist alles möglich, hatte der Boss vor der Abreise gesagt, und vielleicht würde er, Matthias, in nur einer Woche jemanden kennen, der im Finale einer Fußballweltmeisterschaft gestanden hat. Ach was, er würde ihn nicht nur kennen, er wäre sein Freund.

– Ja, komm, lass uns gehen. Das Spiel ist bestimmt schon aus.

Als sie aufstehen und sich rumdrehen, sitzen Ingrid und Bruno immer noch auf der Seilwinde. Gesprochen hatten die Geschwister wenig miteinander, sie verstanden sich auch so. Und als der Mann, der ihnen das Abendessen bereitet hatte, fast ganz aus ihren Köpfen verschwunden ist, rutschen sie vom Eisen, das langsam kalt geworden ist, haken einander unter, nehmen den Kleinen in ihre Mitte und gehen, ein Quartett im Gleichschritt, nach Hause. Richard ist verschwunden, Matthias geht sofort auf sein Zimmer, während die anderen noch schweigend, verkatert und erschöpft von so viel emotionaler Höchstleistung, den Tisch abräumen und alle Spuren der fatalen Mahlzeit vernichten. Bruno stellt sogar die Mülltonne mit den Kadavern vom Hof auf die Straße, obwohl die Müllabfuhr erst in drei Tagen kommen wird. Dann schaltet er noch einmal das Radio auf der Anrichte ein.

– ... erlöste Helmut Rahn die deutsche Mannschaft fünf Minuten vor dem Schlusspfiff mit einem seiner gefürchteten Weitschüsse. 2:0 besiegte Deutschland Jugoslawien und steht damit im Halbfinale der Fußballweltmeisterschaft.

– Das muss ich Matthias sagen!

Bruno hastet die Treppe hinauf zu ihrem gemeinsamen Zimmer, öffnet vorsichtig die Tür und hält inne. Matthias liegt schon in seinem Bett, den Daumen im Mund, und schläft. Behutsam rückt Bruno noch einmal die Decke zurecht und knipst die Lampe am Kopfende aus, die ihr gelbes Licht über ein paar schwarz-weiße Fotografien wirft, die mit Reißzwecken an der Wand befestigt sind, Christa Lubanski mit ihren Eltern und Ingrid, Bruno mit den Twisters, ein Foto von Helmut Rahn mit dessen Unterschrift. Im Rausgehen sieht Bruno noch ein Foto auf dem Schreibtisch unter dem Dachfenster liegen: das Bild seines Vaters als lachender Soldat, in der Mitte durchgerissen und mit einem Klebestreifen wieder zusammengefügt.

Als Matthias hochschreckt, ist es draußen bereits stockdunkel. Das unruhige Licht einer Taschenlampe huscht über die Dachschräge des Zimmers, und es dauert eine Weile, bis

Matthias erkennt, dass es nur sein großer Bruder ist, der sich an irgendetwas zu schaffen macht. Er hat auch nicht den karierten Schlafanzug an, der der Uhrzeit angemessen wäre, sondern Pullover, Hose, Schuhe, seine Jacke hängt über dem Stuhl, auf dem auch der Rucksack steht, in dem Bruno so lange herumwühlt, bis er den schlaftrunkenen Blick seines Bruders auf sich spürt und rasch den Finger an den Mund hebt.
– Pssst!
– Bruno, was machst du da?
– Nichts. Ich packe.
– Wie? Willst du weg?
– Ja, aber mach dir keine Sorgen.

Genau damit fängt Matthias gerade an. Klar, sein Bruder ist immer mal über Nacht weggeblieben, bei Freunden, nach der Probe, und einmal ist er sogar zum Zelten an die holländische Nordseeküste gefahren. Aber mitten in der Nacht heimlich im Licht der Taschenlampe packen – das sieht nach Flucht aus. Und Bruno ist noch nie vor irgendwas geflohen. Also ist Sorgenmachen wohl mehr als angebracht.
– Wohin willst du denn?

Bruno seufzt und tritt an das Etagenbett heran. Er legt die Unterarme auf Matthias' Matratze, bettet sein Kinn darauf und blickt seinen kleinen Bruder so traurig an, dass dessen Sorgen so hoch in den Nachthimmel ragen wie die Türme von Zollverein.
– Das kann ich dir jetzt nicht sagen.
– Aber warum? Warum willst du hier weg?
– Ach komm, das weißt du doch. Mit mir und Papa, das klappt einfach nicht ...
– Aber vielleicht geht es ihm bald besser!

Bruno schüttelt den Kopf. Das hat er sich nach dem ersten Streit auch gesagt und nach dem zweiten und immer wieder. Selbst nach der ersten Ohrfeige heute Nachmittag hatte er in seinem Schmerz, seiner Wut, seiner Ohnmacht wie durch einen dicken, schwarzen Vorhang noch das schwache Licht einer gemeinsamen Zukunft sehen können, begleitet von einer Stimme, die Christas glich und so etwas sagte wie »er braucht noch Zeit, Bruno«. Aber der zweite Schlag hatte dieses Licht ausgelöscht, und sein Knall hatte alles gute Zureden übertönt. Als er auf die Straße ging, hatte sein Entschluss festgestanden: Er oder ich. Und da Richard wohl kaum gehen würde, blieb nur ihm, Bruno, der Abgang. Und als er dann mit Ingrid auf der Seilwinde gesessen hatte, den Blick immer auf den Rücken seines kleinen Bruders gerichtet, der ihm so verwundbar vorkam, hatte er plötzlich sogar so etwas wie Dankbarkeit für seinen Vater empfunden. Immerhin hatte er ihn zu einer Entscheidung geprügelt, anders sicher, als der es sich vorstellte, aber ihm war klar geworden, dass sein Platz nun woanders sei, dass die Lubanskis ihn nicht mehr so brauchten wie all die Jahre zuvor, und dass er, wenn er überhaupt nochmal einen Aufbruch wagen wollte, es jetzt würde tun müssen.

– Ich will einfach hier raus, ich will endlich was Sinnvolles tun, verstehst du? Ich will nicht mein Leben vergeuden!

Er weiß, dass Matthias das nicht verstehen wird. Und dennoch ist er bestürzt, als er dessen Tränen sieht. Vielleicht ist vergeuden auch das falsche Wort, denn den Kleinen groß werden zu sehen, ihm dabei nach Kräften zu helfen, was soll daran vergeudet sein? Aber es muss ein Leben jenseits dieser Dachkammer, der Straßen aus Asche und der muffigen Kneipenluft geben. Und ein Leben jenseits von dem Mann, der immer nur von Disziplin redet.

– Also gut, hör zu, Matthias. Ich geh nach Berlin ... Nach Ost-Berlin.

– Was? In die Ostzone?

Matthias ist nun verwirrter als im Moment des Erwachens aus dem Tiefschlaf. Die Ostzone! Da sind sie doch erst im letzten Sommer mit Panzern auf die eigenen Leute losgegangen! Er hatte Mama gefragt, warum die das machten, das sei doch der Arbeiter- und Bauernstaat, und wenn er es in der Zeitung richtig gelesen hatte, dann waren ja die Arbeiter auf die Straße gegangen, also die, denen das Land eigentlich gehörte. Mama hatte nur mit den Schultern gezuckt und gesagt, da stecke wohl der Russe hinter, und bei dem wisse man nie, woran man sei, Papa hätten sie ja auch nicht wieder hergegeben, obwohl der Krieg schon so lange vorbei war. »Sie werden schon einen guten Grund haben«, hatte Bruno sich ereifert. Im gleichen Ton spricht er jetzt wieder.

– Das ist die Hauptstadt der Deutschen Demokratischen Republik, und da sind alle Menschen gleich! Es gibt keine reichen Leute und keine armen Leute, es gibt keine Arbeitslosen. Und jeder darf seine Meinung sagen!

– So was gibt's doch gar nicht.

Zum ersten Mal in seinem Leben zweifelt Matthias an seinem großen Bruder. Alles hat er ihm geglaubt, dass der liebe Gott kein alter Mann mit einem langen weißen Bart ist, sondern etwas, das die Menschen sich ausgedacht haben, damit sie sich besser fühlen, wenn es ihnen schlecht geht. Dass die deutsche Musik langweilig ist, gefangen in Regeln, die irgendwelche Spießer aufgestellt haben. Aber ein Land ohne Arbeitslose, ohne Reiche und Arme – das kann gar nicht sein.

– Doch, das gibt's, Kleiner. Und wie ich gehört habe, können die noch ein paar gute Musiker gebrauchen.

– Du kommst nicht wieder, oder?

– Doch, ganz sicher! Irgendwann.

Als Matthias sich an seinen Bruder klammert, muss Bruno selber schlucken. Er spürt den heißen Atem des Jüngeren im Ohr und die Verzweiflung in seiner Stimme.

– Geh nicht, bitte! Ich will, dass du hier bleibst!

– He, Kleiner! Du wirst der beste Mann der Familie! Das weiß ich! Und ich verlass mich auf dich. Das kann ich doch, oder?

Matthias lässt seinen Bruder los und wischt sich die Tränen weg. Dass Blacky und Atze nicht mehr da sind, schien ihm der größte Schmerz zu sein, den er im Leben würde ertragen müssen. Jetzt spürte er, dass das nur der erste von vielen Abschieden war, und vielleicht sogar einer der leichteren. Für einen kurzen Augenblick überlegt er, sich an den Rucksack zu klammern, den Bruno gerade über die Schulter wirft. Und wer weiß, vielleicht hätte er es gestern Nacht noch getan. Aber heute hat er schon gelernt, was es heißt, eine Wunde geschlagen zu bekommen irgendwo innen drin, und Matthias fühlt, dass er sie aushalten kann, aushalten muss. Deshalb guckt er seinen Bruder nur wortlos an, als der ihm einen Brief in die Hand drückt.

– Der hier ist für Papa und Mama. Aber keine Angst, steht nix Böses drin. Nur die Wahrheit! Aber warte noch damit, bis ich mindestens eine Woche Vorsprung hab! Das musst du mir versprechen, ja?

Matthias hat kaum noch die Kraft zu nicken. Das Herz sei ein Muskel, hatte er neulich in der Schule gelernt, und wenn das so ist, dann hat er jetzt den größten Muskelkater seines Lebens, schlimmer noch als damals, als er nach einem Spiel gegen den Boss seine Beine zwei Tage kaum bewegen konnte. Er blickt auf den Umschlag in seiner Hand, und sosehr er sich auch dagegen wehrt, so kann er doch nicht verhindern, dass ein Tropfen genau da aufschlägt und zerplatzt, wo Bruno in seiner ordentlichen Handschrift »An Mama und Papa« draufgeschrieben hat. Als er wieder aufblickt, hat Bruno den Raum bereits verlassen, ohne sich noch einmal umzusehen.

Dienstag, 29.6.1954, noch fünf Tage bis zum Finale

Der Herrgott malt ein buntes Muster auf das weiße Leintuch. Natürlich nicht er persönlich, es ist nur die immer noch hoch stehende Juni-Sonne, die durch die bunten Fenster der katholischen Kirche zu Katernberg scheint. Und weil dort ein Christus aus buntem Glas die Hände zum Segen hebt, liegen rote, blaue, gelbe Lichtecke auf dem Altartuch. Alfons Keuchel fährt mit der Hand noch einmal darüber, obwohl er längst alle Falten weggestrichen hat. Zum vierten Mal rückt er die Vase mit den vier weißen Rosen zurecht, damit nicht so auffällt, dass der Strauß im Wesentlichen aus Bindegrün besteht; auch die Kirche ist zur Zeit etwas knapp bei Kasse, da müssen es schon mal ein paar Blumen weniger tun. Dann nimmt Hochwürden den Kelch, hält ihn gegen das Licht, haucht das Messing an und fährt mit dem Ärmel seiner Soutane polierend darüber. Der Küster hat zwar das gesamte kirchliche Gerät noch am Wochenanfang einer Generalreinigung unterzogen, aber zweimal poliert glänzt besser, und außerdem braucht Hochwürden noch einen zweiten Grund, um sich um diese Tageszeit in seiner Kirche aufzuhalten. Der erste ist ihm selbst etwas peinlich, weshalb er auch nicht wie sonst selbstbewusst durch den Mittelgang auf den Altar zugegangen ist, sondern sich durch die Sakristei angeschlichen hat. Als es wirklich nichts mehr zur höheren Ehre des Herrn zu richten und zu polieren gibt, schaut er sich vorsichtig sichernd um wie ein Sünder auf dem Weg zum Beichtstuhl. Dann huscht er mit so flinken Schritten, wie man sie dem fülligen Mann in seinen Sandalen gar nicht zugetraut hätte, zur Marienkapelle. Dort nimmt er eine der dicken Kerzen vom Stapel und schaut sich noch einmal derart furchtsam um, als sei ein Pfarrer, der in der eigenen Kirche eine Kerze anzündet, ein Sittenstrolch. Er vergisst auch nicht, ein Fünfzig-Pfennig-Stück in den Opferstock zu werfen, bevor er die Kerze entzündet und zu den anderen steckt. Er schlägt ein hastiges Kreuzzeichen, kniet sich auf den äußersten Rand des Gebetbänkchens vor der Kapelle und murmelt ein rasches Gebet, aus dem die Gottesmutter nur bei genauestem Hinhören ihren Namen und die Worte Hilfe, Halbfinale, Österreich, Deutschland und Boss wird entnehmen können.

– Herr Pfarrer?

Alfons Keuchel bringt sein Gebet nur noch mit einer fahrigen Handbewegung zu Ende, die nicht mehr ein Kreuzzeichen, sondern nur noch ein Wischer über die Nase ist. Er springt auf, fährt herum, tritt sich hinten auf die Soutane, stolpert fast, findet Halt am Opferstock und schickt noch ein Stoßgebet zum Himmel, auf dass ihn niemand gehört haben möge außer den himmlischen Mächten, die es etwas angeht. Dann blickt er sich in der Kirche um.

– Herr Lubanski!

Alfons Keuchel kennt Richard Lubanski schon seit Ewigkeiten. Wenn ihn nicht alles täuscht, hat er ihm sogar die letzte Beichte abgenommen, bevor der Bergmann wieder in den Krieg musste. Wie lange ist das jetzt her, elf Jahre? Seit seiner Rückkehr ist er jeden Sonntag ins Hochamt gekommen, und hat er nicht auch unter der Woche immer mal wieder betend in der Bank gesessen? Obwohl er ihn also schon häufiger nach seiner Rückkehr gesehen hat, ist Alfons Keuchel immer wieder überrascht, ja erschrocken, wie sehr sich Richard verändert hat. Ein kraftstrotzender, fröhlicher Mann war er gewesen, auch noch während des Fronturlaubs im Sommer '42. Ein guter Christ, aber unregelmäßiger Kirchgänger war er damals, der Spaß an dem ein oder anderen gotteslästerlichen Witz hatte, um zu sehen, wie der Herr Pfarrer reagiert. Jetzt kommt er häufiger, aber ob er wirklich bei der Sache ist? Er wirkt immer ein bisschen so, als sei er um die Längsachse des Körpers nach vorne zusammengeklappt, als dränge es die Schultern, sich irgendwo vor dem Brustbein zu berühren, damit nur ja die Körpermitte beschützt, verborgen ist, die Stelle, wo das Herz und vielleicht auch die Seele ihren Sitz haben. Dass Richards Haar schütter geworden ist, fällt dem Pfarrer gar nicht so auf, längst hat er ja selbst unfreiwillig eine Tonsur. Aber das Gesicht! Grau, eingefallen, ein knochiger Vogelkopf, nichts von dem scheinbar unterschütterlichen Strahlen, das früher von ihm ausging. Jetzt klammert sich Richard an die Krempe seines Huts, der, wenn er ihn weiter mit so viel Gewalt in den Händen dreht, diesen Kirchgang nicht heil überstehen wird.

– Guten Tag, Herr Pfarrer, entschuldigen Sie die Störung ... Ich wollte fragen, ob Sie ein paar Minuten für mich haben.

– Aber natürlich, kommen Sie!

Mit der sanften Bestimmtheit, die man braucht, um in einer Bergarbeitersiedlung das Wort des Herrn zu verbreiten, fasst Keuchel seinen Besucher am Ellbogen und schiebt ihn in eine der Bänke. Obwohl sie nie ein wirklich freundschaftliches Verhältnis hatten, so war man doch gut bekannt gewesen miteinander, aber nun sitzt Richard da wie ein Kommunionkind, scheu, verängstigt und erfüllt von einer Scham, die ungleich größer ist als die des Pfarrers, als er beim sportlichen Stoßgebet ertappt wurde. Hier muss, das weiß Keuchel, der viele Männer wie Richard Lubanski in die Kirche hat kommen sehen, erst Mal eine vorsichtige Annäherung über ganz irdische Dinge versucht werden.

– Wer hätte das gedacht! Jetzt sind wir schon im Halbfinale!

– Ja ...

Richard antwortet in einem Ton, als sei soeben das achte Tor für die Ungarn gefallen. Aber so leicht gibt Alfons Keuchel, der bei seinen gelegentlichen Fluchten aus dem Bonner Augustinum, dem Priesterseminar, auf den Fußballplatz einen gefürchteten linken Verteidiger abgab, nicht auf.

- Und ein Junge von hier hat das entscheidende Tor geschossen! Unglaublich!

Dass das eigentlich so unglaublich gar nicht ist, weil er, Alfons Keuchel, auch am Tag vor dem Jugoslawienspiel eine Kerze aufgestellt hat, sagt er nicht. Aber auch so hat sein Vorstoß eine gewisse Wirkung, der Hut beendet die Kreisfahrt durch Richards Hände, und erstmals haben die beiden Blickkontakt. Richard spricht wie ein Fünftklässler, der sich an seinem ersten Dreisatz versucht.

- Ja, und das Halbfinale ist gegen Österreich, oder?

Siehste, hat doch wieder funktioniert. Bisher hat Keuchel noch jeden Hartherzigen mit Fußball weich bekommen. Bislang hat er sich noch nicht getraut, mit irgendjemandem darüber zu reden, aber in seinen privaten Exerzitien hat er sich so eine Art Fußball-Theologie zurechtgelegt. Fußball wird doch überall auf der Welt gespielt, in Europa, in Südamerika, ja sogar in Afrika, wie ihm ein befreundeter Missionar auf Heimaturlaub neulich erzählt hat. Und sind die Zuschauer im Stadion nicht wie die Gläubigen in einer Kirche? Egal, ob sie an Christus, Mohammed oder Buddha glauben? Sie sehen Spielern, die sie wie Heilige verehren, bei Dingen zu, die an ein Wunder grenzen. Und die Sprache des Spiels versteht jeder, anders als das Latein, in dem er immer noch das Hochamt lesen muss, obwohl er sich selbst schon verdammt schwer damit tut und manchmal gar nicht weiß, wovon er da eigentlich redet. Also könnte man doch eigentlich sagen, dass Fußball eine Weltreligion ist, vielleicht sogar die einzige wirklich allumfassende. Das ist natürlich Häresie,

weshalb Alfons Keuchel diese Gedanken auch für sich behält, nicht mal in der Beichte beim Leiter des Priesterseminars hat er ein Sterbenswörtchen darüber gesagt. Aber vielleicht ist es ja ein guter Zeitpunkt, wenn Deutschland das Endspiel ...
– Eigentlich bin ich ja nicht gekommen, um über Fußball zu reden ...
– Natürlich nicht, Entschuldigung, Herr Lubanski.
Alfons Keuchel pfeift das Spiel in seinem Kopf sofort ab. Der Mann, der da vor ihm sitzt, hat einen ganz anderen Kampf auszufechten. Und er, der Pfarrer, ist er nicht so etwas wie ein Trainer, der die Taktik vorgeben muss, der weiß, wo es langgeht? Oder der zumindest so tun muss?
– Herr Pfarrer, ich weiß nicht mehr weiter. Seit ich wieder da bin, mach' ich alles falsch. Arbeiten kann ich nich mehr, und selbst meine Kinder haben keinen Respekt mehr vor mir. Was ist nur passiert in all den Jahren, in denen ich weg war?
– Sehen Sie, Herr Lubanski, ich habe mit sehr vielen ehemaligen Kriegsgefangenen gesprochen. Und die meisten hatten ähnliche Schwierigkeiten wie Sie.
– Ich versuche ja, alles richtig zu machen. Aber es wird immer nur schlimmer! Jetzt ist auch noch der Bruno weg ...
Richard schüttelt den Kopf und hebt unbeholfen die Arme wie ein Holzhampelmann, an dessen Schnur eine unbekannte Macht mit aller Gewalt zerrt. Jetzt starrt er den Geistlichen an, als kämen aus seinem Mund die erlösenden Worte, irgendein Zauberspruch, der den Bann löst über den Lubanskis, der die elf Jahre wegwischt wie einen hartnäckigen Schmutzfleck. Alfons Keuchel hat diesen Blick schon oft gesehen, und jedes Mal fährt er ihm durch und durch. Er kann nur ahnen, was die Männer mit diesen Augen, die ihn dann anstarren, alles gesehen haben müssen, bis sie so voll

gelaufen waren mit Angst und Verzweiflung, dass man nicht mal mehr ihre Farbe richtig erkennen kann. Und er weiß, wie viel Glück er hatte, dass ihm all das erspart geblieben ist. Erzählen will kaum einer davon. Die meisten Männer, mit denen er geredet hat, suchen nur nach einem Schlüssel, um ihre Erlebnisse für immer wegschließen zu können.

– Ich glaube, das ist genau der springende Punkt. Sie wollen alles mit aller Gewalt richtig machen. Aber das sind nicht wirklich Sie selbst. Sie selbst – verstecken sich.

Obwohl Alfons Keuchel schon viele dieser Gespräche geführt hat, tastet er vorsichtig nach Worten. Im Priesterseminar hat ihn niemand darauf vorbereitet, dass er eines Tages eine ganze Generation seelisch Verwundeter würde zusammenflicken müssen. Mit dem Katechismus kommt man da nicht weit, das hatte er gleich nach den ersten Gesprächskatastrophen gemerkt, in denen er noch davon erzählt hatte, dass Gott auch in den schlimmen Zeiten bei den Männern gewesen war. Nein, das wollten die nicht hören. Einer, der sich hinter einem aggressiven, ätzenden Zynismus verschanzt hatte, schaute ihn nur herablassend an und sagte: »Ach, wo war er denn genau? Steckte er vielleicht in dem offenen Bauch, gleich neben dem Granatsplitter, der meinem besten Freund alle Gedärme rausgerissen hatte? Oder war er da gerade anderweitig beschäftigt, musste sich die Bein- und Armstümpfe begucken, die im Feldlazarett zu Dutzenden ausgestellt waren?«

Dieser Mann wollte wie alle seine Leidensgenossen nicht mehr wissen, wo Gott gewesen war, sondern wo er jetzt, heute ist. Sie wollen wissen, wie man es anstellt, dass die eigene Frau einen wieder begehrt, dass die Kinder einen lieben, dass man die Selbstachtung wiedergewinnt. Dafür gibt es kein Patentrezept, und so sucht Pastor Keuchel nach den richtigen Worten, immer noch, immer wieder.

– Die meisten Heimkehrer schämen sich für die Zeit im Elend, sie schließen ihre Familie aus, versuchen so zu tun, als seien sie stark. In Wirklichkeit haben sie Angst. Angst, ihren Leuten zu zeigen, was die Gefangenschaft mit ihnen, aus ihnen gemacht hat.

Vor Richard Lubanskis Augen verschwimmen die schlichten grauen Platten des Kirchenfußbodens, bekommen Risse, sehen aus wie dieser gottverdammte Weg, den er jahrelang gegangen ist von der Gefangenenbaracke bis zum Bergwerk, ein schmaler, gewundener Pfad, der entweder bickelhart gefroren war oder eine Rinne Schlamm. Er meint sogar die Fetzen zu sehen, die sich immer ins Bild schoben, wenn man hinter jemandem hertrottete, Lumpen, mit denen sie alle versucht hatten, die Füße in den zersetzten Schuhen notdürftig gegen die Kälte zu schützen. Und jetzt sieht er wieder klarer, ist das nicht der Küchenboden zu Hause, und die Schuhe, die ins Blickfeld ragen, sind das nicht Brunos Schuhe, die dieser trug, als er, Richard Lubanski, ihm eine, nein zwei klebte und ihn damit endgültig aus dem Haus trieb? Und was ist das da, was auf die Schuhspitze tropft, die dunkle Flüssigkeit? Etwa Blut? Blut! Den eigenen Sohn blutig geschlagen! Richard zuckt zusammen, blickt ängstlich hoch und sieht Alfons Keuchel, der ihn betrachtet wie einen verlorenen Sohn, den er von ganz weit zurückholen muss.

– Richard ...

So hat er den Mann vor sich noch nie genannt, immer nur Herr Lubanski, aber das hier ist ein besonders schwerer Fall.

– Richard, Sie müssen den Mumm finden, mit Ihren Leuten zu reden. Ich weiß, Sie haben den noch. Wenn Sie das nicht alles irgendwann mal rauslassen, frisst es Sie auf. Und dann finden die Leute Sie nie wieder, die Sie doch so gern haben. Wenn Sie wollen, können Sie auch mir alles erzählen, im Beichtstuhl meinetwegen, wenn das für Sie leichter ist in der dunklen Kiste. Oder Sie kommen mal zu mir ins Pfarrhaus, auf 'nen Kaffee oder auch 'ne Tasse Bier. Da redet es sich manchmal leichter. Aber eins sag ich Ihnen: Ihre Familie kriegen Sie nur wieder, wenn Sie mit ihr drüber reden. Aber manchmal muss man das Unmögliche versuchen.

Einen kurzen Moment durchzuckt Alfons Keuchel eine kleine Scham, als er bei seinen letzten Worten fast unwillkürlich an ein mögliches Finale Deutschland gegen Ungarn denken muss, auch das ist jetzt plötzlich möglich. Und dann ist seine Scham auch schon wieder verflogen. Vom Fußball hat er mehr gelernt für's Leben in Katernberg als aus den gesammelten Enzykliken, die er im Oberseminar von Prälat Hingsen seinerzeit gewälzt hatte. Und hat sich nicht Richard Lubanski schon etwas mehr aufgerichtet, die Schultern hochgenommen, ein bisschen Asche aus den trüben Augen weggewischt? Jedenfalls steht er entschlossener auf als er sich eben hingesetzt hat.

– Danke, Herr Pfarrer. Dass Sie mit mir geredet haben. Und danke auch für das Angebot mit dem Bier. Ein andermal vielleicht.

Richard Lubanski reicht Hochwürden Alfons Keuchel fest die Hand, schreitet mit erhobenem Kopf durch den Mittelgang der Kirche, stößt die Tür auf und blinzelt kurz in die Nachmittagssonne. Einen Moment hält er inne, dann geht er mit raschen Schritten die Katernberger Straße hinunter.

Fast wäre er über den Ball gestolpert, als er, immer noch mit entschiedenem Schritt, über den grauen Aschenplatz am Rand der Siedlung geht, auf dem sein Kleiner in letzter Zeit ein kompromissloser und geachteter Verteidiger ist. Richard hält inne und betrachtet versonnen das seltsame Fetzenbündel, das vergessen zwischen ein paar dürren Grasbüscheln liegt. Ja, das ist der Ball, mit dem die Kinder noch neulich vor seinem Haus gespielt hatten, wie eine Art Urvieh liegt er da, die Evolution in Gestalt eines neuen braunen Lederballs, den er, Richard Lubanski, bei Sport Ralsdorf in Stoppenberg gekauft hat, ist darüber hinweggegangen. Richard schaut sich um. Dann prüft er noch einmal den festen Sitz seines Hutes und stellt einen Fuß auf den Ball. Mit einer schnelle Bewegung zieht er ihn zu sich heran, bringt die Spitze seiner guten Sonntagsschuhe unter das merkwürdige Spielgerät und lässt es drei-, viermal auf dem Spann auf- und abtanzen. Als er den Fuß wieder auf den Ball stellt wie ein Mittelstürmer vor dem Anpfiff, brandet in seinem Kopf Beifall auf, nicht der kleine, artige Beifall, bestehend aus einzelnen, deutlich voneinander unterscheidbaren Klappklapps der Freunde am Spielfeldrand, den er damals gehört hat, als er selber noch bei den Sportfreunden spielte. Nein, es ist das unförmige Brummen, Rauschen einer großen Menge, das sich aufbäumt wie eine große Welle und dann als Gänsehaut den Rücken hinunterläuft. Und plötzlich hat Richard wieder den Geruch in der Nase, diesen erdschweren Duft des Platzes in Katernberg nach einem Regenguss. Und den nach Koks drüben auf dem Acker in Bergeborbeck, wo sie immer auf die Socken bekommen hatten. Und den immer gleichen Geruch von Scheiße, der einen in Wattenscheid erwartete, weil da neben der Kläranlage gespielt wurde. Jeder Platz riecht anders. Und während die Gerüche an ihm, in ihm vorbeiwehen, spürt er das Kratzen der Baumwolle vom Trikotkragen am Hals, und obwohl er sich ziemlich sicher ist, heute Morgen den guten Anzug angezogen zu haben, so fühlt es sich an seinen Beinen doch an, als habe er die kurze Hose an und die Stutzen rieben in den Kniekehlen. Noch einmal schaufelt er den Ball in die Höhe, hält ihn dort, jetzt zum fünften, zum sechsten Mal, nimmt auch die Knie zu

Hilfe, erst rechts, sein stärkeres Bein, dann links, das Bein, von dem der Trainer immer gesagt hatte: »Richard, dat linke Bein hasse auch nur, damitte nich umfällst.« Jetzt ist alles plötzlich wieder da, das Gefühl für den Ball, der Wunsch, ihn mit aller Wucht über den ganzen Platz zu befördern, das Verlangen, ihm hinterherzurennen, und die Sehnsucht, noch einmal das erlösende Gefühl zu spüren, wenn er in die Maschen zischt. Und plötzlich denkt Richard gar nichts mehr. Irgendeine unbekannte Macht, die mehr als elf Jahre in ihm geruht hat, wacht plötzlich auf, übernimmt die Kontrolle über seinen Körper, zwingt ihn, den Ball mit einem wuchtigen Stoß zehn, vielleicht fünfzehn Meter senkrecht nach oben zu bolzen. Als der Ball sich wieder zu senken beginnt, nimmt Richard das rechte Bein zurück, holt Schwung, reißt beide Beine gleichzeitig in die Höhe, liegt waagrecht in der Luft, fixiert den auf ihn herabsausenden Ball, zieht das rechte Bein durch, und trifft, als sein rechter Fuß über seinem Kopf ist, mit vollem Spann das schmutziggraue Bündel. Sekundenbruchteile später kracht er mit dem Rücken auf den Platz, in das Geräusch vom Aufprall mischt sich das Reißen der Anzugsnaht an der rechten Schulter, und die Schulterblätter fühlen sich an, als setze dort gerade jemand den Preßluftbohrer an. Aber Richard dreht sich sofort über die linke Schulter auf den Bauch, reckt den Kopf hoch und verfolgt gebannt den Flug des Balles, der in einer eleganten Kurve auf die beiden krummen Holzstangen am Ende des Platzes zufliegt, kurz davor landet und langsam über die Torlinie hoppelt.

– Wie siehst du denn aus?

Erschrocken schaut Richard an sich herunter, als er die Küche betritt und seine Frau ihn ansieht, als habe sie Besuch vom Leibhaftigen. So rot hat sie seine Backen seit seiner

Rückkehr aus Russland nicht mehr gesehen. Schnell wischt er sich einen letzten Rest Erde von der Hose, das ziemlich ramponierte Jackett hat er gleich an der Garderobe gelassen.
– Und wie gehst du auch?
Fast hat Christa sich schon gewöhnt an sein ewig verspanntes Gehen, ein Schleichen mehr, ein Sichdurchmogeln. Das ist es jetzt nicht mehr. Hoch gereckt und doch irgendwie verdreht ist Richard, und wie er die rechte Hand in die Hüfte stemmt, ist auch irgendwie nicht normal.
– Ich ... Ich ... Ich bin gestolpert. Da lag so 'n oller Mülleimerdeckel auf'm Gehweg, und ich hab' wohl geträumt und nich hingeguckt.
– Na, Hauptsache, du lebst noch und kannst dem Kleinen beim Kartoffelschälen helfen.
Matthias sitzt am Kopfende des Tisches, ein Küchenmesser in der Hand. Er hat nur kurz aufgesehen, als sein Vater hereingehumpelt kam, seitdem konzentriert er sich wieder auf die Kartoffel in seiner Hand und lauscht angestrengt.
– Was wird Sepp Herberger auf der rechten Seite tun? Rahn hat zwar gegen Jugoslawien ein Tor geschossen, angeblich sogar eins mit Vorankündigung, wie man aus dem Kreis der Mannschaft hört. Aber auch Berni Klodt hat hier in der Schweiz zu überzeugen gewusst ...
Das Radio steht auf der Anrichte unter dem Küchenschrank, und auch wenn gelegentliches Rauschen die Übertragung beeinträchtigt, so ist Matthias doch völlig umsponnen von der Analyse und dem Vorbericht auf das Halbfinale. Kaum bemerkt er, wie sein Vater ebenfalls ein Küchenmesser aus der Besteckschublade zieht, sich neben ihn setzt und mit einer bedächtigen Handbewegung eine Kartoffel aus der großen Schale in der Mitte des Tisches nimmt. Während Matthias die Knollen wie selbstverständlich und ohne genau hinzusehen durch seine Hände rotieren lässt, bearbeitet

Richard sie wie ein Zimmermann einen Balken. Er schält sie nicht, sondern präpariert fingerdicke Stifte heraus, indem er die Schale immer in geraden Streifen abschneidet. Aber eigentlich will er auch gar nicht das Essen mit vorbereiten, sondern sucht etwas zum Festhalten. Gerade hat er einen Kartoffelkern endgültig freigelegt, hält inne, betrachtet ihn wie eine Kostbarkeit und legt ihn dann ganz vorsichtig in den mit Wasser gefüllten Kochtopf.

– Wenn wir doch damals wenigstens halb so viele Kartoffeln gehabt hätten ... Wisst ihr, als der Krieg zu Ende war und wir immer noch in diesem Loch saßen, da ... da ... Es war einfach unglaublich schwer. Nix zu essen hatten wir, die Russen hatten ja kaum selbst noch was. Wir haben denen alles verwüstet.

Christa hat das Bügeleisen hochgestellt und betrachtet ihren Mann unsicher. So, in dem Tonfall, so unsicher, so angreifbar, so wunderbar hat er seit seiner Rückkehr noch nie gesprochen. Was ist da passiert? »Ich geh mal 'ne Runde ums Haus«, hatte er am Nachmittag nur gesagt und war losgestiefelt, aber das war eigentlich nix Besonderes, das sagte er immer, seit er nicht mehr arbeiten gehen konnte und ihm spätestens zwei Stunden nach dem Mittagessen zu Hause alles zu eng wurde. Meist kam er dann erst kurz vor dem Abendessen zurück, immer noch so verkniffen, so in sich gekehrt, so unerlöst, wie er losgestiefelt war. Aber heute ist es anders. Er sitzt einfach anders, denkt Christa, und zum vielleicht ersten Mal redet er nicht, als müsse er sich permanent verteidigen, zum ersten Mal bahnt sich ein Gespräch an, das kein Kampf zu werden verspricht.

– Ich hab' gesehen, wie einer von den Russen mit dem Bajonett von seinem Gewehr Rinde vom Baum geschabt und gegessen hat. Das haben dann ein paar von uns nachgemacht. Gut bekommen ist es ihnen nicht, Bauchkrämpfe ohne Ende gab das, und dann haben sie das Zeug gekocht, weil sie dachten, vielleicht wird's dann besser. War aber 'n Trugschluss ...

Richard nimmt eine neue Kartoffel aus der Schüssel. Matthias hat innegehalten beim Schälen, auch das Radio hat er fast vergessen, und nur jetzt, als sein Vater für einen Moment schweigt, spielt es sich wieder in den Vordergrund.

– ... und dann wird sich zeigen, ob die Ungarn wirklich unbesiegbar sind. Gegen die starken Südamerikaner, den amtierenden Weltmeister, der England 4:2 geschlagen hat, werden sie es ungleich schwerer ...

Zum ersten Mal seit dem Tod von Atze und Blacky sieht Matthias seinen Vater direkt an und erkennt, dass der in Gedanken weit weg ist, viele tausend Kilometer, in einem Lager, von dem Matthias nichts weiß, außer dass es zwischen ihm und dem Mann steht, den er doch so gern lieb haben würde.

– Aber irgendwas mussten wir ja essen. Wir mussten ja auch arbeiten, Kohle im Tagebau, mit Werkzeug, das war das Letzte. Die Stiele von den Spitzhacken waren viel zu kurz, und wenn dir das kurze Ding abbrach, hatteste gar keinen mehr. Und musstest trotzdem weitermachen, weil sie dich sonst getrietzt hätten, mit dem Gewehrkolben oder so. Wir wurden alle immer schwächer, richtig weggeschmolzen sind wir wie das Eis, wenn es im Mai endlich mal 'n bisschen wärmer wurde. Das sei Dystrophie, hat einer gesagt, der Sani gewesen war. Kann man dran sterben, totale Mangelernährung, da ist man weniger als 'n Strich in der Landschaft, wie 'n Stück Papier, und du wartest nur drauf, dass dich einer zusammenknüllt und wegwirft.

Matthias und Christa hören Richard jetzt mit halb offenen Mündern zu. Auch sie hatten nicht immer reichlich zu essen, Christa erinnert sich, wie sie immer weniger Mohrrüben in immer mehr Wasser schnibbelte, um einen blässlichen Eintopf herzustellen, der aber immer noch nahrhafter aussah und wohl auch war als bloßes Wasser. Fertig hatte sie sich oft genug gefühlt, auch abends im Bett geheult, aber so fertig, dass sie sich wegschmeißen wollte, war sie nie gewesen. Und da waren ja auch immer die Kinder, die musste sie nur ansehen, dann kam irgendwoher wieder eine Kraft, die sie nach vorne schob, raus auf die Straße, um was zu essen zu organisieren oder ein paar Klamotten, weil die alten kaum noch zu flicken waren. Aber dann war es ja auch bald besser gegangen.

– Irgendwann war ich fast hinüber, Dystrophie im Endstadium. Da liegst du auf dem Lager und hast nicht mal mehr die Kraft, dich umzudrehen, da kann die Decke noch so dreckig sein. Aussem Augenwinkel hab' ich einen gesehen, bei dem war genau über dem Kopf ein Loch im Dach, wo es runtergetropft hat. Patschpatschpatsch, immer auf die gleiche Stelle. Meinste, der hat sich rumgedreht? Nee, ging nicht mehr. Keine Kraft, erledigt. Irgendwann haben sie ihn rausgetragen ...

– ... aber der Major wird morgen wohl immer noch nicht spielen können, so setzt ihm die Verletzung aus dem Deutschlandspiel ...

Matthias ist aufgestanden und hinüber zum Radio gegangen. Ohne seinen Vater aus den Augen zu lassen, tastet er nach dem Schalter des Apparats und dreht ihn ab. Alle drei in der Küche kosten die plötzliche Stille aus, eine Atempause. Langsam schneidet Richard ein Stück Schale von der Knolle in seiner Hand herunter.

– Jeder von uns wusste, wann du endgültig zum Tod verurteilt warst: Wenn du dich selbst aufgegeben hast. Das war, wenn du es nicht mehr schaffst, zur Toilette zu gehen. Einmal am Tag, da musstest du dich aufraffen. Schon morgens fing man an, darüber nachzudenken: Wann gehst du? Schaffst du's noch? Stundenlang hab' ich oft mit mir gerungen, und immer hat irgendwas in mir gesagt: Ach komm, bleib liegen, wofür die Plackerei, hier kommste eh nicht mehr weg. Und dann hab' ich doch versucht, mich im Bett aufzurichten. Da musste man sich unglaublich konzentrieren, manchmal hat's erst beim dritten oder vierten Mal geklappt. Dann musst du dich am Bettpfosten hochziehen, und irgendwann stehst du. Aber deine Beine zittern wie verrückt. Eigentlich reicht die Kraft nicht, die Beine sacken schon fast wieder ein, da musst du dich auf's nächste Bett konzentrieren, das ist zwei Schritte weit weg, da lässt man sich dann mehr drauf zufallen als man hingeht. Aber irgendwie klappt's, und dann ist Pause, in der du an die nächsten zwei Schritte denkst. Schließlich ist man im Hof. Jetzt sind's nur noch zehn Meter bis zur Latrine, bekloppte zehn Meter. Aber ich hab' welche gesehen, die das nicht gepackt haben. Sind umgefallen auf der Hälfte, kamen alleine nicht mehr hoch, und wir anderen waren zu schwach zum Helfen. Wenn die am nächsten Morgen immer noch da lagen, kamen die Russen und haben sie weggeschafft. Und wenn du's gepackt hast zum Klo und zurück zum Bett, bist du auch nicht froher. Du fällst auf die Decke und denkst: Jetzt sterb ich. Aber man schläft nur ein, dämmert weg. Und dann schreckt man hoch und fürchtet sich schon wieder vor dem nächsten Mal. Das Schlimme ist: Du bist allein. Es gibt keinen, der einem hilft. Oder auch nur was sagt. Es gibt nur dich ... Und den Tod.

Immer schneller ist Richards Erzählung zunächst geworden, immer hastiger hat er den Weg am Tod entlang noch einmal abgeschritten. Dann ist er langsamer geworden, stockt, jetzt ist er am Ziel seiner Reise in die eigene Erinnerung angekommen, und weil er nicht weiß, ob irgendjemand ihm hat folgen können, folgen wollen, blickt er hoch, die Augen weit aufgerissen, als hätte er all die Elenden, Krepierenden, Toten noch einmal leibhaftig gesehen. Jetzt blinzelt er, das Licht der tief über dem Küchentisch hängenden Lampe blendet ihn, unsicher blickt er zu Christa, die den Blick gesenkt hat und in ihrer Schürze nach einem Taschentuch sucht.

– Hast du denn nicht an zu Hause gedacht, Papa?

Richard wendet den Kopf zu Matthias, mechanisch, er sieht seinen Sohn an und blickt doch durch ihn hindurch auf der Suche nach den Bildern, die ihn damals am Leben gehalten haben. Schließlich schüttelt er den Kopf.

– Nein, ich ... Ich hab' nicht mehr an zu Hause geglaubt. Ich hab' nicht an euch gedacht. Ans Essen hab' ich gedacht, immer nur ans Essen ...

Er lässt das Küchenmesser sinken und legt seine halb gehobelte Kartoffel behutsam zur Seite, als sei sie sein größter Schatz. Dann geht ein leises Zittern durch seinen Körper, als sei ein Wind durch das Zimmer gefahren und habe eine Seite seiner Erzählung umgeblättert.

– Ich weiß, ich hab' mich die letzten Wochen nicht richtig verhalten, euch gegenüber. Ich fühl' mich so ... so ... unsicher. Ich kenn' doch hier nix mehr, und erzählen davon, wie's war, konnte ich auch nich ... Dass der Bruno jetzt weg ist, das ist ganz allein meine Schuld.

– Bruno hat es hier einfach nicht mehr ausgehalten.

Christa ist aus dem Halbdunkel am Rand der Küche heraus an den Tisch getreten. Das Taschentuch hat sie inzwischen wieder verstaut und schaut nun, den Kopf leicht nach links gelegt, auf ihren Mann herab. Zum ersten Mal betrachtet sie ihn so, wie sie all die Jahre das Foto an der Wand betrachtet hat, voller Sehnsucht, Mitleid und – ja, irgendwo hinten in ihrem Kopf drängelt das Wort nach vorne – Liebe.

– Bruno wollte einfach nur weg. Er hat dich so lange ersetzen müssen, jetzt konnte er nicht mehr. Außerdem ist er alt genug, seine eigenen Entscheidungen zu treffen. Aber...

Christa geht noch einen Schritt auf ihren Mann zu, nun ist auch sie, die all die Jahre zwar mit ihren Kindern geredet hat, viel geredet hat, wichtige Dinge geredet hat, aber nie über sich, nun ist auch sie unterwegs in ein Gelände, wo sie seit Jahren nicht mehr war.

– ... aber da gibt es noch drei andere von uns. Und die sind nicht nur froh, dass du da bist, Richard, die brauchen dich auch.

Richard Lubanski nimmt die Hand seiner Frau. Langsam fährt er mit seinem Zeigefinger über die hart gewordene Haut an den Knöcheln, umrundet den Schnitt, den ein Küchenmesser erst gestern gezogen hat, und bleibt schließlich auf dem Ehering liegen, ein kühler Strich unter seiner heißen Fingerkuppe.

– Weißt du, als ich mit dem Zug ankam... Da dachte ich, ich erkenne dich nicht mehr. Ich hab' es seit vielen Jahren nicht geschafft, mir dein Gesicht vorzustellen, obwohl ich es immer wieder versucht hab'. Und dann hab' ich Ingrid gesehen. Und sie sah aus wie du damals! Genauso – schön. Und da hab' ich sie umarmen müssen, weil ich doch dachte, das seist du... Das hat bestimmt wehgetan...

Da Christa den Kopf schon gesenkt hat, kann Richard nur vermuten, dass sie wohl nickt. Sie zieht ihre Hand aus Richards heraus und wischt sich durch den Augenwinkel. Dann nimmt sie mit beiden Händen seinen Kopf, drückt ihn an sich, presst ihn in die Schürze über ihrem Bauch und krallt sich in seinen Haaren fest, als wollte sie ihn nicht mehr loslassen. Jedenfalls nicht mehr in diesem Leben.

Mittwoch, 30. Juni 1954, noch vier Tage bis zum Finale

– Mensch, nun mach' doch voran da vorne, sonst stehen wir morgen noch hier!

Die Hände in weißen Seidenhandschuhen, fuchtelt Annette Ackermann in der Luft herum, schüttelt den Kopf, blickt in den Rückspiegel. Aber auch da sieht sie nur Autos, Autos, Autos. Seit zehn Minuten hat sich ihr Wagen nicht mehr vom Fleck bewegt, das weiß sie genau, weil sie alle dreißig Sekunden auf ihre goldene Armbanduhr schaut. Jetzt presst sie die rechte Hand auf die Hupe und drückt und drückt. Davon wird die Straße auch nicht frei, aber Annette fühlt sich besser.

– Annette, so kenn ich dich ja gar nicht!

Bislang hat Paul Ackermann seiner Frau gerne das Fahren überlassen, schließlich ist es der Wagen ihres Vaters, mit dem sie seit Wochen durch die Schweiz kutschieren, immer der deutschen Mannschaft hinterher. Aber jetzt fragt er sich doch, ob sie bei den fortgesetzten Adrenalinschüben noch die Verkehrsregeln beherzigt, und das wäre nicht schlecht, denn sind nicht die Schweizer Polizisten als völlig humorlose Pedanten bekannt? Und hier in Basel steht an fast jeder Straßenkreuzung einer und versucht Ordnung in das Autochaos zu bringen. Verzweifelt blasen sie hin und wieder in ihre Trillerpfeifen, rudern mit den Armen, alles vergeblich.

– Die sollen sich ihre Luft lieber zum Alphornspielen aufbewahren, diese Versager!

Annette schnaubt verächtlich. Sieben Dinger haben die Schweizer von den Österreichern kassiert, und obwohl sie selbst fünf Tore geschossen haben, war's das für die Eidgenossen bei dieser Weltmeisterschaft. Jetzt sollen sie nur noch anständige Gastgeber sein und dafür sorgen, dass sie,

Annette Ackermann, pünktlich zum Anpfiff des Halbfinales Deutschland gegen Österreich im St.-Jakob-Stadion ist. Noch ist von ihm nichts zu sehen, aber schon ist alles verstopft, selbst die Nebenstraßen sind zugeparkt.

– Reg' dich nicht auf, mein Schatz. Immerhin sind das alles deutsche Autos, deutsche Fans, die hier alles dicht machen. Schau, nur Kennzeichen aus der Heimat!

Ackermann hat die Seitenscheibe des Mercedes heruntergekurbelt und streckt den Kopf nach draußen, um einen besseren Überblick zu haben. Doch schnell zieht er ihn wieder zurück, der Dauerregen hat seine Brillengläser binnen Sekunden zu undurchsichtigen Glasbausteinen gemacht. Jetzt, im warmen Inneren des Wagens, beschlagen sie auch noch, und hektisch beginnt Ackermann, sie mit dem Zipfel seines Hemdes zu putzen. So sieht er auch nicht, als seine Frau plötzlich das Lenkrad scharf einschlägt, aufs Gaspedal tritt und mit aufheulendem Motor auf die nächsterreichbare Bordsteinkante zusteuert. Erst bei dem heftigen Schlag, der das Auto beim Sprung auf den Bürgersteig durchschüttelt, blickt er erschrocken auf.

– Um Himmels willen, was machst du denn?

– Du glaubst doch nicht im Ernst, dass ich hier in aller Seelenruhe rumstehe, bis wir den Anpfiff verpassen? Ich darf dich daran erinnern, dass ich für diese Veranstaltung meine Hochzeitsreise abgesagt habe. Da ist mir für diesen Sommer mehr als genug durch die Lappen gegangen. Komm!

Sie nimmt ihre Handtasche von der Rückbank, knipst den Verschluss auf, zieht Lippenstift und Schminkspiegel heraus und kontrolliert noch einmal routiniert ihr Aussehen. Schon hat sie auch das Kopftuch mit dem üppigen Rosenmuster keck umgebunden und aus dem Handschuhfach ein schwarz-rot-goldenes Papierfähnchen gezogen. Dann öffnet sie die Autotür und schwingt sich entschlossen hinaus in den Dauerregen.

– Annette! Was soll denn das werden?

– Ich weiß nicht, was du vorhast. Aber ich gehe zu Fuß, schließlich sind wir nicht zum Vergnügen hier. Oder musst du über das Spiel nicht schreiben?

– Doch, natürlich, aber ...

Ackermann hält inne, weil ein wild gestikulierender Polizist auf das Auto zustürmt. Annette macht die Paul wohl vertraute, unwirsche Handbewegung, die so viel sagt wie »halt dich da raus und vermassel nicht wieder alles«, und kurbelt das Seitenfenster herunter.

– Sie! Hören Sie! Da können Sie nicht parken!

– Herr Wachtmeister! Sie sind unsere Rettung! Wir sind doch hier richtig auf dem Weg zum Stadion?

– Ja, schon, aber Sie können Ihr Kraftfahrzeug unmöglich hier einfach so abstellen!

– Aber Herr Oberwachtmeister, das ist ein Notfall. Sehen Sie, da im Auto, der junge Mann, wissen Sie, wer das ist?

Der Polizist beugt sich kurz hinunter und schaut flüchtig auf den Beifahrersitz, wo Ackermann mindestens so angestrengt überlegt wie der Ordnungshüter, wer er denn wohl sei.

– Nein, aber das ist auch egal. Sie können hier nicht parkieren.

– Egal?

Annette schaut den Polizisten an, als habe er gerade die Schweizer Neutralität für ein Butterbrot verkauft.

– Das ist Peter Dassler, der Neffe von Adi Dassler. Wissen Sie wenigstens, wer das ist?

Langsam wird der Mann in seiner blauen Uniform nervös. Der Verkehr bewegt sich immer noch keinen Millimeter weiter, seine Kollegen blasen verzweifelt in ihre Pfeifen, und immer mehr Autofahrer beginnen zu hupen. Und nun redet diese energische junge Dame ohne Unterlass, was einen geradezu dazu zwingt, auf ihre vollen roten Lippen zu starren und, wenn sie gelegentlich Atem holt, den Blick an ihr hinabgleiten zu lassen, aus reiner Dienstpflicht natürlich.

– Nein, den kenn' ich auch nicht.

– Aber Sie wollen doch auch, dass unsere Mannschaft Ihre Schmach vom vergangenen Sonntag rächt? Oder wollen Sie sagen, dass Sie auch nicht wissen, dass die Schweiz 7:5 gegen Österreich verloren hat?

– Ja, doch, das weiß ich schon ...

Jetzt, denkt Ackermann, ist der Ordnungshüter schon zur Hälfte erledigt. Er hat keine Ahnung, wohin die Geschichte seiner Frau noch treiben wird, und klammert sich vorsichtshalber weiterhin im Wageninneren an seine Aktentasche. Aber dass der Polizist schon ganz krumme Beine hat vom Um-den-Finger-Gewickeltwerden, da gibt es keinen Zweifel, dafür hat Ackermann die unglaubliche Wirkung des Gurrens seiner Frau oft genug studieren können, genauso wie den Blick, den die Männer kurz vor der totalen Kapitulation auf ihre Beine werfen. Er erträgt diesen Blick mit Fassung, schließlich hat er selbst oft genug davon profitiert – und bekommt immer noch mehr zu sehen als die anderen.

– Also, dann erklär' ich Ihnen das mal. Sie wollen, dass wir Österreich schlagen. Das geht aber nur, wenn wir die richtigen Schuhe anhaben. Denn wie Sie sehen, regnet es, da wird der Platz tief und der Ball schnell, da brauchen Sie Schuhe mit extra langen Stollen. Verstehen Sie?

– Ja, schon. Aber warum wollen Sie hier parkieren? Und wer ist dieser Herr Da ..., Da ...

– Dassler. Adi Dassler. Er hat speziell für die deutsche

Mannschaft Schuhe mit Schraubstollen entworfen. Da können Sie für jedes Wetter die richtige Länge druntermachen.
– Ja, und?
– Nun, heute brauchen wir die langen Stollen. Aber der Herr Dassler hat sie im Hotel in Spiez vergessen. Und jetzt, Herr Oberkommissar, kommt mein Begleiter ins Spiel. Er ist der Neffe von Herrn Dassler, und in seiner Tasche sind die langen Stollen, die für die Rache an Österreich unabdingbar sind. Und wenn wir jetzt nicht schnellstmöglich ins Stadion kommen, sind Sie am Ende noch schuld, wenn die Ehre der Schweiz befleckt bleibt.

Ackermann schüttelt den Kopf. Er hat von seiner Frau schon manchen Blödsinn gehört, aber das ist mit Abstand der größte. Da wird ihr Blick in die Augen des Gegners noch schmachtender sein müssen als sonst, damit das Manöver gelingt.

– Ja, dann... dann... muss ich wohl ein Auge zudrücken. Gehen Sie einfach die Straße hinunter, nach der Biegung sehen Sie das Stadion bereits. Und...
– Ja?
– Zeigen Sie's Ihnen! Hopp Deutschland!

Annette ist fast versucht, auch diesen Auftritt mit einem Kuss auf die Wange des Beamten zu besiegeln, ihre Spezialität, mit der sie schon fast eine der unerschütterlichen Palastwachen in London erweicht hätte, damals, als sie zum Turnier nach Wimbledon gefahren waren. Aber diesmal respektiert sie die Würde des Diensthabenden und schlägt nur kurz mit der Hand auf das Autodach.

– Los, Dassilein, beeilen wir uns.

Es regnet noch immer in Strömen, als sie ihre Plätze auf der Pressetribüne des St.-Jakob-Stadions einnehmen. Mittlerweile kennen die Reporter der deutschen Zeitungen das merkwürdige Pärchen, der junge Kollege von der Süddeutschen und diese ausnehmend adrette Person an seiner Seite – oder soll man sagen: über ihm. Aber der junge Mann schreibt flotte Artikel, und vielleicht braucht er ja den Druck dieser zarten Hand, damit er so richtig in Fahrt kommt.

– Haben Sie schon gehört, Herr Kollege? Der Herberger bringt doch tatsächlich den Posipal als Verteidiger!

Ackermann dreht sich um. Ruhpoldt von der Frankfurter Rundschau sitzt in der Reihe hinter ihm und hat schon einen ganzen Wust von Zetteln vor sich auf dem Tisch ausgebreitet. Er ist berühmt dafür, dass er noch die Hutweite des Masseurs notiert hat, um sie im entscheidenden Moment zur Taktik des deutschen Spiels in Beziehung zu setzen. Lebhafter werden seine Artikel dadurch nicht, es lässt sie aber gelehrter erscheinen und macht die abenteuerlich gestopften Wortwürste länger. Außerdem kann man den Kollegen alles fragen, wenn man selbst einmal nicht so gut vorbereitet ist, das Archiv in seinem Kopf und in seinem Vertreterkoffer, den er dem ewigen Spott der Kollegen zum Trotz mit zu jedem Spiel schleppt, enthält sicher auch noch Informationen darüber, in der wievielten Minute Helmut Rahn im letzten Spiel zum ersten Mal Scheiße über den Platz gebrüllt hat. Nun, das ist auch nicht so schwer, irgendwas zwischen eins und zehn wird es wohl gewesen sein, weil es nämlich immer so ist. Jedenfalls war es Ruhpoldt gewesen, der bei der Pressekonferenz im Hotel Belvedere gestern Herberger gefragt hatte, ob er wirklich Posipal verteidigen lassen wolle. »So habe ich das geplant«, hatte der Trainer geantwortet, und Ruhpoldt war ehrlich fassungslos gewesen. »Aber das dürfen Sie nicht tun! Der Jupp ist doch völlig außer Form! Der hat das Vertrauen zu sich komplett verloren! Wenn er mitspielt, bedeutet das die Niederlage. Wir und die Heimat haben für diese Maßnahme kein Verständnis.« Lange hatte

der Bundestrainer Ruhpoldt vom Podium herab angesehen, ihn kalt taxierend, schon jedes Wort wägend für eine seiner listigen Antworten, für die ihn die Journalisten, die er doch nicht immer gut behandelt, lieben – über Herberger schreibt es sich eben fast von selbst. »Ich kenne den Menschen im Spieler Posipal«, hatte Herberger schließlich geantwortet, »zu ihm haben sowohl die Mannschaft als auch ich Vertrauen. Wir wollen in der Abwehr stark werden. Ob das richtig oder falsch ist, darüber reden wir später.« Ungewöhnlich schneidend war das aus dem schmalen Mund des Trainers gekommen, der doch sonst seine Schärfe gern hinter einer leicht behäbig wirkenden Gemütlichkeit versteckt. Glücklicherweise hatte der Kollege Holzmann aus Köln die sich immer lähmender ausbreitende Pause völlig ungerührt von der Schärfe des Moments mit rheinischer Unbekümmertheit beendet. »Herr Herberger, haben Sie sich bei dem Zitterspiel gegen Jugoslawien nicht manchmal jewünscht, dass es endlich vorbei wäre? Und wie haben Sie sich nach dem Spiel jefühlt?« Herberger hatte ihn angesehen, als glaubte er, Holzmann habe noch immer nicht den Restalkohol vom letzten Rosenmontagszug abgebaut. »Nach dem Spiel? So etwas kenn ich gar nicht. Nach dem Spiel ist – vor dem Spiel.«
– Schau, da kommen sie!

Annette Ackermann reißt ihren Mann aus den Erinnerungen an diese denkwürdige Pressekonferenz, über die er dann im Hotelzimmer 120 Zeilen schrieb, während seine Frau einen Streifzug durch die Spiezer Boutiquen unternahm. »Liebling, ich muss unbedingt etwas Neues zum Anziehen haben«, hatte sie ihm vom Badezimmer aus erklärt. »Du hast gesagt, dass wir spätestens nach dem Viertelfinale nach Hause fahren. Das wäre vor vier Tagen gewesen, und darauf war ich mit meinen Kleidern auch eingestellt. Jetzt gehen mir die Sachen aus, und ich kann doch unmöglich im gleichen Kostüm zum Halbfinale gehen, das ich schon bei der Blamage gegen Ungarn anhatte. Das bringt erstens Unglück, und zweitens: Was sollen da deine Kollegen denken?« Eigentlich hatte Ackermann gar nicht richtig zugehört, er hatte vielmehr versucht, sich in Herberger hineinzuversetzen, um zu erahnen, was diese Sphinx des deutschen Fußballs wohl im Schilde führte. Erst als Annette ihm abends in einer halbstündigen Modenschau die Beute ihres Streifzugs vorführte und er auf der Suche nach einem verloren gegangenen Notizzettel im Mülleimer eine Rechnung über 859 Franken für ein Kostüm fand, war ihm alles wieder eingefallen. Jetzt sitzt sie in einem sandfarbenen Zweiteiler mit goldenen Knöpfen neben ihm und winkt frenetisch mit dem Papierfähnchen aus dem Handschuhfach.

– Aber, Liebling, was haben die denn für Trikots an? Spielen wir jetzt Irland oder was?

Ackermann schaut hinunter auf den Platz. Die deutschen Spieler stecken nicht wie gewöhnlich in weißen Trikots und schwarzen Hosen, sondern tragen grüne Hemden, die eine weiße Schnur am Hals zusammenfasst.

– Ah, sicher haben sie gelost, weil die Österreicher auch immer in Schwarz-Weiß spielen. Wenn das mal kein schlechtes Zeichen ist!

Kopfschüttelnd will Ackermann sich gerade die Aufstellung in seinen Notizblock schreiben, als Ruhpoldts mächtige Pranke von hinten auf seine Schulter niedersaust.

– Keine Bange, Herr Kollege! Erinnern Sie sich doch nur an das zweite Türkenspiel: Da mussten wir auch in Grün antreten. Und? Haben wir da gewonnen oder nicht? Außerdem, erinnern Sie sich an die Weltmeisterschaft 1934!

Das würde Ackermann ja gerne, aber da ging er zur Grundschule. Wie war das noch, damals in Italien? Ruhpoldt gibt die Antwort lieber gleich selbst.

– Spiel um Platz drei in Neapel gegen Österreich: drei zwei gewonnen, durch zweimal Lehner und einmal Conen. Was soll da heute schief gehen?

– Das mag ja sein, Herr Ruhpoldt, aber kennen Sie auch das Gesetz der Serie?

Ernst blickt Ackermann den viel älteren Kollegen über den Rand seiner Brille hinweg an. Er hat sich nämlich auch gut vorbereitet auf dieses Spiel, sich extra aus dem Archiv in München noch ein paar Sachen heraussuchen lassen, die ihm dann Frau Bunse persönlich nach Spiez durchtelefonierte.

– Das Gesetz der Serie geht so: Das erste Spiel gegen Österreich nach dem Krieg haben wir gewonnen. Das zweite endete Unentschieden. Also muss das dritte, heute, verloren gehen, ist doch logisch, oder?

Ruhpoldt lächelt. Der junge Kollege lernt schnell. Bei der ersten Pressekonferenz hat Herberger ihn noch ganz dumm auflaufen lassen. Aber jetzt ist er so gut vorbereitet wie ein Nationalspieler.

– Ihr Gesetz in Ehren, Herr Kollege, aber gehen wir doch nicht so weit zurück, nehmen wir doch mal das Viertelfinale der Österreicher gegen die Schweiz. Na gut, sie haben's gewonnen. Aber fünf Treffer hat Schmied kassiert – das waren seine ersten Gegentore seit mehr als einem halben Jahr! Die sind verwundbar.

Dankbar sieht Annette Ruhpoldt an. Sie kann Pauls Pessimismus auch schon nicht mehr hören. Warum vermiest er sich eigentlich selbst die Spiele damit, dass er den Deutschen nie was zutraut? Sie weiß doch genau, wie sehr sein Herz für diese Mannschaft schlägt, wie begeistert er bislang bei jedem Tor für Deutschland aufgesprungen ist, dass sein ganzes Dozieren über die Neutralität des Reporters mit dem Anpfiff weggeblasen ist. Aber bis das Halbfinale beginnt, sind es jetzt noch fünf Minuten. Einmal kann Ackermann noch Wasser in den Wein gießen. Und tut es auch.

– Na gut, verwundbar mögen sie sein. Aber habt ihr gesehen, wer der Schiedsrichter ist? Orlandini! Na, hört ihr da was läuten?

Ruhpoldt beugt sich hinab zu seinem Vertreterkoffer. Für eine ganze Weile ist er nicht zu sehen, dann taucht er mit hochrotem Kopf und leeren Händen wieder auf. Annette hat ihren Mann in der Zwischenzeit mit jener Mischung aus Bewunderung und Verzweiflung betrachtet, die ihr Verhältnis zu ihm in fast jeder Lebenslage bestimmt. Sie liebt ihn dafür, dass er es dieser Reporterlegende hinter ihnen gezeigt hat, und sie verzweifelt daran, dass er sich bei seiner Begeisterung für die Mannschaft wieder selbst im Weg steht.

– Orlandini, Dezember 1952, Madrid. Wir führen zwei eins gegen Spanien, da pfeift er Elfmeter, weil Eckel den Ball mit der Hand gespielt haben soll. Aber, und das haben alle gesagt, Absicht war das keine. Was heißt, dass der Mann was gegen uns hat. Das Spiel hier können wir gar nicht gewinnen. Nicht gegen diesen Schiedsrichter.

– Aber ...

Bevor Ruhpoldt aus den Tiefen seines Koffers zurückschlagen kann, fordert der Stadionsprecher die Zuschauer auf, sich zu den Nationalhymnen zu erheben. Eine Gänsehaut nach der anderen läuft Annette Ackermann den Rücken hinunter, und das nicht, weil ihr neues Kostüm zu dünn wäre. Ergriffen von der Plötzlichkeit, mit der 50.000 Menschen auf einen Schlag still sein können, lässt sie den Blick durch das Stadion schweifen und mustert schließlich jeden deutschen Spieler so ausführlich, als könnte sie von der Tribüne herab in sein Inneres schauen und entdecken, ob er genug Siegeswillen in sich spürt. Doch was ist das? Fast die Hälfte der Spieler ist nicht rasiert! Na, wenn die mit der gleichen Disziplin das Spiel angehen, wird Paul am Ende noch Recht behalten und die Deutschen sind ohne Chance. Sie zieht an seiner Jacke und flüstert ihm ins Ohr.

– Sag mal, ist das üblich, dass man unrasiert wie ein Räuberhauptmann in so eine Partie geht? Oder ist das irgend so ein blödes Männerritual?

– Ein pfälzisches Männerritual, meine Liebe.

Ruhpoldt hat sich vorgebeugt. Der junge Kollege mag ja nett sein, aber dass er ihn mit dem Orlandini auf dem falschen Fuß erwischt hat, muss noch ausgebügelt werden. Sonst denkt die junge Dame noch, er, Ruhpoldt, sei ein alter Trottel, der bald nicht mehr über das Spiel auf dem Rasen berichten darf, sondern darunter bestattet wird. Da muss er vorher noch ein paar Kostproben seiner Kennerschaft geben.

– Ein Aberglaube der Spieler aus Kaiserslautern. Sie gehen immer unrasiert in die großen Spiele, und die unrasierten Spiele haben sie fast immer gewonnen.

Als die Hymnen gespielt sind, sammelt sich die deutsche Mannschaft noch einmal an ihrer Bank am Fuß der Pressetribüne. Obwohl die Menge im Stadion schon wieder zu brummen beginnt und auch die ersten Kuhglocken bereits geläutet werden, verstehen die Reporter fast jedes Wort, das unten gesprochen wird. Herberger blickt noch einmal ernst in die Runde, dann gibt er die Parole für das Spiel aus.

– Vergesst die Deckung nicht! Keiner weicht von seinem Mann, und wenn er Kaffee trinken geht!

Eine halbe Stunde später versteht niemand mehr irgendwo im Stadion sein eigenes Wort. Ein Schreien, Jubeln, Läuten, selbst auf der Pressetribüne liegen sich Menschen in den Armen. Soeben hat Hans Schäfer das 1:0 für Deutschland erzielt. Und so steht es auch noch, als Schiedsrichter Orlandini zur Pause pfeift.

– Und, du Verschwörungstheoretiker? Wie ist der Schiedsrichter so?

Annette hat sich bei Paul eingehakt, gemeinsam drängeln sie in einer endlos langen Schlange vor dem Stand mit Erfrischungsgetränken. Trotz des nasskalten Wetters sind sie ganz erhitzt, immer wieder sind beide aufgesprungen, haben gestöhnt bei gefährlichen Angriffen der Österreicher und geflucht, wenn die Deutschen wieder einmal am Tor vorbeigeschossen haben.

– Bis jetzt war er in Ordnung. Aber irgendwie werde ich das Gefühl nicht los, dass er in dem Match noch eine Rolle spielen wird.

Elf Minuten nach dem Anpfiff zur zweiten Halbzeit bekommt Paul Ackermann Recht. Notbremse im Strafraum, Signor Orlandini pfeift Elfmeter. Inzwischen steht es 2:1 – für Deutschland. Und nun? Der Mann in Schwarz zeigt auf den Punkt. Mit dem Innenrist wird der Ball Richtung Tor getreten, in die äußerste rechte Ecke – Tor! 3:1 für Deutschland, seelenruhig hat Fritz Walter den Elfmeter verwandelt. Paul und Annette Ackermann liegen sich in den Armen, Ruhpoldt ist aufgesprungen und hat mit seinem stattlichen Vorbau ein Gutteil seiner Notizen unter den Tisch gefegt. Als sich die Aufregung etwas gelegt hat, hört Annette eine sich fast überschlagende Stimme förmlich die Reihen hinaufspringen. Sie kommt aus der Reihe der Radioreporter weiter unten, ist mit diesem leichten, typisch wienerischen Ölfilm überzogen und trauert bereits um die österreichische Mannschaft.

– Oh, diese grünen Trikots der Deutschen! Sie brachten uns noch nie Glück! Alles hat die Nerven verloren, nur das kann ich sagen. Der Schäfer schießt aus 20 Meter Entfernung, der Ball geht zwei Meter neben unserem Tor ins Aus und der Zeman hält noch den Fuß hin, damit's ja ein Eckball wird. Hat man so was schon gesehen! Eckstoß für Deutschland. Ein geschenkter Eckball. Würde mich nicht wundern, würde mich nicht wundern, wenn jetzt das vierte Tor fallen würde. Wieder schießt der, der Fritz Walter schießt die Ecke mit dem rechten Fuß. Abgewehrt. Tor! Tor! Tor für Deutschland. Nochmal Walter, nochmal Walter. 4:1 für Deutschland. Ich bin sprachlos.

Erschöpft lässt der Mann tatsächlich den Kopf hängen, obwohl er doch als Radioreporter das Spiel ständig im Blick haben sollte. Aber als stünde er selbst auf dem Platz, lässt er die Schultern hängen; sein erschlaffter, gekrümmter Rücken ist für die deutschen Kollegen ein sichereres Zeichen für die österreichische Niederlage als der Spielstand an der Anzeigentafel.

– Das ist Heribert Meisel, die Stimme Österreichs, wenn du so willst.

Ackermann hat sich zu Annette gebeugt und ihr ins Ohr geflüstert, als könnte die Legende drei Reihen weiter vorne ihn belauschen und die Worte des jungen Kollegen despektierlich finden. Aber zum einen ist es im Stadion nun permanent so laut, dass man selbst den Nebenmann mitunter kaum versteht bei all den »Noch ein Tor, noch ein Tor« -Rufen der deutschen Schlachtenbummler. Zum anderen hat Meisel zum Spiel zurückgefunden, stolpernd wie seine Mannschaft, aber er stellt sich der Aufgabe, dem Geheimfavoriten dieses Turniers die Grabrede zu sprechen.

– Wenn man also jetzt so ungefähr eh ... die Mienen eh ... betrachtet, soweit man das aus dieser Distanz erkennen kann, dass unsere Spieler bereits resignieren. Es scheint ja fast so ... Also ich will ... Also ... Lass mer das, lass mer das. Also der Happel hat jetzt direkt einen Ball noch einmal den Deutschen vorgelegt, was ist denn los heute? Probst schießt und haut ins Gras, haut ins Gras. Ganz abgesehen davon hätte Körner zwei längst schießen müssen. Ganz abgesehen davon hätte Stojaspal längst schießen müssen. Aber Geschwindigkeit ist, wie uns die Deutschen heute vorzeigen, keine Hexerei, aber wir sind zu langsam. So, jetzt Stojaspal am Ball, will einsetzen den Probst, aber Probst ist ja bei Liebrich so was von aufgehoben. Also als wäre er ein Wickelkind und der Liebrich seine Mutter.

Annette muss laut lachen. Der Mann behält selbst in dieser vernichtenden Niederlage eine komische Würde, die den ganzen deutschen Reportern abgeht, ein Weltschmerz, der aber nie verhehlt, dass es nur um ein Spiel geht. Bei ihren Stippvisiten auf den Pressekonferenzen im Hotel Belvedere, aber auch auf den Pressetribünen bei den Spielen hat sie sich schon wundern müssen, wie bierernst Pauls Kollegen all die Rennerei hinter einem Ball her genommen haben. Auch Ruhpoldt, der dicke Pedant hinter ihr, den sie irgendwie ins Herz geschlossen hat, tut ja immer so, als wenn es nicht um ein Spiel, sondern um Schlachten zu einer neuen Weltordnung ginge. Wie er das zu Herberger gesagt hatte: »Wir und die Heimat haben kein Verständnis«! Als müsste alle Schmach seit Ende des Krieges beim Fußballspielen getilgt werden. Sie, Annette Ackermann, hatte sehr wohl Verständnis für Herberger. Hatte der nicht bislang alles richtig gemacht? Für die Ungarn-Schlappe hätten ihm manche Landsleute am liebsten die deutsche Staatsbürgerschaft aberkannt und ihn geteert und gefedert. Oder Schlimmeres. Paul hatte von Briefen erfahren, die deutsche Fußballanhänger nach Spiez an den Trainer geschickt hatten. »Wenn der Trainer einer Nationalmannschaft nicht weiß, was er in solchen Fällen dem Sportpublikum vorzusetzen hat, dann soll er sich besser einen Strick kaufen und sich am nächsten Baum aufhängen, aber möglichst so, dass man den Strick nachher noch verwerten kann«, hatte es in einem Schreiben geheißen. Oder: »Herberger! Sie gehören wegen Sabotage vor Gericht! Es wäre schön, wenn Sie aus den Vorkommnissen die Konsequenzen ziehen würden, die ein anständiger Mensch in solchen Fällen zieht, nämlich abzutreten!« Einen Brief hatte Paul sogar in einem Artikel teilweise zitiert: »Herberger muss weg! Fünfzig auf die nackten Fußsohlen und weg mit ihm aus Deutschland! Dieser Verräter gehört nicht länger zu uns!« Und jetzt? Jetzt führt der Verräter die Mannschaft um das Sicherheitsrisiko Posipal ins Endspiel. Vielleicht gerade darum, weil er sie gegen Ungarn hat untergehen lassen. Ein besonders gellender Pfiff des Schiedsrichters reißt sie aus ihren Gedanken.

– Ich hab's doch gewusst, Orlandini wird in der Partie noch eine Rolle spielen!

Annette folgt Pauls ausgestrecktem Zeigefinger und sieht im Strafraum der Österreicher, fast auf der Torlinie, Helmut Rahn lang auf dem Boden liegen, fast so wie vor ein paar Tagen, als sie ihn ziemlich betrunken auf die Treppe des Hotels gelegt hatten. Nur sieht man jetzt seine phänomenalen Oberschenkel besser als damals, als sie in einer Anzughose steckten. Diesmal ist er nüchtern und grinst, eine Wange auf dem Rasen, als habe er soeben den besten Witz der letzten vier Wochen gerissen, und das will was heißen, steht er doch schon jeden Morgen mit Blödsinn im Kopf auf.

– Schon wieder Elfmeter! Na, ob der Fritz da nochmal die Nerven behält?

Paul Ackermann rechnet wieder mit dem Schlimmsten. Seine Frau schüttelt den Kopf. Statt sich über die gute Gelegenheit zu freuen, uneinholbar in Führung zu gehen, pflegt er wieder den Selbsthass. Aber Gott sei Dank ist er so nur beim Fußball, wie überhaupt alle Männer nur beim Fußball derart beängstigende Persönlichkeitsveränderungen durchlaufen. Sie hat schon in München mit ihren Freundinnen darüber gesprochen, schließlich wollten die alles über ihre neue Flamme wissen, und deshalb musste sie auch davon erzählen, dass er selbst für ihre kurzen Röcke keinen Blick übrig hatte, wenn im Radio oder Fernsehen über Fußball berichtet wurde.

Das Geschrei, das mittlerweile das Stadion erfüllt, lässt keinen Zweifel daran, dass Fritz Walter entgegen den Prognosen des Sportreporters Ackermann das Tor getroffen hat. 5:1, und wenn Annette sich richtig erinnert, dauert ein Spiel neunzig Minuten, dieses hier ist also in neun Minuten zu Ende. Das heißt: Deutschland ist im Finale am Sonntag. Und das heißt auch, dass sie noch ein neues Kostüm braucht.

– Und? Wen kriegen wir im Endspiel?

Annette Ackermann liegt in einer Wolke aus Schaum, aus deren fernstem Ende ihr Fuß mit den rot lackierten Nägeln herausragt wie ein exotischer Fisch. Sofort, nachdem sie ins Hotel zurückgekehrt waren, hatte sie das Badewasser eingelassen. Nichts hatte sie auf der Rückfahrt mehr richtig aufwärmen können, die Erinnerung an das sechste deutsche Tor durch Ottmar Walter nicht, weil sie es eh nicht gesehen hatte, sondern schon da durch den Bauch des Stadions rannte auf der Suche nach etwas Heißem zu trinken. Aber überall gab es nur Bier und diese Schweizer Limonade Rivella, die ihren Schüttelfrost aber nur in eine höhere Frequenz transponiert hätte. Eins war da schon sicher: Zu dem neuen Kostüm fürs Endspiel musste auch noch eine neue Jacke kommen. Selbst Ackermanns Jackett, in das sie sich auf der Rückfahrt nach Spiez eingrub, brachte ihre Körpertemperatur nicht mehr zurück auf menschliches Maß; Annette schätzte sich auf 34 Grad. Vor lauter Zittern konnte sie ihrem Mann gar nicht zuhören, der die ganze Rückfahrt das Spiel noch einmal durchging und sich gar nicht darüber beruhigen konnte, wie

Fritz Walter nicht nur zwei Elfmeter sicher verwandelt, sondern auf dem Platz herumgebrüllt hatte. Sicher, auch ihr war aufgefallen, dass der deutsche Kapitän immer wieder die Mitspieler angeschrien hatte, »Gib ab!«, »Lauf dich frei!«, »Ab!« und lauter so Zeug. Aber sie dachte, das müsste immer so sein, dass der Anführer seine Untergebenen anbrüllt, das sollte beim Fußball doch nicht anders sein als bei der Jagd der menschenfressenden Pygmäen. Aber dann hatte ihr Paul zu erklären versucht, dass das bislang Fritz Walters Problem war. Stets habe er sich dagegen gewehrt, Kommandos über den Platz zu brüllen. Herberger sei schon ganz verzweifelt gewesen, und einer der Reporterkollegen hatte sogar berichtet, dass der Trainer immer wieder auf seinen Lieblingsspieler eingeredet habe: »Die hören doch alle auf Sie, Fritz. Lassen Sie doch um Himmels willen im Spiel mal Ihre Stimme ertönen!« Und jetzt hatte es endlich funktioniert. »So strahlend haben wir Fritz Walter noch nie gesehen« – das sollte der erste Satz von Pauls Artikel über dieses Spiel werden, wenn das Klappern ihrer Zähne Annettes Wahrnehmung nicht etwas getrübt hatte. Aber jetzt, zwei Stunden, ein Glas Badesalz und eine halbe Flasche Champagner später ist sie wieder voll bei der Sache. Die Tür zum Badezimmer geht auf, und zusammen mit Lale Andersens Gesang über die blaue Nacht am Hafen schiebt sich Paul Ackermann durch den Wasserdampf.

– Soso, meine Frau interessiert sich also dafür, wen wir im Endspiel kriegen. Wie war das noch neulich mit den 24 Leuten, die hinter einem Ball herrennen?

– Ach, neulich! Neulich war ich doch noch ein unwissendes Kind! Also?

Ackermann setzt sich auf den Rand der Badewanne und schöpft einen kleinen Schaumberg ab, pustet ihn in die Luft und betrachtet versonnen, wie er langsam zu Boden sinkt.

– Die Ungarn! Sie haben Uruguay geschlagen, aber erst in der Verlängerung, 4:2.

Annette macht ein Gesicht, als habe jemand den Stöpsel aus der Wanne gezogen und würde mit einem Gebläse den Schaum vernichten.

– Na, das ist ja eine schöne Bescherung. Schon wieder diese Torwüstlinge.

– Hoffen wir mal, dass wir diesmal nicht zweistellig verlieren!

– Was redest du denn da?! Wir verlieren doch nicht! Ich meine ... Nicht schon wieder! Das ... Das ... Das wäre einfach nicht gerecht.

Ackermann schnaubt so verächtlich, dass er fast das Gleichgewicht verliert und in die Wanne fällt. Jetzt hat er vier Wochen lang versucht, seine Frau in alle Geheimnisse seiner großen Leidenschaft einzuweihen, und nun das.

– Oha, das ist ja eine tolle Idee. Wir beantragen bei der FIFA einfach im Namen von Annette Ackermann und allen anderen Mühseligen und Beladenen dieser Welt einen gerechten Ausgang des Turniers.

So schnell schießt Annettes rechte Hand aus dem Schaumgebirge, dass Ackermann sie erst sieht, als sie ihn schon am Hemdkragen gepackt hat. Ein kurzer Ruck, und der talentierte Nachwuchssportreporter der großen Süddeutschen Zeitung liegt, bekleidet mit Hemd, Hose, Unterwäsche, Wollsocken und Schuhen, in der Badewanne. Als er prustend den Kopf über den Schaum bekommt, sieht er in den Augen seiner Frau jenes Blitzen, das er so gerne mag, das aber noch selten ein gutes Zeichen für ihn gewesen ist.

– Na gut, du Schlauberger. Ich sag dir jetzt was: Wir gewinnen. Wir gewinnen und machen Schaschlik aus den Ungarn.

– Du meinst Gulasch.

Da zieht ihn Annette am Hemdkragen unter Wasser, und als er nach langen Sekunden prustend wieder auftaucht, hört er ihre energische Stimme nur undeutlich.

– Verbesser mich nicht immer! Wenn ich Schaschlik sage, meine ich auch Schaschlik.

– Was willst du drauf wetten, Schatz?

Annette betrachtet den Mann, den sie noch immer am Kragen hat, und der sich gerade die nassen Haare aus dem Gesicht nach hinten wischt und trotz seiner jämmerlichen Lage so frech aus den nassen Klamotten guckt wie Rumpelstilzchen, das sich seiner Sache ja auch ziemlich sicher war.

– Wenn wir mal Kinder haben, darf ich die Namen aussuchen.

Ackermann ist verblüfft. Das ist ein ziemlich hoher Einsatz, vor allem, wenn man den ausgefallenen Geschmack der Wasserfrau vor ihm bedenkt. Eine ihrer Freundinnen aus dem Tennisclub hat ihren kurz vor der WM geborenen Sohn Attila genannt, nach dem Hunnenkönig, wenn ihn seine Erinnerung an den Deutschunterricht und das Nibelungenlied nicht trog. Blöder ging's wohl kaum, aber Annette hatte geschwärmt von dieser einzigartigen Kombination aus Geschmack und Mut, die ja so selten sei heute. Was also, wenn sie nun die Hoheit über den Kinderbetten im Hause Ackermann erobern sollte? Andererseits: gegen Ungarn gewinnen! Das ist doch ausgeschlossen. Puskás soll auch wieder fit sein zum Finale, hatte er eben im Radio noch gehört. Da kann nach menschlichem Ermessen eine deutsche Mannschaft nichts machen. Und schon gar nicht, wenn Annette daran glaubt. Die hat doch nun von Fußball überhaupt keine Ahnung.

– Also gut, wenn Deutschland gewinnt, darfst du bestimmen. Ansonsten habe ich freie Auswahl.

Feierlich reichen sich die beiden über dem Schaum die Hände. Dann tauchen sie gemeinsam unter.

Donnerstag, 1. Juli 1954, noch drei Tage bis zum Finale

– Nein, Annette, diesmal kannst du nicht mitkommen.

Energisch stopft Paul Ackermann ein Bündel Notizen in seine Aktentasche, fischt noch einen neuen Schreibblock von dem Stapel der ungebrauchten, den er vor gut drei Wochen auf dem Tisch des Hotelzimmers fein säuberlich angelegt hat und der inzwischen auf nur fünf Blöcke zusammengeschmolzen ist.

– Ach, komm, Paul! Bislang bin ich überall mit hingegangen. Und hat es dir geschadet? Nein. Im Gegenteil. Wenn wir uns nach den Spielen oder der Pressekonferenz unterhalten haben, hat es noch jedes Mal was für deine Artikel gebracht.

– Ach ja? Weil ich den Lesern dann genauso wie dir erklärt habe, dass eine Mannschaft aus elf Spielern besteht?

– Hör auf, über dieses Stadium bin ich doch lange weg, und das weißt du auch.

Annette spürt eine ungeahnte Hartnäckigkeit in Paul, der doch bislang in diesen Schweizer Wochen ihrem zartfühlenden Regiment so willig gefolgt ist. Doch jetzt scheint er entschlossen, sich ihr zu widersetzen. Warum bloß? Sie war doch schon mit auf einer Herberger-Pressekonferenz. Was ist so viel anders an einem direkten Interview mit dem Bundestrainer? Dennoch muss sie diesmal mehr einsetzen als nur ihre Überzeugungskraft. Es gilt, hart am Mann zu arbeiten, und so legt sie ihre Hände langsam auf Ackermanns Schultern und lässt sie nach vorne rutschen. Doch als habe er ihren Trick sofort durchschaut, springt er auf und klammert sich an seinen Bleistift wie Odysseus an den Mast, als die Sirenen zu singen begannen.

– Aber Annette, ein Gespräch mit Herberger ist was anderes. Das ist eine ... eine Ehre. Der Mann ist ein Besessener. Er wird es hassen, wenn du ihm amateurhafte Frauenfragen stellst.

– Ja, sicher freut er sich schon auf so profihafte Fragen wie neulich in der Pressekonferenz. War es nicht der so unendlich kenntnisreiche Kollege Paul Ackermann von der weltberühmten Süddeutschen Zeitung, der nicht mal Defensive und Offensive auseinander halten konnte?

Ackermann seufzt. Noch jetzt wird er allein bei dem Gedanken an sein Debakel so rot wie das Trikot der Ungarn. Es ist überhaupt ein Wunder, dass Herberger ihm danach noch ein Einzelgespräch gewährt hat. Aber Ahrens hatte angerufen und ihm die Hölle heiß gemacht. »Mensch, Ackermann, gute Arbeit bislang«, hatte er gesagt, »ich weiß schon, warum ich Sie dahingeschickt habe. Aber jetzt brauchen wir noch ein richtig dickes Ding, wenn wir es vor allem den Kollegen aus Frankfurt nochmal zeigen wollen. Und das wollen wir doch, oder, Ackermann?« Wortreich hatte Ackermann beteuert, dass er sein Möglichstes versuchen wolle – und doch hatte er keinen blassen Schimmer, wie man die routinierten Kollegen beeindrucken könnte. Bislang war sein Vorteil immer gewesen, dass seine Artikel nicht klangen wie Verlautbarungen des DFB, sondern etwas von der Dramatik des Spiels und dem wahnsinnigen Lauf der deutschen Mannschaft transportierten. Doch mit dem Erreichen des Finales hatten sich alle in einen Rausch geschrieben. Wahrscheinlich hatte Ahrens seine Unruhe hinter all den Worten erlauscht. »Lassen Sie mich mal machen«, hatte er jedenfalls gesagt und verabredet, dass sie zwei Stunden später noch einmal miteinander telefonieren sollten.

»Übermorgen um 14.30 Uhr gehen Sie ins Belvedere, setzen sich auf die Terrasse und bestellen ein Kännchen Kaffee«, hieß Ahrens Anweisung schließlich. Dann machte er eine Kunstpause, in der Ackermanns Körper genug Zeit hatte, sich zu einem einzigen Fragezeichen zu verbiegen. »Der Herr Herberger kommt dann dazu, und dann nehmen Sie ihn mal so richtig in die Mangel. Und lassen Sie sich bloß nicht mit diesen pseudophilosophischen Weisheiten abspeisen! Nach dem Spiel ist vor dem Spiel – pah! Die ganze Republik diskutiert jetzt darüber, was er damit wohl gemeint hat. Aber ich, Ackermann, ich will Fakten. Verstanden? Warum bringt er diesen Hallodri Rahn für den guten Klodt? Warum schreit Fritz Walter plötzlich auf dem Platz rum wie ein Verkäufer auf dem Fischmarkt? So Sachen will ich wissen.« Noch eine ganze Weile hatte sich Ahrens an sich selbst und dem Interview berauscht, das er führen würde, wenn er denn in der Schweiz und nicht bei seiner Frau in München wäre. So kam Ackermann gar nicht mehr dazu zu fragen, wie Ahrens denn Herbergers Zusage für ein Gespräch so schnell bekommen hatte, wo doch der Bundestrainer auf die Süddeutsche angeblich nicht gut zu sprechen war. Na, das ist jetzt sein geringstes Problem, viel wichtiger sind noch ein paar gute Fragen für Herberger und ein paar noch bessere Antworten für Annette, die partout mit ins Belvedere will.

– Annette, zum letzten Mal: Es geht nicht. Was soll ich Herberger denn sagen, wer du bist? Meine Bleistiftanspitzerin?

– Wie wär's mit der Wahrheit? Selbst die Frauen der Nationalspieler sind doch neulich hier gewesen. Warum sollen Sportreporter leben wie im Zölibat?

Es ist hoffnungslos. Aber wenn Ackermann es recht bedenkt, war Annettes Anwesenheit wirklich nicht so ganz verkehrt. Wie sie zum Beispiel den Blödsinn im Vorrundensystem mit ihren bohrenden Fragen gleich bloßgelegt hatte – das war nicht schlecht.

– Okay, du kannst mit. Aber du sitzt nur still dabei und lässt mich reden.

Zwei Stunden später sitzt Annette in einem zart rosafarbenen Sommerkleid von Chanel auf der Terrasse des Belvedere. Die Pumps, die sie dazu trägt, hat sie erst vor wenigen Minuten in dem Bally-Geschäft in der Spiezer Hauptstraße erstanden. Ackermann hätte vor Wut fast seine Aktentasche aufgegessen, so hatte ihn ihr Abstecher in den Schuhladen kurz vor seinem wichtigsten Termin bei dieser Weltmeisterschaft aus der Fassung gebracht. Jetzt sitzt er neben ihr und sortiert zum fünften Mal seine Utensilien neu, mal die beiden Bleistifte links vom Block, mal rechts, mal den Block in der Mitte. Als sich endlich die Terrassentür öffnet, springen beide auf wie Erstklässler beim Erscheinen des Schuldirektors.

– Bleiben Sie doch sitzen!

Herberger schlendert in seinem Trainingsanzug gelassen auf den Tisch der Ackermanns zu. Phänomenal, welche Ruhe der Mann drei Tage vor einem WM-Endspiel offenbar hat. Lächelnd mustert er das junge Paar.

– Angenehm, Herberger.

Mit ausgestreckter Hand geht er auf Annette zu, die verdutzt einschlägt und herabblickt auf einen Haarschopf, der so akkurat gekämmt ist, als würde jede Strähne mit dem Lineal vermessen. Unglaublich, Herberger, der Bundestrainer, verbeugt sich vor ihr!

– A ... A ... Ackermann, Annette. Freut mich, Herr Herberger. Und das ist mein Mann, Paul Ackermann, Süddeutsche Zeitung.

Herberger lächelt noch immer, als führe er im Endspiel bereits zwei zu null.

– Ich weiß, ich weiß. Ihr Chef hat nur Gutes über Sie erzählt, Ackermann. Hoffentlich schreiben Sie nicht auch so einen Blödsinn wie Ihr Kollege Schwerdtfeger damals nach dem Saarlandspiel. Sonst müsste ich sagen, wir hätten uns nie gesehen.

Pauls Konzept ist völlig über den Haufen geworfen. Seit Ahrens ihm von dem Termin erzählt hat, brütet er über der ersten Frage. Gleich aggressiv ran oder den Mann erst mal warm laufen lassen? Unterwürfig sein oder so tun, als befände man sich auf Augenhöhe? Aber der Mann ist jetzt schon ein Legende. Doch anbiedernd will man ja auch nicht sein, schließlich ...

– Herr Herberger, wir wollen uns noch einmal bedanken für die Möglichkeit zu diesem außerplanmäßigen Gespräch.

Annette Ackermann stößt entschlossen in die Lücke, die sich im Spielaufbau ihres Mannes auftut. Amüsiert hat sie seine Verzweiflung in den letzten Stunden beobachtet, aber jetzt muss sie ihm helfen. Vielleicht ist er ja nur ihretwegen so nervös, dann muss sie eben die Initiative ergreifen.

– Sind wir nicht auch etwas außerplanmäßig im Endspiel, gnädige Frau?

Statt zu antworten, verlegt Annette Ackermann das Gespräch auf die nonverbale Ebene unter dem Tisch. Ihre Pumps eignen sich nicht nur für den großen Auftritt, sondern auch für den simplen Tritt, den sie nun mit Schwung gegen das Schienbein ihres Mannes führt. Paul Ackermann versteht sofort. »Mach endlich, sonst wird das hier nie was und ich kann dich nicht mehr ernst nehmen!«, sagt ihm die Schuhspitze und der darauf folgende Schmerz, und endlich ist ihm alles so egal, dass er nicht mehr über seine Worte nachdenkt.

– Das ... Das hört sich so an, als ob Sie mit dem Einzug ins Finale gerechnet haben. Gibt es so etwas wie ein ... ein Geheimnis dieses deutschen Teams?

Herberger zieht eine Augenbraue hoch, wie er es immer tut, wenn er sein Gegenüber einzuschätzen versucht, sei es einen gegnerischen Spieler, einen aus der eigenen Mannschaft, oder einfach einen, der mit ihm über Fußball reden will. Gar nicht so dumm, der junge Mann, hat offenbar gleich gemerkt, dass elf gute Fußballer alleine nicht reichen, um ein Spiel zu gewinnen, geschweige denn eine Weltmeisterschaft.

– Nun, diese Mannschaft hat einen Kopf, einen Denker und Lenker: Fritz Walter. Ohne so eine Schlüsselfigur ist wirklicher Erfolg nicht denkbar. Wäre er früh verletzt worden, würden wir hier nicht sitzen.

Herbergers Blick schweift über die Geranien am Geländer der Belvedere-Terrasse hinüber auf den See und das majestätische Panorama der Berge am anderen Ufer. Eine Gruppe deutscher Schlachtenbummler schiebt sich in das Postkartenidyll. Einer erkennt den Bundestrainer und redet aufgeregt auf seine Begleiter ein. Schließlich winken alle in Richtung Terrasse, einige rufen Herberger etwas zu, das nach »Weiter so!« und »Mach' aus den Ungarn Gulasch, Seppl!« klingt. Annette und Paul schauen sich für einen Moment viel sagend an, dann nimmt Ackermann wieder den Bundestrainer in den Blick.

– Ist es nicht seltsam? Das sind doch die gleichen Leute, die Sie noch vor zwei Wochen offen angefeindet haben, weil Sie das erste Spiel gegen Ungarn von vornherein verloren gegeben haben.

Mit Mühe tut Ackermann so, als würde er nicht merken,

wie Annette in sein Bein kneift. Das war doch ihre Theorie, dass Herberger, der alte Fuchs, das Spiel weggeschenkt hatte, um den Gegner in Sicherheit zu wiegen für ein zweites Zusammentreffen. Ackermann hatte sie ausgelacht, aber jetzt, wo es so weit gekommen ist, bedient er sich einfach bei ihr.

– Da täuschen Sie sich, ich habe das Spiel nicht von vornherein verloren gegeben. Ich hatte durchaus eine Strategie, die zum Sieg führen sollte. Der Schlüssel sollte eine starke Hintermannschaft sein, deshalb hatte ich Eckel nominell als Halbrechten aufgeboten, in Wahrheit aber sollte er einen der gefährlichen Stürmer der Ungarn beschatten. Aber dann ist meine Strategie besonders kläglich gescheitert.

– Und warum haben Sie eigentlich nach dem grandiosen Sieg gegen die Türken im Viertelfinale doch wieder Rahn statt Klodt spielen lassen? Der hatte doch gut gespielt, und bei den Sperenzchen vom Boss rutscht doch ganz Fußballdeutschland und sicher auch Ihnen das Herz in die Hose.

Beim Wort »Sperenzchen« nimmt Herberger Ackermann so fest in den Blick, dass der rot wird wie ein Kinderpopo unter der Höhensonne. Meint der junge Mann nun Rahns mitunter geniale, mitunter lebensgefährliche Kapriolen auf dem Platz? Oder spielt er etwa an auf jene Nacht, in der der Boss mal wieder nicht den Weg ins Bett fand und von eben diesem Reporter und seiner netten Frau auf den rechten Pfad gebracht werden musste? Aber nein, so verwirrt, wie der jetzt aussieht, lagen ihm kleine Sticheleien gegen seine, Herbergers Autorität sicher fern. Aber dafür, dass sie den Boss heil zurückgebracht haben, ist er ihnen als Trainer noch was schuldig, also erzählt er ihnen die Geschichte, wieso Rahn spielt.

– Sie, Herr Ackermann, haben es leichter als ich. Ihr Spiel beginnt immer erst, wenn unseres vorbei ist. Aber da wir mit Rahn gewonnen haben, habe ich doch wohl alles richtig gemacht, oder? Ich war mir absolut nicht sicher, wen ich aufstellen sollte. Berni Klodt hatte bis dahin ausgezeichnet gespielt und harmonierte außerdem großartig mit Max Morlock. Hätte ich die beiden zusammengelassen, hätten wir mit einem flüssigen Kombinationsspiel rechnen können. Aber dann habe ich mich mit meinem Kapitän besprochen, gar nicht weit von hier, da unten.

Herberger weist hinunter auf die Promenade am Seeufer, wo die deutschen Fans sich mittlerweile am Steg mit den Tretbooten drängeln und doch immer wieder hinaufschauen zur Terrasse, wo der Mann sitzt, der dafür gesorgt hat, dass sie überhaupt hier sein können, um ihre Mannschaft anzufeuern.

– Ich bespreche mich immer wieder mit Fritz Walter. Weil er viel Erfahrung hat. Und weil er noch besser als ich weiß, was in der Mannschaft los ist. »Aber gegen Jugoslawien können wir nicht losstürmen wie gegen die Türken«, hat er mir bei unserem Spaziergang gesagt, »da müssen wir mehr auf die Defensive achten.« Und dafür ist Helmut Rahn einfach der bessere Mann. Ich hatte so ein komisches Gefühl, dass er die Entscheidung bringen könnte. Und so war es dann ja auch.

Ackermann kritzelt so schnell auf seinen Block, wie er kann. Letztlich hat also Fritz Walter seinen Zimmergenossen Rahn in die Mannschaft bugsiert! Das hat noch keiner der Kollegen geschrieben. Klar, der Fritz ist die graue Eminenz dieser Mannschaft, aber hier hat er noch einmal an Bedeutung gewonnen.

– Noch ein Wort zu Fritz Walter, Herr Herberger. Sie sagten, er sei der Kopf der Mannschaft. Das war er immer schon, aber so engagiert, so lautstark und entschieden haben wir ihn noch nie gesehen. Haben Sie ihm was in die Limonade getan?

Ackermann spannt alle Muskeln an, um gegebenenfalls direkt unter dem Tisch in Deckung zu gehen, wenn Herberger wegen der Flapsigkeit einen seiner gefürchteten Zornesausbrüche bekommen sollte. Aber der Trainer ist im Endspiel und mit sich völlig im Reinen, milde lächelt er über den vorwitzigen Reporter, der freilich etwas ganz Richtiges beobachtet hat.

– Lange Zeit schien es mir eine Kleinigkeit zu sein, ich wollte sie dem Fritz nicht sagen, um ihn nicht zu verunsichern. Aber vor einem Halbfinale, erst recht vor einem Finale kann man spielerisch und taktisch kaum noch etwas machen, allein die Einstellung ist noch variabel.

– Wollen Sie sagen, Fritz Walter hat nicht die richtige Einstellung?

– Nein, aber er muss zum Chef auf dem Platz werden. Das habe ich ihm gesagt, auch da unten, an der gleichen Stelle. Damit meinte ich nicht die Kapitänsbinde an seinem Arm. »Werden Sie innerlich zum Anführer«, habe ich ihm gesagt, »erheben Sie Ihre Stimme! Werden Sie laut!«

– Das ist er dann ja auch geworden. Der Schiedsrichter hat ihn deswegen gegen Jugoslawien sogar ermahnt!

– Ja, dabei liegt ihm das gar nicht, er ist ein stiller Typ. »Aber«, habe ich ihm gesagt, »die Männer warten nur darauf, Ihnen zu folgen. Bisher waren Sie der Kopf des Teams. Werden Sie nun auch sein Rückgrat!«

Annette Ackermann rutscht schon seit einer Weile unruhig auf ihrem Stuhl hin und her. Wer der oberste Schreihals in der Mannschaft ist, mag ja wichtig sein. Aber was wirklich zählt, ist doch das Finale. Schließlich geht es da um nichts Geringeres als die Namen ihrer Kinder! Was interessieren sie da Fritz und Berni oder Helmut? Jetzt ist es Zeit, wesentlich zu werden. Sie schiebt ihre Kaffeetasse in die Mitte des Tisches und schaut Herberger mit einem leicht lauernden Blick von unten an.

– Herr Herberger, glauben Sie nicht auch, dass wir gegen Ungarn eine reale Chance haben?

Herberger lächelt. Die junge Dame hat was, ein bisschen Ahnung und jede Menge Enthusiasmus. Der ist jetzt dringend nötig, das hat er seinen Spielern auch gesagt. Beim Lauftraining vorhin hatten sie schon so pessimistisch dahergeredet, »auf keinen Fall wieder acht Stück«, »mit einem 3:4 könnten wir leben« oder »das Höchste wär', nach Verlängerung zu verlieren«. Mit so einer Einstellung gewinnt man aber nicht mal ein Minigolfturnier. Zum Glück war Fritz Walter, der neue, laute Fritz, gleich dazwischengegangen. »Wollt ihr unbedingt verlieren?«, hatte er die anderen angefahren. »Nehmt euch ein Beispiel am Boss! Der redet nur noch davon, dem Grosics die Bude voll zu hauen. So muss es sein!« Da hatte er, Herberger, lächeln müssen. Besser hätte er es auch nicht sagen können, und viel anders wird seine Ansprache vor dem Spiel auch nicht klingen können. Aber, seien wir ehrlich, allein mit gutem Zureden sind die Ungarn nicht zu besiegen, und mit spielerischen Mitteln eigentlich auch nicht. Es muss noch etwas dazukommen, und das darf die junge Dame ruhig wissen, schließlich ist das, worauf es ankommt, ihrem wie seinem Zugriff entzogen. Herberger sieht Annette an, beschattet seine Augen mit einer Hand und deutet hinauf zum Himmel. Interessiert rückt sie ihre Sonnenbrille zurecht und folgt seinem ausgestreckten Zeigefinger hinauf zum wolkenlosen Blau.

– Sehen Sie dieses Wetter, gnädige Frau? Wenn es am Sonntag auch so ist, dann wird Ungarn Weltmeister. Dann werden wir sie nicht stoppen können, denn spielerisch sind wir ihnen klar unterlegen. Aber was, wenn es regnet?

Paul Ackermann ahnt, dass er es seiner Berufsehre schuldig ist, die letzte Frage zu stellen. Wie einer der Streber, die

er in der Schule immer verachtet hat, drängt er sich nun ins Gespräch zurück.
 – Sie meinen: Fritz-Walter-Wetter?
 – Genau. Dann wird der Boden schwer. Dann haben wir eine Chance.

Sonntag, 4. Juli 1954, Finale

 – Matthias! Wach auf!
Obwohl Richard Lubanski die Tür zum Zimmer seines Sohnes so laut geöffnet hat wie ein Feldwebel, der zur Spindkontrolle schreitet, rührt sich Matthias nicht. Lange hatte er noch wach gelegen, war im Kopf immer wieder die Mannschaftsaufstellung durchgegangen, hatte sich Spielzüge ausgedacht, an deren Ende immer der Boss am Ball war und ein Tor gegen Ungarn erzielte. Aber jedes Mal, wenn das Leder im Netz zappelte, war im Film hinter Matthias' Stirn die Stimme von Helmut Rahn zu hören: »Ohne dich kann ich die großen Spiele nicht gewinnen.« Wie sollte das also gehen mit einem Sieg im größten Spiel überhaupt, wenn er, Matthias, in Essen-Katernberg hockte, während der Boss im Wankdorf-Stadion auf den entscheidenden Pass wartete? Bei jedem imaginären Flankenwechsel hatte sich Matthias von der rechten auf die linke Seite seines Bettes gewälzt, bis er kurz vor Mitternacht endlich so erschöpft einschlief, als habe er ein Match inklusive Verlängerung bestreiten müssen. Und in diesem Erschöpfungsschlaf liegt er immer noch, als die Turmuhr von St. Marien in der Ferne viermal schlägt.
 – Na komm schon, aufwachen!
Jetzt erst merkt Matthias, dass da jemand an seiner Schulter rüttelt. Er blinzelt in das mattgelbe Licht der Lampenkugel und sieht zunächst nichts außer einem Hut. Was

macht Papas Sonntagshut mitten in der Nacht in seinem Zimmer? Matthias stützt sich, trunken von Schlaf, auf seine Ellbogen und kontrolliert erst mal, ob er sich auch tatsächlich in seinem eigenen Bett befindet. Ja, da hängen die Fotos von Helmut Rahn, der lachend und mit verschränkten Armen in Herrscherpose auf einen Fußball tritt, und daneben das Bild von Mama in dem blauen Sommerkleid mit den schnellballgroßen weißen Punkten auf einer Wiese am Kanal, die Arme um die angewinkelten Beine geschlungen. Also gut, er liegt in seinem Bett, es ist Nacht, aber was will Papa denn jetzt schon wieder? Auch Monate nach der Rückkehr dieses Mannes weiß Matthias noch immer nicht, woran er mit dem eigentlich ist.

- Was is denn los?
- Steh auf, wir machen einen kleinen Ausflug!
- Jetzt?

Obwohl immer noch so etwas wie eine Bettdecke auf seinem Verstand liegt, kommt Matthias sich sofort ziemlich blöd vor. Endlich passiert mal so was Außergewöhnliches wie ein nächtlicher Ausflug, und dann stellt er so eine dämliche Frage, die eigentlich nur seinem alten Herrn hätte einfallen können. Um nur ja den Eindruck von Unentschlossenheit sofort zu verwischen, katapultiert er sich so heftig aus der ersten Etage des Stockbetts, in der er auch seit Brunos Verschwinden immer noch schläft, dass er bei der Landung stolpert und seinem Vater fast vor die Füße fällt. Der hat schon Hemd und Hose seines Sohnes von der Stuhllehne genommen und hält sie ihm hin.

- Hier, nu beeil dich. Ich warte unten!

Hastig stochert Matthias mit dem Fuß im Hosenbein, fährt in das Hemd, ohne alle Knöpfe zu schließen, und in die Schuhe, ohne die Bänder zu knoten. Dann springt er die Treppe hinab, immer zwei Stufen auf einmal nehmend, guckt sich in der dunklen Küche um, kann seinen Vater nicht entdecken, läuft durch den nachtschwarzen Hausflur zur Eingangstür und sieht Richard unter der Laterne stehen. Neben ihm: ein Auto. Ein grauer Borgward 1500. Nun versteht Matthias überhaupt nichts mehr. Noch vor einer Woche hatten sie nicht genug Geld, um zu Mamas Geburtstag was Vernünftiges zum Essen zu kaufen, was seine beiden Hasen das Leben kostete, und jetzt hat Papa sich ein Auto zugelegt. Hat er etwa Lotto gespielt? Oder hat die blöde Behörde doch noch mehr Geld geschickt für die Jahre in Russland? Ist ja nicht mal ein ganz kleines Auto, ein Kombi mit viel Platz hinten, ein bisschen windschief sieht er bei näherer Betrachtung zwar aus, aber vier Räder, zwei Türen, ein Lenkrad – kein Zweifel, es handelt sich um ein Auto.

– Wo is der denn her?

– Hat mir der Pfarrer geliehen.

Richard Lubanski versucht, möglichst sachlich zu klingen, als er um den Wagen herumgeht und die Fahrertür öffnet. Aber so gut kennt ihn Matthias inzwischen auch, um den leisen Stolz in Papas Stimme zu hören. Oder ist da nicht auch ein bisschen Furcht dabei? Nachher hat er sich das Auto geborgt, ohne dass der Besitzer davon was weiß! Soll es ja geben. Aber dann noch vom Pfarrer! Immer noch steht Matthias in der Haustür und starrt das Auto an, als sei ein Goldklumpen vor ihrem Haus vom Himmel gefallen, und sein Vater mache sich unbefugter Weise daran zu schaffen. Richard stößt von innen die Beifahrertür auf.

– Nu komm schon! Oder soll ich etwa alleine fahren?

Nachdem er sich in den schon etwas zerschlissenen Sitz hat fallen lassen, betrachtet Matthias schweigend, wie sein Vater an einem langen Hebel neben sich rührt, offenbar auf der Suche nach dem Rückwärtsgang. Ein hässliches Knirschen kündet schließlich vom Erfolg der Suche, der Wagen

stößt ruckelnd zurück Richtung Hoftor der Lubanskis, dann schaltet Richard das Licht ein, macht sich wieder an dem Hebel zu schaffen und versucht, schwungvoll in das Abenteuer zu starten. Aber zunächst hoppelt das Auto nur vorwärts, und Matthias schaut seinen Vater an, als wolle der in einem Suppenteller zum Mond fliegen. Doch Richard starrt konzentriert auf die dunkle Straße, findet schließlich das richtige Verhältnis von Gas und Kupplung und fährt entschlossen los. Erst als sie auf der B 1 das gelbe Schild »Mülheim« passieren, ist sich Matthias sicher, dass Papa mit »Ausflug« nicht nur eine nächtliche Ehrenrunde um den Block gemeint hat, und macht zum ersten Mal seit der Abfahrt den Mund auf.
- Schönes Auto.
- Hmm.
- Wohin fahren wir eigentlich? Is noch weit?
- So zehn, zwölf Stunden, schätz ich.
- So lange?
- Ja, die Schweiz is nich gleich umme Ecke.
- Wie, Schweiz?
- Ja, Bern, das Endspiel.
- Waaas?

Jetzt ist sich Matthias endgültig sicher, dass es bei diesem Auto und diesem Ausflug und diesem Mann nicht mit rechten Dingen zugeht. Wieso Endspiel? Und warum will er dann gleich hinfahren? Und warum nimmt er ihn, Matthias, den er doch noch vor kurzem vom Bahnhof nach Hause geprügelt hat, jetzt mit? Diese und noch mehr Fragen zischen an Matthias vorbei wie die Bäume links und rechts der kaum befahrenen Straße. Im Rückspiegel kann er sehen, wie das Morgenrot den Himmel hinter den Schornsteinen mit flüssigem Kupfer übergießt. Er schaut seinen Vater von der Seite an und sieht: der lächelt.

– Hast du nicht selbst gesagt, dass der Boss die entscheidenden Spiele nur gewinnen kann, wenn du dabei bist? Und da dachte ich mir, da müssen wir zum Wohle des Vaterlandes wohl dahin fahren.

Als Matthias drei Stunden später die Augen wieder aufschlägt, kann er gerade noch das Schild mit der Aufschrift »Frankfurt« vorbeihuschen sehen. Er kann sich gar nicht erinnern, wann er wieder eingeschlafen ist, er weiß nur noch, dass er Papa noch davon erzählt hat, wie ein entscheidender Spielzug aussehen könnte. Papa hatte erstaunlich gut mitreden können dafür, dass er neulich erst behauptet hatte, nie Fußball gespielt zu haben. Aber vielleicht stimmte das ja gar nicht.
– Mama hat gesagt, du wärst früher gar nicht schlecht gewesen.
– Wie, schlecht?
– Na ja, beim Fußball. Torjäger wärst du gewesen, hat sie behauptet.
Richard tut so, als müsse er sich auf den Verkehr konzentrieren, obwohl die Straße vor ihnen fast leer ist. Eine Weile schweigen sie gemeinsam durch die Windschutzscheibe Richtung Süden.
– 'N paar Mal hab' ich auch getroffen, das stimmt. War aber wohl eher Zufall. Ich war so 'ne Art Läufer.
– Und warum hast du aufgehört?
– Weil der Krieg kam. Als wir eingezogen wurden, haben wir abends in der Kaserne noch ein-, zweimal gespielt. Das war's dann.
– Und jetzt? Warum spielst du jetzt nicht mal, meinetwegen mit uns?
Ja, warum? Soll Richard von dem Tag erzählen, von dem ab er beim Anblick eines Fußballs jahrelang kotzen musste?

Gleich nach seinem letzten Heimaturlaub war das gewesen, irgendwo in Russland, ein paar Kilometer hinter der Front. Er fuhr mit zwei Kameraden in einem offenen Wagen ziemlich an der Spitze einer Kolonne, vor sich nur einen Schützenpanzer mit MG auf einer Lafette. Alle waren ziemlich nervös, weil es an den Tagen zuvor einige Partisanenangriffe gegeben hatte, völlig unerwartet waren sie aus einem kleinen Birkenwäldchen hervorgebrochen, hatten Handgranaten in die Fahrzeuge der Deutschen geworfen und waren sofort wieder verschwunden. Sieben Kameraden hatten sie schwer erwischt, nur zwei überlebten. Seitdem waren alle ganz überdreht, vor allem, wenn es durch unübersichtliches Gelände ging, Wälder, enge Dörfer. Und dann war plötzlich aus einer kleinen Seitengasse, zwischen zwei klapprigen Holzhäusern, ein Ball auf die Hauptstraße gerollt, auf der sie unterwegs waren. Ein Ball war es nicht wirklich, eher ein dunkler Klumpen aus Lumpen und Stroh, genauso ein Ding, mit dem Matthias und seine Freunde auch gespielt hatten, bis er ihnen den richtigen Lederball geschenkt hatte. Dem Ball folgte ein ziemlich aufgeregtes Geheul, jedenfalls behaupteten das hinterher alle beteiligten Soldaten, wohl um sich selbst zu erklären, warum ihnen plötzlich die Nerven durchgingen. Drei Gestalten flitzten schreiend aus der Gasse, auf der Jagd nach dem Ball wohl, aber auf die Idee kam in dem Moment niemand. »Achtung!«, schrie der Kamerad am MG, »die haben 'ne Bombe oder so was!« Dann eröffnete er auch schon das Feuer auf die Jungs, die beim Anblick der Kolonne wie angewurzelt stehen geblieben waren. Sekunden später lagen sie seltsam verrenkt im Dreck der Straße, ihre ohnehin zerlumpte Kleidung noch weiter zerfetzt von den Geschossen. Als die Kolonne zum Halten kam, lag der Ball genau vor dem Panzer an der Spitze, das Blut eines der Jungen hatte die Fetzen noch

dunkler gefärbt. Nur einen flüchtigen Blick hatte Richard auf die Szene geworfen, aber das Bild wurde er über Jahre nicht mehr los. Er hatte sich mit der Stirn gegen eine Hauswand gelehnt und musste sich übergeben, und immer, wenn er danach irgendwo einen Ball und Kinder sah, schnürte es ihm den Hals zu. Erst in den schlimmsten Tagen der Kriegsgefangenschaft wurde es besser, weil er zu schwach war, sich zu ekeln. Oder sich zu erinnern.
 – Ach, ich glaub, ich bin zu alt zum Fußballspielen. Und wie sieht das aus, wenn mein eigener Sohn mir den Ball wegnimmt?
 – Meinst du, das könnte ich?
 – Warum nicht? Ich hab' neulich nochmal zugeschaut bei euch. Seit du nicht mehr bloß den Rahn nachmachst, kommt man an dir nicht mehr so leicht vorbei. Und so 'n alter Knacker wie ich erst recht nicht.

Es ist kurz nach zwölf, als Richard Lubanski den Borgwart auf einen Parkplatz steuert. Fast sieben Stunden sind sie nun schon unterwegs, die Brote, die Christa geschmiert und ihrem Mann mitgegeben hatte, nachdem er ihr von seinem Plan erzählt hatte, sind lange aufgegessen, und auch die Thermoskanne mit Tee ist leer.
 – Komm, wir vertreten uns mal die Beine und essen was.
 – Wo sind wir denn hier eigentlich, Papa?
 – Ach, irgendwo in der Nähe von Karlsruhe.
 – Ah, Karlsruhe! Da spielt doch der Kurt Sommerlatt.
 – Was du alles weißt! Da müssen wir ja aufpassen, dass dir die Sonne nicht das Gehirn wegbrennt!
Richard Lubanski blinzelt in den knallblauen Himmel, der sich seit Stunden makellos über das nach Süden vorstoßende Auto des Pfarrers wölbt. Eine Zeit lang hatte Richard versucht, mit offenem Fenster zu fahren, aber das

war zu laut. Also kurbelte er es wieder hoch und schwitzte lieber. Auch Matthias schaut verkniffen zum Himmel hinauf.

– Wenn es nicht bald anfängt zu regnen, Papa, können wir gleich wieder zurückfahren.

– Wieso denn das, um Himmels willen? Bist du aus Zucker, dat du keine anderthalb Stunden im Regen stehen kannst?

– Nee, aber wenn es so schön bleibt, haben die Deutschen keine Chance gegen die Ungarn.

– Woher willze dat denn wissen?

– Hat mir der Boss erzählt. Deutschland spielt immer am besten, wenn es regnet.

– Na, dann wird es aber Zeit für ein Stoßgebet, würd' ich sagen.

Sie setzen sich unter einen der rot-weiß karierten Sonnenschirme vor dem kleinen Restaurant, das direkt am Parkplatz liegt. Richard bestellt Würstchen mit Kartoffelsalat für beide, und gerade, als er zur Feier des Tages auch noch eine Kugel Eis für jeden ordern will, wird es plötzlich dunkel. Erstaunt blicken Vater und Sohn hinauf in den rot-weißen Himmel über ihnen, können aber durch den Sonnenschirm hindurch die Wolke nicht sehen, die die Sonne so plötzlich verdunkelt hat, als habe jemand das Licht ausgemacht.

– Hör mal!

Matthias hat sich hochgereckt und legt eine Hand ans Ohr wie ein Förster auf der Pirsch. Flop. Und dann nichts mehr.

– Da hat bestimmt 'n Vogel auf den Sonnenschirm gemacht. Sei froh, dass er nicht deine Wurst erwischt hat, Mattes.

– Dass muss dann aber schon ein ganzer Vogelschwarm sein. Hör mal!

Flop. Flop. Flopflopflopflop. Die beiden schauen sich an. Es regnet.

Und das tut es immer noch, als die Hügel hinter Liestal langsam höher werden, ja bald schon Berge genannt werden können. »Viel Erfolg denn auch!«, hatten die Zöllner in Basel ihnen noch ins Auto gerufen, nachdem sie die Pässe nur flüchtig, die Gesichter der beiden Fußballfans aber umso aufmerksamer angesehen hatten. Was mussten das für Leute sein, die von Essen bis nach Bern fuhren, nur um ein Fußballspiel zu sehen? Das fragt sich Richard Lubanski mittlerweile auch schon mal. Immer öfter muss er jetzt in die Straßenkarte schauen, die er an der Tankstelle kurz hinter dem Zoll zur Sicherheit noch gekauft hat. Hölstein, Niederdorf, Waldenburg, wenn das mal alles richtig ist.

– Papa, was meinst du, was jetzt zu Hause los ist?

Richard Lubanski wirft einen Blick auf seine Armbanduhr. Gleich halb drei.

– Die machen jetzt grade die Kneipe auf. Mama wollte um zwei Uhr anfangen, hat sie mir gestern noch gesagt. Das Spiel wird zwar erst ab fünf übertragen, aber sie glaubt, dass die Leute alle schon früher kommen. Is ja Sonntag.

– Und wer, glaubst du, kassiert den Eintritt, wenn ich nicht da bin?

– Och, das wird wohl Ingrid machen. Mama will richtig zuschlagen: Eine Mark soll es kosten!

– Meinst du, dass so Leute wie der alte Tiburski so viel bezahlen werden?

– Na, Weltmeisterschaft is ja nur alle vier Jahre, und wer weiß, ob wir je wieder ins Endspiel kommen. Außerdem wird sich der Tiburski die Gelegenheit zum Rummaulen nicht entgehen lassen. »Wir haben den Krieg verloren, wir werden auch dieses Spiel verlieren« – so was in der Art wird er sagen.

Plötzlich knallt es und der Wagen beginnt zu bocken. Erschrocken nimmt Richard den Fuß vom Gaspedal und schaut besorgt auf das Armaturenbrett und dann nach rechts aus dem Fenster. »Teufelsschlucht 3 km« steht auf dem oberen von zwei Schildern, darunter »Bern 66 km«. Der Wagen ruckelt, dann nimmt er wieder Fahrt auf, ohne jedoch noch einmal das Tempo zu erreichen, das sie von Essen bis hierher gebracht hat.

– Irgendwas stimmt mit der Karre nicht. Ich fürchte, die läuft nur noch auf drei Pötten oder so.

Richard steuert den Wagen an den Rand der schmalen Straße und steigt aus. Nach einigem Tasten findet er den Hebel, mit dem die Motorhaube entriegelt wird. Er beugt sich über die Innereien des Wagens und starrt in das Gewirr aus Kabeln, Schläuchen, Filtern. Er hat keine Ahnung, was die einzelnen Teile bedeuten, aber irgendwie muss er Matthias ja beruhigen. Der schaut so verzweifelt, als hätte sich der über 1000 Meter hohe Rehhag, den sie soeben passiert haben, in Bewegung und vor ihnen auf die Straße gesetzt und er, Matthias Lubanski, müsse mit einem Teelöffel einen Tunnel hindurchgraben, um noch rechtzeitig zum Endspiel zu kommen. Richard rüttelt einmal an den schwarzen Kappen, von denen er vermutet, dass sich darunter die Zündkerzen befinden. Dann knallt er schwungvoll die Motorhaube zu und reibt sich übertrieben selbstsicher die Hände.

– So, das hätten wir. Komm, Mattes, weiter geht's.

Skeptisch blickend schwingt sich Matthias wieder auf den Beifahrersitz. Der Wagen springt zwar an, schneller ist er nach dem Eingriff aber nicht geworden. Zum Glück geht es nach Balsthal nun erst mal hinab, aber die Zeit rast, während der Wagen Richtung Niederbipp und Oberbipp kriecht.

– Wie viel Uhr?
– Gleich fünf.

Während Matthias noch verzweifelt stöhnt und den Kopf nach hinten fallen lässt, greift Richard hinter den Sitz und zieht das kleine Transistorradio hervor, das Bruno vor ein paar Tagen seinem eingesperrten Bruder besorgt hatte. Wieder mal endlos erstaunt über die ungeahnten Qualitäten seines Vaters schaut Matthias ihn dankbar an, doch Richards Blick pendelt hektisch zwischen der Straße und dem Radio, an dessen Sendersuchlauf er verzweifelt dreht. Zunächst erfüllt nur ein Rauschen das Wageninnere. Doch dann schält sich aus dem Lärm langsam, schemenhaft eine Stimme heraus.

– ... im Endspiel der Fußballweltmeisterschaft, das ist ein einmaliger Tag in der deutschen Fußballgeschichte. Seien wir nicht so vermessen zu glauben, dass er erfolgreich enden müsste ...

Triumphierend blickt Richard seinen Sohn an. Der hat zwar immer noch den Kopf auf der Sitzlehne, schaut aber schon etwas weniger verzweifelt als vor dem Auftauchen der Stimme von Herbert Zimmermann, die ihm noch vertraut ist von der Übertragung der Partie gegen Jugoslawien.

– Das Spiel wird gleich beginnen, darum keine lange Einleitung, sondern nur die Mannschaftsaufstellung. Die Ungarn im roten Trikot mit Grosics im Tor, Buzánsky und Lantos in der Verteidigung, Bozsik, Lóránt und Zakariás im Lauf ...

Flumenthal, Rüttenen, Solothurn heißt die Aufstellung der Städte entlang ihrer Route, die Matthias nach und nach zusammenbuchstabiert. Noch etwas mehr als vierzig Kilometer bis nach Bern, und wenn es in dem Tempo weitergeht, werden sie dafür mehr als eine Stunde brauchen. Tanken müssen sie auch nochmal. Und jetzt verschwindet auch die

Stimme aus dem Radio wieder in einem großen Rauschen. Verzweifelt blickt Matthias aus dem Autofenster hinauf zum Weißenstein, 1284 Meter, wie ihm die Autokarte verrät, und daneben der Hasenmatt, 1445 Meter Fels und Wald, die sich zwischen Herbert Zimmermann und den Borgwart aus Essen schieben. Minutenlang gibt es keinen Empfang, immer wieder schraubt Richard Lubanski am Sendersuchlauf, während sein Sohn im Beifahrersitz immer tiefer rutscht. Plötzlich lichtet sich das Rauschen wieder.

– ... wir befürchtet haben, ist eingetreten. Der Blitzstart der Ungarn hat ihnen die Führung eingebracht. Ungarn schießt nach sechs Spielminuten durch Puskás, den Spielführer, das 1:0.

– So eine Scheiße!

– Na, Mattes, das sagt man aber nicht.

– Aber wenn es doch stimmt! Nach sechs Minuten schon eins null hinten, das ist ja wie beim acht zu drei. Aber ich hab's mir gleich gedacht, weil es doch auch der gleiche Schiedsrichter ist wie da.

– Jetzt redest du ja fast schon so ein Zeug wie der alte Tiburski! Aber das Spiel hat doch grad erst angefangen, noch ist nix verloren.

Gerade will Richard seinem Sohn aufmunternd auf die Schulter klopfen, als erneut ein Torschrei aus dem Radio gellt. War das jetzt vielleicht der verspätete Jubel für das erste Tor? Der Empfang wird wieder undeutlich, nur Fetzen dringen noch zu den Lubanskis, »Kohlmeyer wollte ... Turek ... schon mit einer Hand am Ball, aber ... Czibor ins leere Tor 2:0 nach nur acht Minuten«. Matthias lässt den Kopf hängen. Jetzt können sie auch gleich rumdrehen und nach Hause fahren. Wenn sie überhaupt noch rechtzeitig zum Stadion kommen – soll er reingehen und sich das zwölfte Tor der Ungarn anschauen? Dann lieber irgendwo hier in den Bergen sich in einer Murmeltierhöhle verkriechen. Wie konnte das passieren? Turek hatte doch sonst immer alles gehalten. Und der Boss? Warum wird im Radio nichts von seinen Gegenangriffen erzählt? Oder hat es etwa keine gegeben? Warum nicht? Es regnet doch, da muss doch was gehen. Eine Hand wuschelt durch Matthias' Haare und reißt ihn aus seinen Gedanken.

– Na komm, Mattes. Es ist immer noch nix verloren. Sind noch 82 Minuten! Und weißt du was? In der Gefangenschaft, da hab' ich einen Trick gelernt. Mit deiner Vorstellung, da kannst du alles machen. Wir haben uns vorgestellt, wie es wäre, sich satt zu essen. Und wenn der Hunger nicht zu groß war, dann ging das auch wunderbar.

Matthias sieht seinen Vater zweifelnd an. Wie soll das gehen – satt werden vom Denken? Wenn er auf dem Nachhauseweg von der Schule schon ans Mittagessen denkt, wird der Hunger nur größer, nicht kleiner. Und Schnitzel brät man nicht im Kopf, sondern in der Pfanne. Manchmal erzählt Papa schon komische Sachen.

– Du musst nur die Augen schließen. Dann kannst du überallhin. Auch nach Bern! Das ist dann so, als wenn du selber da wärst.

Richard nimmt die Hand seines Sohnes und drückt sie fest. »Küttigkofen« steht auf dem Ortseingangsschild, an dem sie vorbeischleichen.

– Na komm, versuch es wenigstens mal.

Widerwillig schließt Matthias die Augen. Aus dem Radio dringt immer noch der Jubel im Stadion, der erst nach und nach abebbt. Während Zimmermann beschreibt, wie Fritz Walter offenbar versucht, seine Mitspieler aufzurichten, mischen sich plötzlich laute Rufe in das dumpfe Brummeln des Stadionlärms: »Deutschland vor! Deutschland vor!« Matthias öffnet vorsichtig ein Auge und schaut hinüber zu seinem Vater. Doch der hat im Moment nur Blicke für die Straße, auf der eine lange Reihe Kühe ihre Hintern schaukelnd spazieren trägt. Überholen ist unmöglich, und wieder ist Bern ein Stückchen weiter weggerückt. Schnell schließt Matthias wieder das Auge. Er stellt sich vor, wie ein Ungar versucht, den gefährlichen Hidegkuti anzuspielen. Der wuchtige Mittelstürmer der Ungarn sei eigentlich der wichtigste Mann, das Herz ihres Spiels, hatte er in der Zeitung gelesen. Das mag in Wirklichkeit so sein, doch in Matthias' Kopf erreicht das Zuspiel Hidegkuti nicht. Eckel fängt den Ball ab und spielt ihn zu Fritz Walter, der passt sofort zu Rahn, der vor sich viel Platz hat und mit den riesigen, kraftvollen Schritten, die Matthias so gut kennt, auf das Tor der Ungarn zustürmt. Er schießt, doch als traute Matthias der Kraft seiner Gedanken noch nicht ganz, lässt er den Ball in seinem Kopf von einem ungarischen Spieler abprallen und durch den Strafraum trudeln.

– Tor! Tooor!

Richard packt seinen Sohn fest am Arm. Erschrocken öffnet Matthias die Augen. Kein Zweifel, vor ihm steht das Radio auf der Ablage, und aus dem Lautsprecher kommt Jubel, durch den sich die Stimme Zimmermanns einen Weg bahnt.

– Es steht nur noch 2:1! Der Schuss von Rahn aus halblinker Position wurde abgefälscht von einem Abwehrspieler der Ungarn. Im Spagatschritt warf sich Maxl Morlock in die Schussbahn ...

Blitzschnell schließt Matthias wieder die Augen. Jetzt weiß er, warum Papa im Lager nicht verhungert ist: Weil man im Kopf eben doch Schnitzel braten kann. Und Tore schießen auch. Bevor er sich wieder vollständig in sein Spiel versenken kann, dringt noch einmal die Stimme aus dem Radio zu ihm durch und spricht von einer Ecke für Deutsch-

land, die Fritz Walter treten wird. Schon sieht Matthias den Ball deutlich vor sich durch die Luft segeln. Der ungarische Torwart, wie heißt er nochmal, Grositsch oder so, springt nach dem Ball, aber auch Schäfer, Hans Schäfer, so wie er es immer macht. Doch beide segeln unter dem raffiniert getretenen Ball hindurch, er senkt sich hinter ihnen zu Boden, wo Matthias aber bereits in Gedanken einen deutschen Spieler postiert hat, und das kann nur einer sein, Rahn, einschussbereit ...
 – Jaaaa!
Das kann doch gar nicht sein. Wer hat da so gebrüllt? War er das, Matthias Lubanski, in seinem Kopf? Oder sogar in echt? Hat er irgendwo in der Schweiz plötzlich geschrien? Nein, es klang nach Papas Stimme, der echten, neben ihm. Vorsichtig öffnet Matthias sein linkes Auge und blinzelt hinüber. Richard hat die rechte Hand zu einer Faust geballt und schüttelt sie, als hielte er seinen Untertage-Presslufthammer in der Hand. Aus dem Radio dringen wieder einmal nur Satzfetzen, »18. Minute«, »Ausgleich«, »Rahn«. »Fraubrunnen« steht auf dem Schild, das sie passieren, und für die nächsten 25 Minuten hält Matthias die Augen eisern geschlossen.
 – Komm, Mattes, aufwachen, Halbzeit, wir vertreten uns nochmal die Beine.
 – Aber ich schlaf' doch gar nicht. Ich werde gerade Weltmeister, allein mit der Vorstellung, wie du gesagt hast.
Mühsam schälen sich beide aus den Autositzen, schütteln die Beine aus und gehen langsam ein Stück von der Straße den Hang hinunter. Schweigend stellen sie sich nebeneinander auf und pinkeln. Der Regen tropft unablässig ein vergängliches Muster in den Moossee, der sich vor ihnen nach Westen streckt. Richard blickt seinen Sohn von der Seite an.
 – Ganz schön aufregend, was?

– Kann man wohl sagen.
– Ich ... ich wollte mich nochmal entschuldigen. Wegen ... der Karnickel.
Matthias hebt den Kopf. Das hätte er heute Morgen, als ihn sein Vater aus dem Schlaf riss, nun wirklich nicht gedacht, dass er das noch am selben Tag erleben würde: dass sich sein Vater bei ihm entschuldigt. Seit er zurück ist, hat er immer so getan, als müsse sich alles und jeder, die ganze Welt bei ihm entschuldigen. Und jetzt das.
– Is schon gut.
– Ich hab' nicht gewusst, wie viel sie dir bedeuten, und ich wollte, dass zu Mutters Geburtstag endlich mal ein Braten auf dem Tisch steht.
Was soll Matthias dazu sagen? Dass man Mama hätte auch was anderes schenken können, ein Halstuch wie für Ingrid zum Beispiel oder 'ne schöne Torte? Aber bevor Matthias weiter grübelt über das vermeidbare Schicksal von Atze und Blacky, tönt aus der offenen Autotür hinter ihnen die Stimme, die sie seit gut einer Stunde in ihrem Bann hält.
– Zweite Halbzeit im Wankdorf-Stadion in Bern! Es steht 2:2. Nach einem Rückstand von 0:2 haben wir ausgeglichen. Gegen Ungarn, die großartigste Technikerelf, die man kennt. Seit vier Jahren sind sie ungeschlagen, außer Lóránt, Bozsik, Kocsis und Puskás stehen in dieser Mannschaft nur Spieler, die gar nicht wissen, wie es ist, mit der Nationalelf zu verlieren.
Wenige Minuten später sehen die beiden Essener endlich die Silhouette von Bern vor sich. Richard hält das Lenkrad nun mit beiden Händen so fest umklammert, dass sich seine Knöchel weiß färben. Matthias hat sich, um seinen Fingern alles nervöse Herumzucken, das seine Konzentration auf das Spiel stören könnte, unmöglich zu machen, gleich auf die Hände gesetzt. So schleichen sie durch die Berner Vor-

orte, immer nach Schildern spähend mit der Aufschrift »Stadion«.

– Da, das muss es sein!

Aufgeregt gibt Matthias eine seiner Hände frei und zeigt durch die Windschutzscheibe auf einen viereckigen Turm, der sich ein paar hundert Meter vor ihnen über die Häuser reckt. So hat auch der Turm ausgesehen, den man im Fernsehen beim Bericht über das Spiel Ungarn gegen Brasilien erkennen konnte.

– Jupp Posipal, über und über mit Dreck beschmiert, hat den Ball eingeworfen. Aber die Ungarn stürmen wieder vor. Flachpass von Kocsis zu Hidegkuti ... Und Liebrich ... Liebrich! Nimm ihn! Nein, er überlässt den Ball Turek und Turek schlägt ihn souverän aus dem Strafraum heraus.

Nur drei, vier gewaltige Abschläge weit sind Richard und Matthias von diesem Strafraum entfernt, doch es geht nur noch im Schritttempo voran. Nicht, weil der Borgwart noch zwei weitere Zylinder aufgegeben hätte, sondern weil immer mehr am Straßenrand geparkte Autos und Busse das Fortkommen beinahe unmöglich machen. Am Ende der Straße sieht Richard zudem einen Polizisten breitbeinig auf der Kreuzung stehen – spätestens dort wird ihre Fahrt wohl endgültig zu Ende sein.

– Näher kommen wir nicht ran, Mattes. Wir treffen uns hier wieder – lauf!

– Du musst mitkommen, Papa!

– Du bist viel schneller ohne mich. Also beeil dich. Ohne dich können sie nicht gewinnen!

Richard beugt sich über seinen Sohn und öffnet die Beifahrertür. Dann packt er den Jungen an der Schulter und schiebt ihn aus dem Wagen. Unschlüssig sieht Matthias ihn noch einmal an, dann dreht er sich um und rennt los, so schnell, dass Richard ihn schon bald durch die regenverschleierte Windschutzscheibe nicht mehr erkennen kann.

Wie ein großes Tier in unruhigem Schlaf liegt das Stadion da. Ständig wechselndes Rumoren dringt aus seinen Innereien, vereinzelte spitze Schreie, aber auch immer wieder ein gleichzeitiges Aufstöhnen aus vielen tausend Kehlen. Auch in Matthias' Bauch herrscht gewaltige Aufregung, längst sind seine Hände nass geschwitzt, und ab und an muss er im Laufen innehalten, um den Druck in seiner Kehle hinunterzuschlucken. Er schnürt am Zaun des Stadions entlang, doch obwohl kaum mehr als zehn Minuten noch zu spielen sind, steht an jedem Eingang ein Ordner und beäugt argwöhnisch den rothaarigen Jungen, der irgendetwas zu suchen scheint. Matthias ahnt, dass es aussichtslos ist, durch einen der offiziellen Eingänge ins Stadion zu kommen. Fast hat er die Hoffnung schon aufgegeben und will sich, trotz all der Pfützen ringsum, einfach nur auf den Boden setzen, als er die Gebäude rings um den Haupteingang des Stadions erreicht. Da, unter diesem Fenster, ist das nicht so ein Gitterrost, unter dem sich immer die Kellerfenster verbergen? Und vielleicht steht davon ja eins offen. Sich immer wieder umsehend, läuft Matthias zum Rost und späht hinab. Tatsächlich, das Fenster unter seinen Füßen steht sperrangelweit offen. Wenn jetzt noch der Rost ... Mit beiden Händen zieht er an dem Gitter, das mit einem Ruck nachgibt. Ein letztes Mal schaut er sich um, schwingt sich in das Kellerloch, zwängt sich durch das Fenster und springt hinab. Kahl ist der lange Gang in den Katakomben des Stadions, die Farbe blättert schon von den Wänden. Nichts spürt Matthias von der feierlichen Stimmung, die hier noch vor knapp anderthalb Stunden geherrscht hat, als die beiden Mannschaften in zwei ordentlichen Reihen hinaus Richtung Spielfeld marschierten, die Kapitäne voran, die Wimpel ihrer

Fußballverbände nervös in den Händen drehend. Das Klackern der Stollen auf dem nackten Betonboden ist lange verklungen, Matthias hört jetzt nur noch den Tumult, den 60.000 Menschen veranstalten, und der hier unten noch dumpfer, noch bedrohlicher klingt als draußen vor dem Stadion. Beklommen tastet sich Matthias immer weiter an der Wand entlang, einfach dem Verlauf des Ganges folgend, nicht wissend, wohin er wohl führt. Plötzlich öffnet sich links eine Abzweigung, an deren Ende eine Treppe in den regenbleichen Himmel zu führen scheint. Vorsichtig schreitet Matthias ihr entgegen, nimmt Stufe für Stufe, langsam schieben sich immer mehr Zuschauerreihen der gegenüberliegenden Tribüne in sein Gesichtsfeld. Und dann sieht er das Grün. Obwohl es immer noch regnet wie am Beginn der Sintflut, liegt für Matthias ein geradezu magisches Leuchten über dem Rasen. Keine fünf Meter vor seinen Füßen läuft eine weiße Linie vorbei, und als er den Blick langsam hebt, sieht er jenseits dieser Linie ein paar Männer in weißen und roten Trikots hin- und herrennen. Von weiter oben dringt eine vertraute Stimme an sein Ohr.

– Sechs Minuten noch im Wankdorf-Stadion. Keiner wankt! Der Regen prasselt unaufhörlich hernieder, aber die Zuschauer harren aus. Wie könnten sie auch! Eine Fußballweltmeisterschaft ist nur alle vier Jahre und kaum je war ein Endspiel so ausgeglichen, so offen ...

Matthias dreht den Kopf und blickt die Tribüne hinauf, die gleich neben ihm beginnt und bis in den Himmel zu reichen scheint. Keine zehn Meter entfernt sieht er einen Mann hinter einer Art Scheibe sitzen. Er schaukelt mit dem ganzen Körper vor und zurück und gestikuliert wild, während er aufgeregt in ein Mikrofon spricht. In den Reihen hinter ihm sitzen zahlreiche Männer, die immer abwechselnd auf das Spielfeld blicken und dann wieder auf die kleinen Tische vor ihnen, wo offenbar die Notizblöcke liegen, in die sie ihre Beobachtungen notieren; von unten her kann Matthias nur die fliegenden Bewegungen der Bleistifte sehen. Fast alle Reporter versuchen sich mit braunen Trenchcoats gegen den Regen zu schützen, den der Wind immer wieder in Stößen auch zu ihren überdachten Plätzen weht. Nur in der dritten Reihe oberhalb von Zimmermann steht eine junge Frau in einem kirschroten Kostüm, hüpft auf der Stelle, schwenkt ein schwarz-rot-goldenes Papierfähnchen und schreit in unregelmäßigen Abständen »Deutschland vor!«.

Das satt schmatzende Geräusch eines Fußballschuhs, der einen regenschweren Lederball volley trifft, reißt Matthias aus seiner Trance. Er blickt auf das Spielfeld. Da, das muss der Boss sein, keine 15 Meter von ihm weg! Er hat den Ball. Doch im Augenwinkel sieht Matthias ein rotes Wischen, ein Ungar, der angestürmt kommt. Matthias öffnet den Mund, um eine Warnung zu rufen, wie er es so oft schon getan hat im Stadion an der Hafenstraße in Essen. Doch kommt kein Ton aus ihm heraus, mechanisch öffnet und schließt er den Mund, erst ein gellender Pfiff macht seinen Reflexen ein Ende. Rahn liegt am Boden, der Schiedsrichter steht neben ihm und deutet auf einen Punkt zu seinen Füßen. Freistoß offenbar, ja, der Ungar dreht ab. Und wo ist der Ball? Bei Rahn ist er nicht mehr, auch der Schiedsrichter hat ihn nicht in der Hand, und der Ungar kann ihn ja wohl auch nicht haben. Dann entdeckt Matthias die Lederkugel. Sie rollt direkt auf ihn zu, ganz langsam, aber so zielstrebig, als würde er sie an einer Schnur zu sich ziehen. Als habe jemand einen zentralen Schalter umgelegt, kommt alles in Matthias mit einem Mal zum Stillstand. Das Grummeln in seinem Bauch ist plötzlich verstummt, auch der Lärm der 60.000 erstirbt, als stecke er mit seinem Kopf in einer Schüssel, und zu atmen wagt er auch nicht mehr. Nur sein Herz schlägt noch, so heftig, als poche jemand von innen mit einem Vorschlaghammer gegen seinen Brustkorb. Nur ein Gedanke hallt durch seinen leeren Kopf: Das ist der Ball des Endspiels der Fußballweltmeisterschaft. Das ganze Stadion, ach was, die ganze Welt schaut auf diesen Ball. Er liegt vor meinen Füßen. Das heißt, dass alle mich sehen werden. Und alle werden wissen, dass ich keine Eintrittskarte habe.

Einen Moment, der ihm so lang vorkommt wie eine ganze Halbzeit, kann sich Matthias nicht rühren. Dann bückt er sich, steif, und nimmt den Ball auf. Als er den Blick endlich wieder auf den Platz richten kann, sieht er, wie der Boss sich aufrichtet und langsam auf die Seitenauslinie zugeht. Plötzlich stockt er. Kann das sein? Da ist der Ball, na klar, aber die roten Haare darüber, die kennt er doch. Matthias! Wie soll der hierhin gekommen sein? Das sind doch mehr als tausend Kilometer! Aber sollte er schon so erschöpft sein, dass er halluziniert? Nein, noch läuft es prima, die Ungarn sind schon ganz fertig, dass sie die Deutschen nicht haben überrennen können, sie schimpfen viel miteinander, das hat er, Helmut Rahn, deutlich gesehen. Die sind nervös wie nix, und vielleicht kann man sie ja packen, und wenn auch noch der Mattes da ist ... Gedankenschnell fängt er den Ball auf, den Matthias ihm zugeworfen hat. Er legt ihn sich zum Freistoß zurecht und schießt zu Morlock. Bevor er sich in Richtung des ungarischen Strafraums in Bewegung setzt, schaut er sich noch einmal um. Nein, kein Zweifel, da steht Matthias Lubanski, elf Jahre alt, aus Essen-Katernberg, am Spielfeldrand des WM-Endspiels, sein Freund und Taschenträger, sein Maskottchen. Kopfschüttelnd rennt der Boss los.

– Hast du das gesehen?

Annette Ackermann hat ihren Mann an der Schulter gepackt und schaut über ihn hinweg hinab zur Seitenauslinie, wo ein rothaariger Junge steht und Helmut Rahn versonnen hinterherschaut.

– Ja, das nennt man Foul, und deshalb haben wir einen Freistoß bekommen.

– Nein, das eben da an der Seitenlinie. Der Rahn hat den Jungen angesehen, als wäre ihm der Gott des Fußballs persönlich erschienen. Kennst du den?

– Wen? Den Fußballgott?

– Nein, den Jungen da unten.

– Liebe Annette, darf ich dich daran erinnern, dass das hier das Endspiel der Fußballweltmeisterschaft 1954 ist? Da kann ich mich nicht mit irgendwelchen Balljungen beschäftigen. Die einzigen Kinder, für die ich mich interessiere, sind unsere eigenen. Denn heute wird über deren Namen entschieden. Und wenn gleich der Puskás nochmal trifft, werden sie Rüdiger und Roswitha heißen.

– Roswitha?

Annette schaut ihren Mann an, als wäre er ein Barbar, der seinen Göttern die Kinder zum Opfer darbringt. Entschlossen schüttelt sie den Kopf, nimmt ihr Fähnchen vom Tisch, schwenkt es wild und beginnt zu rufen, so laut wie noch nie in diesem Spiel.

– Deutschland vor! Deutschland vor!

Diesmal stimmen sogar einige der Reporter mit ein, lassen ihre Bleistifte fallen, springen auf und starren auf das Spielfeld, wo Liebrich einen weiten Pass auf Schäfer schlägt, der den Ball in Richtung des ungarischen Tors treibt. Schäfer flankt, Morlock und zwei ungarische Verteidiger springen hoch zum Kopfball. Doch der Ball fliegt aus dem Strafraum heraus, Helmut Rahn vor die Füße. Der zieht Richtung Tor, zwei Ungarn stellen sich ihm, einen Schuss erwartend, in den Weg. Auch Matthias sieht seinen Freund mit dem Ball am Fuß. So groß ist die Spannung, dass er die

Augen schließt. Was hat der Boss in solchen Situationen sonst immer gemacht? Gleich geschossen? Nein, zu einfach, da wirft sich leicht einer dazwischen. Ein Trick muss her, der Weg zum Tor muss freier sein. Wenn er jetzt nach innen zöge, den Ball vom rechten auf den linken Fuß legte, mit dem er doch auch so gut schießen kann, dann ... Plötzlich weht Herbert Zimmermanns Stimme zu Matthias herüber, dem eine Gänsehaut nach der anderen über den Rücken läuft. Nicht, weil er inzwischen völlig durchnässt ist und friert in seinen kurzen Hosen, sondern weil er plötzlich nur noch diese Stimme hinter seinen geschlossenen Augen hört.

– Aus dem Hintergrund müsste Rahn schießen. Rahn schießt! Tor! Toor! Tooor!

Als habe jemand mit einem gewaltigen Ruck seinen Kopf aus der Schüssel gezogen, hört Matthias plötzlich alle Geräusche wieder klar und deutlich. Die Zuschauer um ihn herum brüllen unkontrolliert, sogar die feine Dame im roten Kostüm hüpft wie irre auf und ab. Auch der Mann neben ihr springt auf und schmeißt dabei all seine Notizblöcke und die Schreibmaschine zu Boden. Alle liegen sich in den Armen, genau wie die Spieler auf dem Feld, die sich auf den Boss gestürzt haben und ihn in einer Traube aus Leibern zurück in die eigene Hälfte geleiten. Als die Ungarn wieder anstoßen, schließt Matthias schnell die Augen und tastet im Lärm um ihn herum mit den Ohren nach der Stimme Zimmermanns. Papas Trick hat dreimal funktioniert, vielleicht klappt es ja bis zum Schluss.

– 3:2 führt Deutschland fünf Minuten vor dem Spielende. Halten Sie mich für verrückt, halten Sie mich für übergeschnappt! Ich glaube, auch Fußball-Laien sollten ein Herz haben und sollten sich an der Begeisterung unserer Mannschaft und an unserer eigenen Begeisterung mitfreuen und sollten jetzt Daumen halten. Viereinhalb Minuten Daumen halten in Wankdorf. 3:2 für Ungarn – für Deutschland, ich bin auch schon verrückt, Entschuldigung! Der Sekundenzeiger! Er wandert so langsam! Wie gebannt starre ich hinüber. Geh doch schneller! Geh doch schneller! Aber er tut es nicht, er geht mit der Präzision, die ihm vorgeschrieben ist. Und die Ungarn: Wie von der Tarantel gestochen, lauern die Puszta-Söhne, drehen jetzt den siebten oder zwölften Gang auf. Und Kocsis flankt – Puskás abseits – Schuss – aber nein, kein Tor! Kein Tor! Kein Tor! Puskás abseits. Eckel aus Kaiserslautern am Ball, spielt hinüber zu Rahn. Rahn hat mit seiner souveränen Ruhe abgespielt zu Schäfer. Schäfer sagt sich wohl: Lass dir Zeit ...

Jetzt muss Matthias doch einmal nachschauen, ob er nicht doch träumt. Unbehelligt steht er immer noch an dem Durchgang, an dem der Kabinengang auf den Platz mündet. Alle starren gebannt auf den Platz, niemand hat Zeit sich um einen Elfjährigen zu kümmern, der sich für das wichtigste Spiel seines Lebens ins Stadion geschlichen hat.

– Abschlag vom Tor der Ungarn. Die Ungarn sind völlig aus dem Häuschen ... Puskás am Ball, im Mittelkreis – aber Eckel springt dazwischen, hat abgewehrt. Die ganze deutsche Mannschaft setzt sich ein, mit letzter Kraft, mit letzter Konzentration. Jetzt haben die Ungarn eine Chance, spielen ab zum rechten Flügel ... Czibor ... Jetzt ein Schuss – gehalten! Gehalten von Toni! Gehalten! Toni, du bist ein Fußballgott. Und Puskás, der Major, der großartige Fußballer aus Budapest, er hämmert die Fäuste in den Boden, als wolle er sagen: Ja, ist es denn möglich? Dieser Sieben-Meter-Schuss ... Es ist wahr: Unser Toni hat ihn gemeistert. Und die 45. Minute ist vorbei. Es kann nur noch ein Nachspiel von einer Minute sein. Aber wieder droht Gefahr. Die Ungarn auf dem rechten Flügel. Fritz Walter schlägt den Ball über die Außenlinie ins Aus. Wer will ihm das verdenken? Die Ungarn bekommen einen Einwurf zugesprochen. Der wird ausgeführt, kommt zu Bozsik ... Aus! Aus! Aus! Aus! Das Spiel ist aus! Deutschland ist Weltmeister!

Als Deutschland Weltmeister wird

Als Deutschland Weltmeister wird, gehen in »Christas Eck« drei Teller, zwei Brillengläser und eine Freundschaft zu Bruch. 124 Mark hat Ingrid in der Zigarrenkiste, die sie am Mittag aus dem Zimmer ihres kleinen Bruders geholt und auf den Tisch am Eingang der Kneipe gestellt hat. 124 Leute drängen sich um die wenigen Tische, gut die Hälfte hat auf den Holzstühlen Platz gefunden, der Rest steht im Raum verteilt an die Wände oder die schlanken Pfeiler gelehnt. Ein neunzig Minuten langes Ballett enthusiastisch in die Höhe fliegender und ernüchtert wieder herabsinkender Arme haben die Besucher vor dem kleinen Fernseher aufgeführt, den Christa noch einmal höher gestellt hat als für die anderen Spiele. Als der Schlusspfiff ertönt, springen alle von ihren Stühlen, und dabei passiert es. Grabitz, wegen der Enge im Raum ganz an den Tisch herangerückt, vergisst seinen an ebendiesem Ort zu stattlichem Umfang gereiften Bauch, hebelt mit ihm von unten den kleinen Wirtshaustisch aus und stößt ihn mitsamt der drei Teller zu Boden, wo sie im allgemeinen Tohuwabohu ungehört zerschellen. Der umstürzende Tisch bringt auch Hochwürden Alfons Keuchel, der sich gerade auf die Zehenspitzen gestellt hat, aus dem Gleichgewicht. Keuchel taumelt rücklings in einen Pulk jubelnder Männer, die, ohne den Blick vom Fernsehgerät zu wenden, zurückweichen und den Weg frei machen für den Sturz des Geistlichen. Die Brille löst sich von seiner Nase und fliegt in den heftig wogenden Wald aus Beinen, und kaum ist sie gelandet, zermalmt auch schon ein in unbändiger Freude aufstampfender Fuß das Gestell und die beiden Gläser. Bevor der nur noch Schemen wahrnehmende Pfarrer die Trümmer ertastet hat, fliegt die Tür der Kneipe auf und fegt das zerstörte Gestell endgültig in eine unerreichbare Ecke. Tiburski steht breitbeinig im Türrahmen und starrt mit weit aufgerissenen Augen in den Tumult.

– Und?

Obwohl er schreit, beachtet ihn niemand. Sein irr herumflatternder Blick bleibt an Grabitz hängen.

– Und? Wie is ausgegangen?

Grabitz stiert unverwandt zurück.

– Wat willz du denn hier? Abhauen, wenn et schlecht läuft, aber wenn et wat zu holen jibt, immer der Erste sein, wa? Nee, mein Lieber, damit is jetzt Schluss. Ich bin dein ewiges Jemecker satt. Deutschland is Weltmeister, und wir sind jeschiedene Leute.

– Eine Runde Freibier für alle!

Christa Lubanskis Stimme erhebt sich über Streit und Jubel, die Schreie, das fassungslose Gebrabbel. Während Grabitz und Tiburski sich das letzte Mal für vier Monate in die Augen schauen, wirft sie ihre Arme noch einmal in die Luft. Schon jetzt ist der Umsatz an diesem Nachmittag höher als bei all den anderen Spielen zusammen. Die Runde Freibier wird die Sache nur noch mehr anheizen, und dann ist die Woche Urlaub am Biggesee endlich fällig.

Als Deutschland Weltmeister wird, umarmt Ingrid Lubanski ihre Mutter, küsst sie auf beide Wangen, geht in die Ecke, küsst die schwarz-weiße Fotografie von Helmut Rahn an der Wand, geht zurück zum Tresen und hört erst wieder auf zu zapfen, als auch das letzte Reservefass Dortmunder Union leer ist.

Als Deutschland Weltmeister wird, kann Bruno Lubanski den Rücken endlich wieder gerade machen. Neunzig Minuten hat er gekrümmt auf der Kante des Sessels im Haus der Jugend an der Stalinallee gesessen. Durchgeschwitzt hat er das blaue FDJ-Hemd, genau wie die Genossinnen und Genossen, die wie er gebannt in den Fernseher gestarrt hatten, als gäbe es darin eine höhere Wahrheit als die des real existierenden Sozialismus zu entdecken. Erst hatte die Hausleitung den Fernseher wegsperren wollen, doch dann war der Genosse Nagel gekommen und hatte angeordnet, dass es eine Pflicht sei zuzusehen, wie das sozialistische Bruderland Ungarn den westdeutschen Kriegstreibern eine Lektion erteile. Bei Helmut Rahns Treffer zum drei zu zwei reißt Nagel jubelnd die Arme in die Höhe und schaut sich angstvoll um, dann geht er nach Hause, packt einen Koffer und geht nach West-Berlin.

Als Deutschland Weltmeister wird, sitzt der 23-jährige Verlagsbuchhändler Johannes Rau in einem kleinen französischen Bahnhof, kurz hinter dem Grenzübergang von Kehl. Er wartet auf den Zug, der ihn am nächsten Morgen nach Südfrankreich bringen soll, wo eine Freundin als Au-pair-Mädchen arbeitet. In der Bahnhofsgaststätte hat er die Übertragung des Endspiels im Radio verfolgt – als einziger Deutscher unter lauter Franzosen. Dennoch jubelt er lautstark und unverdrossen. Der weitere Abend unter fairen und sportbegeisterten Franzosen, so wird sich Rau später erinnern, verläuft schön und gesellig. Am 23. Mai 1999 wird Johannes Rau der 8. Bundespräsident der Bundesrepublik Deutschland werden.

Als Deutschland Weltmeister wird, gewinnt Juan Manuel Fangio in zwei Stunden, 42 Minuten und 47 Sekunden den Großen Preis von Reims vor Karl Kling, der ebenfalls einen Silberpfeil steuert. Es ist das erste Mal, dass Mercedes-Rennwagen an einem internationalen Rennen teilnehmen.

Als Deutschland Weltmeister wird, sitzt die 20-jährige Jutta Limbach in Berlin bei einem Familienfest am Kaffeetisch. Die gemeinsame Unterhaltung ist schon vor einiger Zeit unterbrochen worden, um dem Radiobericht über das Endspiel zu lauschen. Als das Siegtor fällt, springen alle männlichen Mitglieder der Familie Limbach auf und jubeln, dem ältesten Onkel stehen die Tränen in den Augen. Jutta kann diesen Freudentaumel nur mit ironischem Abstand betrachten. 40 Jahre später wird sie Präsidentin des höchsten deutschen Gerichts werden.

Als Deutschland Weltmeister wird, kommt der Generalfeldmarschall a.D. Erhard Milch wegen guter Führung aus der Haftanstalt Landsberg in Bayern frei. Der frühere Generalinspekteur der deutschen Luftwaffe, seit 1933 Mitglied der NSDAP, war im Nürnberger Kriegsverbrecherprozess zu lebenslänglicher Haft verurteilt und 1951 zu 15 Jahren begnadigt worden. Er wird in dem Jahr sterben, als Deutschland Fußball-Europameister wird, 1972.

Als Deutschland Weltmeister wird, nimmt in den Sun Studios von Memphis, Tennessee, ein junger Mann namens Elvis Presley seine ersten Songs auf.

Als Deutschland Weltmeister wird, sitzt der 10-jährige Gerhard Schröder im Saal einer Gastwirtschaft in Knetterheide.

Dort steht, wie der im Nachbarort Mossenberg lebende Junge herausgefunden hatte, ein Fernsehgerät. Es ist ihm gelungen, die Einlasskontrolle zu überwinden, und so kann er das Spiel sehen. 44 Jahre und 115 Tage später wird Gerhard Schröder zum 7. Bundeskanzler der Bundesrepublik Deutschland gewählt werden.

Als Deutschland Weltmeister wird, sitzt der 17-jährige Uwe Seeler in Hamburg-Eppendorf bei Freunden vor einem schwarz-weißen Fernsehgerät. Zwei Wochen zuvor hat er in Basel die 3:8-Niederlage der deutschen Mannschaft gegen Ungarn mit eigenen Augen gesehen. Die Fahrt in die Schweiz war eine Belohnung für ihn und seine Mannschaftskameraden, die beim FIFA-Jugendturnier in Deutschland wenige Wochen zuvor das Finale erreicht und dort gegen Spanien verloren hatten. 13 Tore hatte Uwe Seeler im Verlauf des Turniers erzielt, und wäre die Meldefrist für die WM in der Schweiz nicht schon abgelaufen gewesen, hätte ihn Sepp Herberger vielleicht noch mitgenommen. Er hatte Seeler mehrfach beobachtet und ihn dann getröstet: »Ihre Zeit kommt noch.« Am 16. Oktober 1954 wird Uwe Seeler in Hannover beim Spiel gegen Frankreich sein Debüt im Trikot der deutschen Nationalmannschaft geben. Er wird an vier Weltmeisterschaften teilnehmen und in 72 Länderspielen 43 Tore für Deutschland erzielen.

Als Deutschland Weltmeister wird, ist Elke Heidenreich elf Jahre alt und sitzt in einer Küche in Essen. Dort, gegenüber der Gaststätte »Schulte«, steht ein Loewe-Opta-Radioapparat mit dem grünen Auge, und am Küchentisch sitzen Elkes Vater und Onkel Hans und trinken Stauder-Bier.
– Kind, hol' noch vier Flaschen!
Dann diskutieren sie die bisherigen Fußball-Weltmeister.

– Uruguay, Italien – alles Stümper. WIR werden es machen!

– Sonst noch was, IHR habt gerade genug gemacht.

Das sagt Elkes Mutter. Als Helmut Rahn das 3:2 erzielt, strömen aus allen Häusern die Nachbarn, Herr Metzkowitz und Herr Josefiak, Herr Mürl, Herr Wiedemeier, Herr Stein, Herr Stratmann und Herr Wille. Sonst sind sie untereinander total zerstritten über Fragen wie West- oder Ostfront, wer mehr gelitten hat, ob der Jude nicht letztlich doch selbst schuld war, wie Deutschland aussähe, wenn man den Krieg gewonnen hätte, ob der Führer wohl in Argentinien lebt. Jetzt liegen sie sich in den Armen, auch Elkes Vater rennt nach unten, auf der Straße ist Geschrei, Bierflaschen fliegen.

– Hört das denn nie auf!

Das sagt Elkes Mutter. Die ganze Nacht wird bei »Schulte« gesoffen, und gegen Morgen grölen sie das Lied, in dem ihnen heute Deutschland und morgen die ganze Welt gehört. Kurze Zeit später wird der Vater für immer zu Hause ausziehen, und seine Frau wird ihm etwas hinterherrufen.

– Du Weltmeister!

Jahrzehnte später wird Elke Heidenreich die wichtigste Literaturkritikerin des deutschen Fernsehens werden.

Als Deutschland Weltmeister wird, treibt das Schluchzen des Rundfunkmoderators György Szepesi dem elfjährigen György Dalos die Tränen in die Augen. Ein Jahr zuvor hatte er sein erstes Gedicht dem nationalen Triumph gewidmet, als die Ungarn in Wembley 6:3 gegen England gewannen. Weil er an Lungenentzündung und Schwindsucht, dem morbus hungaricus leidet, ist der Junge nun Insasse eines Sanatoriums für Lungenkranke, wo er unter strenger ärztlicher Aufsicht zum ersten Mal soviel essen kann, wie er will. Den ganzen Sommer hindurch hat er Radio Kossuth gehört, bis zu diesem 4. Juli, dem schwarzen Sonntag des ungarischen Fußballs. Später wird behauptet werden, der Sportminister habe den ungarischen Ruhm für zweihundertfünfzig westdeutsche Lastwagen verkauft, jemand habe sogar den Konvoi gesehen, wie er durch die Budapester Stalinstraße fuhr. Am Abend müssen die Pfleger Beruhigungsmittel in den Tee der Kinder mischen, so sehr trifft sie der Gedanke ins Herz, nur die Zweiten zu sein. Sie trauern gemeinsam mit der Nation, für die diese Niederlage zu einem Sammelsurium aller Enttäuschungen wird. Manche Historiker werden später behaupten, dass der Frust von Bern einer der psychologischen Beweggründe des Volksaufstandes 1956 ist. Obwohl György Dalos sein ursprüngliches Interesse am grünen Gras nach dem tragischen Dreizwei weitgehend einbüßt, wird in ihm unbewusst jahrzehntelang die Hoffnung auf eine Revanche arbeiten. 1999, anlässlich des Ungarn-Schwerpunkts bei der Frankfurter Buchmesse, wird György Dalos als Präsident der Berliner Akademie der Künste eine Revanche ungarischer gegen deutsche Schriftsteller organisieren. Die Ungarn werden mit 6:4 gewinnen.

Als Deutschland Weltmeister wird, sitzt der 34-jährige Einkaufsleiter der REWE für den Bezirk Erkelenz, Herbert Siemes, mit 11 anderen Männern im Wohnzimmer des Wegberger Hosenhändlers Paul Ramacher vor dem Fernsehgerät, das der Gastgeber sich leisten kann, weil seine Geschäfte seit den Anfängen mit einer Schmuggelbude an der deutsch-niederländischen Grenze gut gehen. Beim 2:0 für Ungarn durch Czibor beginnen die Männer, das Bier wegzuräumen. Herbert Siemes ist von Anfang an überzeugt, dass die deutsche Mannschaft keine Chance hat, schließlich hat er nur zwei Wochen zuvor die 3:8-Niederlage von seinem Platz unmittelbar hinter der ungarischen Bank im Baseler St.-Jakob-Stadion mit ansehen müssen. Umso fassungsloser verfolgt er, wie sich im Finale das Blatt noch wendet. Elf Jahre später wird Borussia Mönchengladbach in die Fußball-Bundesliga aufsteigen, Herbert Siemes fortan Jahreskarten für den Bökelberg kaufen und seinen Sohn immer mit auf die langen Holzbänke der Haupttribüne nehmen.

Als Deutschland Weltmeister wird, sitzt der 14-jährige Otto Rehhagel mit 100 anderen Leuten vor einem kleinen Schwarz-Weiß-Fernseher in der Bahnhofsgaststätte von Essen. Er hat alleine hingehen dürfen, denn heute ist für Fußballbegeisterte alles erlaubt, egal wie alt sie sind. Der Sohn einer Bergarbeiterfamilie spielt selber Fußball, bei TUS Helene Essen, und Helmut Rahn ist sein großes Vorbild. Deshalb wundert sich Otto auch nicht, als Rahn die ungarischen Spieler umkurvt und das entscheidende Tor erzielt, denn so hat er ihn immer wieder gesehen, an der Hafenstraße bei Rot-Weiß Essen. Er träumt davon, dem Boss nachzueifern und durch den Fußball rauszukommen aus dem Arbeiterviertel. 1988 wird Otto Rehhagel als Trainer von Werder Bremen erstmals Deutscher Fußballmeister werden, 1996 den UEFA-Pokal gewinnen und schließlich den Posten des Nationaltrainers von Griechenland übernehmen.

Als Deutschland Weltmeister wird, hockt der 13-jährige Jürgen Flimm mit glühenden Backen und klopfendem Herzchen zusammen mit Dieter, dem Bruder, und vielen kleinen Freunden vor einem braungoldenen Gewirk aus Stoff. Eine Stimme quäkt heraus, verschwindet dann und wann im anschwellenden zittrigen Rauschen, dann dreht ihr einer am bakkelitenen Rändelrand hinterher, und bald rappelt wieder ihr heiseres Gebell in den Ohren. Auch Mischa mit den schwarzen Haaren ist da, der aus der Ostzone, mit dem

Jürgen bei Preußen Dellbrück gegen den Ball tritt. Doch jetzt soll hinter dem vibrierenden Stoff Rahn schießen und tut es auch gehorsam und ein tiefer Seufzer der Erleichterung steigt über ganz Deutschland auf. Jürgens Vater prostet:

– Wir sind wieder wer! Wenn das der Führer noch erlebt hätte!

Sogleich sausen die Kinder hinaus, Onkel Bernds Lederball unterm Arm, und spielen mit rasch verteilten Rollen: Mischa als Eckel, Dieter als Rahn, und Jürgen ist Liebrich. Herbertchen muss zwischen zwei Kirschbäumen im nachbarlichen Schrebergarten den Grosics geben. Was wäre wohl geschehen, wird Jürgen Jahrzehnte später überlegen, als er Theater und Festivals leitet und Präsident des Deutschen Bühnenvereins geworden ist, was wäre, hätte Rahn nicht geschossen, der ungarische Keeper besser gestanden und die deutsche Bombe im Fluge getötet? Keine Fox tönende Wochenschau, keine nassen jungen Männer mit kurzen Hosen im Schweizer Niesel, keine heisere Hymne Hand in Hand, keine Tümelei mit dem kleinen Regenmantelsepp und keine Arroganz deutscher Tüchtigkeit. Ach ja, wer weiß, so what!

Als Deutschland Weltmeister wird, verdirbt es sich der Student Peter Rühmkorf mit einer Freundin, die ihn auf der Durchreise in Hamburg besuchen will. Sie nimmt es ihm bitter übel, dass er, anstatt ihr den Hof zu machen, lieber das Endspiel im Fernsehen verfolgt. Über den weiteren Verlauf der Freundschaft ist nichts bekannt. 1993 wird Peter Rühmkorf den Büchner-Preis der deutschen Akademie für Sprache und Dichtung gewinnen.

Als Deutschland Fußballweltmeister wird, sitzt der 12-jährige ausgebildete Straßenfußballer Michael Naumann in einer Wohnung einer Kölner Flüchtlingssiedlung, deren Mobiliar aus Apfelsinenkisten Marke Sunkist und ausgedienten Krankenhausbetten besteht. In der Küche, die zugleich Wohnzimmer und auch Schlafzimmer von Michaels Mutter ist, steht das kleine Radio Marke Philips. Der Linksaußen der deutschen Mannschaft, Hans Schäfer, spielt für ihn im falschen Verein, dem 1. FC Köln. Michaels Herz schlägt für Preußen Dellbrück, und er liest Hauffs Märchen. Als in den Vorrundenspielen der Hamburger Laband aufläuft, hat er sich in dessen Namen verliebt, der so märchenhaft orientalisch klingt: »Laaa-baaand«. Nach dem Schlusspfiff des Finales geht Michael auf das Spielfeld vor der Teppichstange, wo das Endspiel drei Stunden lang nachgestellt wird. Jeder will Rahn sein, es geht laut her.

– Gib ab, Rahn!

Rahn passt auf Rahn. Weil Michael sehr dünn ist, spielt er als Eckel. Es gibt nur einen Ungarn, das ist der Junge im Tor unter der Teppichstange. Er verliert haushoch. Im Laufe eines Jahres sammelt Michael Naumann die Autogramme der ganzen WM-Elf. 44 Jahre später wird er der erste Staatsminister für Kultur der Bundesrepublik Deutschland werden.

Als Deutschland Weltmeister wird, drängt sich der 21-jährige Gerhard Mayer-Vorfelder mit vielen anderen Kommilitonen in einer hoffnungslos überfüllten Heidelberger Kneipe. Schon gleich nach der Kirche, gegen halb zwölf Uhr, ist der Jura-Student mit seinen Freunden dorthin gegangen, um einen guten Platz zu erwischen. Zwar ist das kleine Fernsehgerät erhöht aufgestellt, bei der Vielzahl der Leute sieht er aber längst nicht alles. Der Wirt versucht unterdessen, die Anschaffung des Fernsehers durch seinen Umsatz zu kompensieren, und bietet ständig Bier an. 47 Jahre später wird

Gerhard Mayer-Vorfelder der 9. Präsident des Deutschen Fußballbundes werden.

Als Deutschland Weltmeister wird, starrt der sechsjährige Konrad Heidkamp eineinhalb Stunden lang unverwandt einen Volksempfänger an, als könne er dort Herbert Zimmermann sehen, dessen Stimme aus dem Gerät schallt. Später wird der Sohn des neunmaligen Nationalspielers Conny Heidkamp vom FC Bayern München einer der besten deutschen Musikkritiker und sich sein Verhalten nicht mehr erklären können.

Als Deutschland Weltmeister wird, verfolgt der 8-jährige Franz Beckenbauer das Finale am Volksempfänger in der Wohnung seiner Eltern, im vierten Stock eines Miethauses in München-Giesing. Als das Spiel vorbei ist, läuft er zusammen mit anderen Kindern auf die Straße, wo sie das Finale noch einmal nachspielen. Ob auch dieses Spiel 3:2 endet, wird Franz Beckenbauer später nicht mehr sagen können. Noch im gleichen Jahr tritt er dem SC München 06 bei; später wird er als Spieler und Trainer Fußballweltmeister werden. Und Kaiser wird er auch.

Montag, 5. Juli 1954, ein Tag nach dem Finale

Könnte Annette Ackermann die Uhr auf dem Bahnsteig sehen, würde sie erkennen, dass es 17.26 Uhr ist. Aber das Einzige was sie sieht, ist eine Reihe säuberlich ausrasierter Nacken etwa zwanzig Zentimeter vor ihr. Wenn sie den Kopf nach links dreht, blickt sie in das leicht verzweifelte Gesicht ihres Mannes, der immer wieder versucht, seine Brille durch rhythmisches Zucken der Nasenflügel in ihre richtige Position zu bringen. Seine Hände kann er bei der schwierigen Operation nicht zu Hilfe nehmen, weil er die Arme nicht mehr heben kann. Denn er ist wie seine Frau eingekeilt zwischen dutzenden, ach was, hunderten, tausenden Leibern. 6000 Bahnsteigkarten hat die Bahnhofsverwaltung Singen seit dem frühen Morgen verkauft, dann hat sie damit aufgehört, weil es sinnlos ist. Mittlerweile drängen sich an die 25.000 Menschen auf dem Bahnhofsgelände. Wenn Annette den Kopf in den Nacken legt, was die einzige Bewegung ist, zu der sie in der Masse überhaupt fähig ist, sieht sie auf den geschwungenen Dächern der Bahnsteige dicht an dicht Jungen in kurzen Hosen liegen. Auch die Fußgängerbrücke, die am Ende des Bahnsteigs den gesamten Gleisbereich überspannt, ist eine in fünf Meter Höhe schwebende Masse Mensch. Noch am Mittag, als Annette und Paul in Singen ankamen, war ein Lautsprecherwagen durch die Stadt gefahren. Scheppernd kam aus dem aufmontierten Megafon der Hinweis, dass der Zug mit den Weltmeistern gegen 17 Uhr eintreffen würde, die Bevölkerung sei herzlich eingeladen, die Helden von Bern zu begrüßen. Auch jetzt, hier, auf dem Bahnsteig, erklingt eine scheppernde Stimme. Aber selbst Annette, die direkt unter dem Lautsprecher eingekeilt ist, hat Mühe, ein einziges Wort zu verstehen. Irgendwas mit »bitte«, »Rücksicht« und »sehen uns zur Räumung gezwungen« kann sie aufschnappen, doch dann muss sie sich wieder auf sich selbst konzentrieren, damit sie von den wogenden Leibern nicht in die offenbar eigens für die Weltmeister aufgestellten Blumenkübel gedrängt wird. Außerdem spielen die Stadtmusiker, die ein paar Meter entfernt von ihr notdürftig Aufstellung genommen haben, plötzlich einen Marsch, »Auf dem Bodensee«. Komisch, dabei hatten sie vor zwei Stunden, als Paul sie noch ganz entspannt nach ihren musikalischen Plänen befragt hatte, behauptet, sie würden die Nationalhymne spielen, immerhin sei dies die erste Station des Sonderzugs mit den Weltmeistern auf deutschem Boden, und da sei »Einigkeit und Recht und Freiheit« wohl angebracht. Aber wahrscheinlich können sie die nicht auswendig, ist ja von Haydn und gar nicht so einfach, und deshalb spielen sie wohl das, was sie auf dem Dorffest immer spielen und halbwegs auswendig können. Immerhin ist die Musik aber ein Zeichen, dass der Zug nun wohl kommt. Daraufhin werden die schlingernden Bewegungen der Masse noch intensiver, noch dichter werden alle zusammengepresst, noch weniger Luft als bislang gelangt zu Annette.

– Paul, das ist ja Wahnsinn! Die drücken uns tot!

Paul Ackermann kann mit Mühe den Kopf zu seiner Frau drehen. Schweiß perlt seine Schläfen hinunter, und die Füße des Schreibmaschinenkoffers, den er an sich gepresst hält, haben bereits Druckstellen auf seiner Brust hinterlassen.

– Ja, Schatz, aber was soll ich machen? Die Anweisung vom alten Ahrens war eindeutig: Ich soll in den Zug!

– Aber ich komm da nicht mit!

– Aber wieso denn nicht? Du bist doch jetzt 'ne richtige Fußballreporterin geworden. Und der Herberger wird sich freuen, dich wieder zu sehen ...

Annette lächelt.

– Das kann ich Dante unmöglich antun.

Paul Ackermann schaut so, wie er zuletzt bei seiner Abiturprüfung geschaut hat, als ihn sein Deutschlehrer fragte, welches denn das Dingsymbol in Mörikes Novelle »Mozart auf der Reise nach Prag« gewesen sei.

– Wie? Was? Wer ist Dante?

– Na, das solltest du aber wirklich wissen!

– Du weißt doch, dass ich mich im internationalen Fußball noch nicht so auskenne. Ist das nicht so ein Spanier?

– Ach, Ackermann, du bist schon süß. Dante ist dein Sohn.

In diesem Moment beginnt die Stadtmusik Singen mit dem zweiten Marsch, »Schönstes Land in Deutschland«, was den Druck in der Menge noch einmal erhöht und verhindert, dass der Sportreporter Paul Ackermann von der Süddeutschen Zeitung ohnmächtig auf Gleis 2 des Bahnhofs von Singen schlägt. Er schließt kurz die Augen, schüttelt den Kopf und rückt freiwillig noch näher an seine Frau heran.

– Mein Sohn? Dante??

– Deutschland ist Weltmeister, also darf ich den Namen aussuchen ...

Wenn Ackermann beim Siegtreffer für die Deutschen auch so langsam geschaltet hätte wie jetzt, säße er wohl immer noch auf seinem Platz im Wankdorf-Stadion. Trotz des ungeheuren Lärms und den schrägen Tönen der Kapelle glaubt Annette, die Schaltkreise im Gehirn ihres Mannes klackern zu hören. Schließlich rastet irgendwo etwas ein, und Ackermann reißt die bislang schreckgeweiteten Augen noch ein Stückchen weiter auf, in die Stellung »größte Freude meines Lebens«.

– Ich werd' verrückt! Annette, du bist ...?

– Ich glaub' schon.

Dann spürt Annette, wie zwei Arme ihre Taille umfassen. Zunächst ist sie nicht ganz sicher, woher die kommen und wohin sie wollen, aber als sie wenig später einen halben Meter über dem Boden schwebt, weiß sie, dass sie nur zu ihrem Mann gehören können. Er strahlt sie von unten herauf an.

– Annette, du bist wunderbar! Weißt du was?

Ackermann setzt seine Frau ab, bevor sich das kleine Loch, das unter ihr in der Menge der drängenden Füße

geblieben war, wieder schließt. Dann zwängt er mit Macht seine rechte Hand hoch ans Revers seines Jacketts, wo deutlich sichtbar ein Schildchen mit einer Sicherheitsnadel befestigt ist. »Sonderausweis zum Betreten des Sonderzugs der Deutschen Fußballnationalmannschaft« steht darauf. Ackermann nimmt ihn ab und wirft ihn zu Boden.
– Ich pfeife auf den Zug.
Er packt seine Frau am Handgelenk und zieht sie hinter sich her. Widerwillig geben die Umstehenden eine winzige Gasse frei, die so eng ist, dass Ackermann nach und nach aus seinem Jackett geschält wird, was ihn in seinem Vorwärtsdrang selbst dann nicht stoppen kann, als es schließlich zu Boden fällt und unter den ungeduldig scharrenden Füßen schnell verschwindet. Wo sich nicht mal ein solcher Spalt öffnen will, hilft Ackermann mit scheinbar unabsichtlichen Fußtritten nach. Selbst als ihm die zwei festlich gekleideten jungen Frauen, offenbar irgendwelche an den Bahnsteig entsandte Ehrendamen, den Weg versperren, kennt der werdende Vater keine Freunde und tritt zu. So laut flucht der die Frauen begleitende Festdamenführer, dass Ackermann fast seine Frau nicht gehört hätte.
– Ackermann! Was soll denn das? Du musst doch arbeiten! Was soll denn Ahrens ...
– Keine Widerrede. Du musst dich schonen. Die Familie ist wichtiger als das Schicksal des deutschen Fußballs.
Fünfzig, vielleicht hundert Füße sind inzwischen achtlos über den Presseausweis auf dem Bahnsteig hinweggegangen. Plötzlich nimmt eine Hand ihn auf und hält ihn hoch.
– Guck mal, Papa, was ich gefunden hab'.
Richard Lubanski wirft einen Blick auf die kleine Karte, die Matthias ihm entgegenstreckt. Irgendwas mit »Presse« und »Sonderzug« kann er noch entdecken, dann wird das Gedränge unerträglich. Schon vor dem Bahnhof war es so

groß gewesen, dass sie keinen Parkplatz für den Wagen des Pfarrers finden konnten. Richard hatte noch in Bern, während sein Sohn die Weltmeisterschaft entschied, in der Nähe des Stadions eine Autowerkstatt gefunden. Natürlich war sie geschlossen gewesen, aber aus einem Fenster im Erdgeschoss des Hauses gleich nebenan hatte er den Lärm des Stadions gehört und an die Scheibe geklopft. Der Werkstattbesitzer hatte ihn mit einer hastigen Bewegung hereingewinkt, und so hatte Richard noch die letzten beiden Minuten des Finales im Fernsehen zu sehen bekommen. Anschließend spendierte der Mechaniker-Meister einen Schnaps und versprach, das Auto bis zum nächsten Morgen zu reparieren, sozusagen als Prämie für den Titelgewinn. Richard war zu der Stelle zurückgeeilt, wo er Matthias abgesetzt hatte, und dort trafen sie sich auch wieder. Am nächsten Morgen, nach einer Nacht in einer kleinen Pension in der Nähe der Werkstatt, holten sie den Borgwart wieder ab, der nun problemlos lief. Am frühen Nachmittag waren sie in Singen angekommen, die Stadt summte schon vor Aufregung. Eine halbe Stunde hatten sie schließlich vom Parkplatz bis zum Bahnhof laufen müssen, wo nun die Kapelle einen Tusch spielt und kaum mehr als eine Armlänge von Richard und Matthias entfernt langsam ein dunkelroter Zug einfährt. Die walförmige Schnauze ist mit zwei Blumengirlanden geschmückt, und während er sich Stück für Stück vorbeischiebt, versucht Matthias, den weißen Schriftzug zu entziffern: 4591 RETSIEMTLEW-LLABSSUF. Alle Lokomotiven auf den benachbarten Gleisen pfeifen ohrenbetäubend. Ein letztes Quietschen, ein kleiner Ruck, dann steht der Zug. Einige der Jungs von den Bahnsteigdächern springen auf den Triebwagen, »Lie-brich! Lie-brich!«, rufen ein paar hundert Leute, und dann »Mor-lock, Mor-lock!«.
– Platz da! Vorsicht bitte!

Matthias sieht sich um. Sechs Frauen in weißen Kitteln und mit kleinen Häubchen auf dem Kopf drängen zur Bahnsteigkante. Matthias schaut sich um, ob er jemanden entdecken kann, der die Hilfe von gleich sechs Krankenschwestern nötig hat. Doch dann sieht er die mit Tannenzweigen geschmückten Geschenkpakete in den Händen der Frauen, und auf den Kitteln steht auch nicht Rotes Kreuz, wie er erst dachte, sondern Maggi. Ein Bahnbeamter, der mit Mühe seine Position an der Bahnsteigkante halten kann, öffnet eine Zugtür unmittelbar vor Matthias. Werner Liebrich beugt sich heraus und nimmt eines der Pakete in Empfang und betrachtet es flüchtig.

– Das Neueste von der Firma Maggi! Suppenwürfel und Eintöpfe für ein modernes Essen!

Eine der Damen in Weiß hat ihren Satz noch nicht ganz zu Ende geflötet, da wird sie schon wieder abgedrängt. Fast wäre sie in den Tisch gestürzt, auf dem ein fast ein Meter hoher Baumkuchen in der Nachmittagssonne still ein paar Tropfen Schokolade abschwitzt. Doch bevor die Suppendame im Kuchen landet, greift der Konditor, der seit einer Stunde neben seinem Meisterstück Wache gehalten hat, beherzt zu. Bevor Matthias den Ausgang dieses nahrhaften Duells beobachten kann, zieht ihn sein Vater zu sich heran.

– Jetzt gilt's, Mattes.

Beherzt tritt Richard Lubanski an die Zugtür, die mittlerweile ein Schaffner so entschlossen gegen die entfesselten Fans zu verteidigen versucht wie gestern Horst Eckel sich dem Ansturm Hidegkutis entgegenwarf. Richard tritt dennoch auf ihn zu und versucht, einfach an ihm vorbei ins Innere des Zuges zu gelangen.

– He! Sie können hier nicht rein!

Richard antwortet in einem so entschlossenen Ton, wie

ihn Matthias zuletzt gehört hat, als er zum Stubenarrest verurteilt wurde.

– Doch, natürlich kann ich das! Ich war doch schon drin die ganze Zeit. Ich bin nur kurz raus, um meinen Jungen zu holen.

Richard zieht Matthias fest an sich heran und präsentiert ihn dem Schaffner, als wäre der rothaarige Junge der Weltmeisterschaftspokal. Der Schaffner schaut skeptisch von einem zum anderen.

– Ach, und wer sind Sie?

Auf diesen Moment hat Richard gewartet. Zackig hebt er die rechte Hand. Sein Zeigefinger verdeckt das Foto auf der kleinen grauen Karte, das einen jungen Mann mit Brille zeigt. Über dem Zeigefinger ist »Sonderausweis« gerade noch zu lesen, darunter eine krakelige Unterschrift.

– Ackermann, Süddeutsche Zeitung.

Die letzte Silbe ist noch nicht ganz aus Richards sich nun doch langsam verengender Kehle entwichen, da hat er bereits die ersten beiden Stufen zum Zuginneren genommen. Der Schaffner gibt auf und den Weg frei. Das Gedränge auf dem Gang vor den Abteilen ist kaum geringer als draußen auf dem Bahnsteig. Einige Herren in dunklen Anzügen blicken immer wieder kopfschüttelnd aus dem Fenster auf die Menge am Bahnsteig, auf die sich reckenden Hände, die Präsente, die dem Zug entgegengestreckt werden. Matthias schaut sich um. Da, ist das nicht Jupp Posipal? Und der da, mit dem schmalen Gesicht und den großen Zähnen, das muss Eckel sein. Die Männer in den hellen Hemden und den Krawatten müssen also wohl die Spieler sein, und während die Funktionäre in ihren Dreiteilern verzweifelt versuchen, Haltung zu bewahren, haben die Weltmeister längst den obersten Kragenknopf geöffnet und die Ärmel hochgerollt. Matthias drängelt sich durch all die Leiber, späht in

jedes Abteil und hält plötzlich inne. Da, diese Oberschenkel, die erkennt er auch von hinten und in der Anzughose. Richard Lubanski, der die ganze Zeit unauffällig hinter seinem Sohn hergegangen ist, folgt Matthias' Blick zum Fenster, aus dem sich zwei Männer hinausbeugen und Hände schütteln, die ihnen von unten entgegengestreckt werden.
– Welcher ist es denn?
– Der Linke!
Matthias strahlt und dreht seinem Vater den Rücken zu. Richard Lubanski versteht, öffnet den Rucksack, an dessen Trägern sich Matthias die ganze Zeit festgehalten hat, und zieht zwei Flaschen Bier heraus. Auf den Absätzen macht Matthias kehrt, nimmt eine Flasche in jede Hand und geht in das Abteil.
– Hallo, Boss!
Helmut Rahn zieht den Kopf ins Abteil zurück und dreht sich um. Da steht ein rothaariger, milchgesichtiger Junge in kurzen Lederhosen und grinst ihn an, als sei er ein Sendbote des Fußballgottes, der ihm, Helmut Rahn, geboren am 16. August 1929 in Essen, die Erfüllung von drei Wünschen mitteilt: 1.) Rot-Weiß Essen wird fünfmal in Folge deutscher Meister. 2.) Helmut Rahn wird Torschützenkönig bei der nächsten WM. 3.) Sein Bier wird niemals warm werden. Aber dann fällt ihm ein, dass es nur einen Fußballgott gibt, und der heißt Toni Turek und steht neben ihm am Fenster. Und der kann zwar eine Menge übernatürlicher Dinge, unhaltbare Bälle halten zum Beispiel, aber Essen zum Meister machen wird ihm nicht einfallen, spielt er doch für Fortuna Düsseldorf. Und während er mit halb offenem Mund grübelt, streckt ihm der Sendbote zwei Flaschen entgegen.
– Hier, Boss! Zwei Flaschen Bier. Und sogar kalt!
Ganz langsam wird aus dem staunenden Loch, das Rahns Mund bislang war, das unverschämte Grinsen, mit dem er

seine ungarischen Gegenspieler immer wieder zu provozieren versucht hatte.

– Mensch, Mattes! Was machst du denn hier? Jetzt werd' ich verrückt!

Er packt Matthias und hebt ihn so hoch, dass der Junge sich fast den Kopf an der Abteildecke gestoßen hätte.

– Vorsicht! Das Bier!

Langsam lässt Rahn Matthias wieder zu Boden, nimmt die beiden Flaschen und knufft den anderen Mann am Fenster in die Seite.

– Guck mal, Toni. Dat is der tolle Bursche, der mir die Tasche zum Spiel trägt.

Auch wenn es ihm schwer fällt, kehrt Toni Turek den jubelnden Mädchen für einen Moment den Rücken zu und wirft einen flüchtigen Blick auf den Jungen. Als er die Flaschen in Rahns Hand sieht, ist er plötzlich ganz interessiert und hört zu, was Matthias dem Boss mit rosa leuchtenden Wangen erzählt.

– Ich bin extra zum Endspiel, damit ihr gewinnt!

Die beiden Weltmeister sehen sich verständnislos an. Turek zuckt nur mit den Schultern, doch Helmut Rahn sieht alles plötzlich wieder ganz deutlich vor sich, die roten ungarischen Trikots, den Regen, Herberger in seinem durchnässten Trenchcoat auf der Bank, die begeisterten Zuschauer, schließlich der Junge an der Seitenauslinie, genau auf Höhe des Gangs zu den Kabinen. Er hält den Ball in der Hand.

– Dann warst du dat wirklich gestern?

– Na, du hast doch gesagt, große Spiele kannst du ohne mich nicht gewinnen!

Rahn lacht sein Rahnlachen.

– Dat stimmt! Und hatte ich nich Recht? Hatte ich nich Recht?

Matthias nickt heftiger als nötig, aber er will den Kopf

jetzt nicht still halten, weil er dann was sagen müsste, und er weiß einfach nicht, was.

– Sach ma, bist du etwa alleine hier?

– Nein, mein Vater hat mich gefahren. Mit dem Auto vom Pfarrer!

Noch während er antwortet, dreht sich Matthias um und deutet auf Richard, der die ganze Zeit in der Abteiltür gestanden ist und die Szene still beobachtet hat. Helmut Rahn drängt sich an Matthias vorbei und streckt dem Mann, der seinen Hut unbeholfen in den Händen dreht, energisch seine Rechte hin.

– Rahn, freut mich! Sieht so aus, als würden wir den Sieg Ihnen verdanken!

Richard lächelt. Das also ist der Mann, von dem er glaubte, er stünde zwischen ihm und Matthias. Aber jetzt sieht er nur einen netten jungen Kerl, der von der ganzen Feierei einigermaßen mitgenommen wirkt, ihm aber verschwörerisch zuzwinkert. Richard nimmt Rahns Hand und schüttelt sie.

– Ja. Sieht so aus, als wär' ich schuld ... Aber Respekt für Ihr Tor! Ihre Nerven hätte ich gerne.

Rahn hebt grinsend die beiden Flaschen hoch. Toni Turek, der immer noch interessiert den jungen Weltmeistermacher beobachtet, will nach einem Bier greifen.

– Finger weg, du Fliegenfänger!

Rahn bringt seine Präsente vor den Händen des Torwarts in Sicherheit, drückt Matthias auf einen Sitz und drängt sich mit einer entschuldigenden Handbewegung an Richard vorbei auf den Gang.

– Machen Sie es sich schon mal gemütlich, ich muss kurz mit jemandem anstoßen.

Richard sieht Rahn nach, der zielstrebig auf einen relativ kleinen Mann im dunklen Anzug zusteuert.

– Chef!

Sepp Herberger dreht sich um. Rahn drückt ihm ein Bier in die Hand und prostet ihm zu.

– Hier. Hat mir gerade ein echter Kumpel gebracht. Ich dachte mir, das teil ich mit Ihnen. Jetzt darf ich ja. Und Sie dürfen's sehen.

Herberger hebt lächelnd die Flasche. Obwohl er sich sonst selten gestattet, einmal zurückzublicken, sieht er sich nun noch einmal auf dem Balkon seines Hotelzimmers in Spiez stehen, mitten in der Nacht, und ein paar Meter unter ihm liegt Helmut Rahn sturzbetrunken auf der Eingangstreppe. Was, wenn die Putzfrau ihn nicht aufgehalten hätte? Vielleicht hätte er den Boss sofort nach Hause geschickt. Und vielleicht wäre Deutschland dann nie Weltmeister geworden.

– Boss, Sie werden sich nie ändern.

– Aber wenn es einer schafft, dann Sie.

Als die beiden Männer die Flaschen ansetzen, geht Richard Lubanski zurück ins Abteil und setzt sich seinem Sohn gegenüber ans Fenster. Bevor er Toni Turek noch ein Kompliment auf die vielen Paraden machen kann, packt eine energische Hand den Torwart am Arm und zieht ihn auf den Gang. Turek schiebt noch die Tür zu, dann sitzen Vater und Sohn für einen Moment schweigend beieinander.

– Und, wie findest du ihn? Rahn, meine ich?

– Der ist 'ne tolle Nummer. Gegen den kommt keiner an.

– Doch. Du!

Richard wird so fast so rot wie damals, als er zum ersten Mal mit Christa ausging und nicht wusste, wie er mit all ihren Neckereien umgehen sollte. Schnell wuschelt er Matthias durch das Haar.

– Das ist ja ein großes Kompliment. Aber so gut Fußball spielen kann ich beim besten Willen nicht.

Matthias nimmt den Rucksack auf die Knie und kramt in einer der Seitentaschen herum. Schließlich zieht er einen zerknitterten Briefumschlag heraus und reicht ihn seinem Vater, der vergeblich versucht, die Schrift in den Falten zu entziffern.

– Was ist das?

– Von Bruno. Ich musste versprechen, dass ich ihn dir nicht früher gebe.

Die Farbe, die eben noch all die Anspannung und Müdigkeit in Richard Lubanskis Gesicht überpinselt hatte, ist mit einem Mal weggewischt. Plötzlich ist er fast wieder so blass wie damals, als er in Essen aus dem Zug gestiegen war. Fast bekommt er den Brief nicht auf, so zittern jetzt seine Finger. Er entfaltet das Blatt mit den handgeschriebenen Zeilen, legt es auf den rechten Oberschenkel und streicht es umständlich glatt. Schließlich gibt er sich einen Ruck, hebt das Papier und beginnt zu lesen. Matthias sieht förmlich, wie eine innere Schlaufe Richards Kehle zusammenzieht, wie die Kälte in die Fingerspitzen kriecht, wie der Mund austrocknet. Und dann sieht er auch die Tränen, die langsam an Richard Lubanskis Nasenflügeln herunterrinnen, erst ein paar nur, dann immer mehr. Aus dem heftigen Atmen wird ein Schluchzen, das den Körper durchrüttelt und nicht mehr aufhören will, auch nicht, als Richard Daumen und Zeigefinger der rechten Hand fest auf die Augen drückt. Erschrocken legt ihm Matthias eine Hand auf den Arm.

– Papa! Was ist denn los?

– Was musst du nur denken von deinem Vater? Sitzt hier und heult wie ein kleines Kind!

Matthias richtet sich auf, umarmt seinen Vater und streichelt ihn.

– Ach, weißt du, ich finde, deutsche Jungs können ruhig auch mal weinen.

Da setzt sich der Zug in Bewegung.

Der Film

Das Turnier

Die Spieler

Die Mutter aller Fußballspiele

Ein Gespräch mit Sönke Wortmann über seinen Film »Das Wunder von Bern«, das Gefühl, vor 60.000 Zuschauern zu spielen, und die Schwierigkeiten, das 3:2 zu erzielen

Christof Siemes: *Sie sind 1959 geboren, also zu jung, um ein richtiges »Wunder«-Kind zu sein. Wann haben Sie zum ersten Mal vom »Wunder von Bern« gehört?*

Sönke Wortmann: Weiß ich gar nicht mehr. Wahrscheinlich, als ich sechs oder sieben war. Das Tor von Helmut Rahn wird ja pro Jahr mindestens dreimal gezeigt. Es hat mich damals allerdings nicht so fasziniert wie heute. Weil ich die gesellschaftliche Bedeutung gar nicht erkannt habe und die sportliche auch nicht. Dass es ein solcher Außenseitererfolg war, hab' ich erst wesentlich später erfahren.

War bei Ihnen zu Hause Fußball ein großes Thema?

Mein Vater war sehr fußballbegeistert, er hat mich, den Nachzügler nach zwei viel älteren Brüdern, immer mit ins Stadion genommen, zum TSV Marl-Hüls. Seit 1964 gab es ja die Bundesliga und darunter 5 Regionalligen. Und in der Regionalliga West spielte der TSV Marl-Hüls. Ich kann mich noch genau an das erste Spiel erinnern, bei dem ich im Stadion war. Ich war fünf oder sechs, und der TSV gewann gegen Schwarz-Weiß Essen 3:1. Und der Mittelläufer Peters hat ein Tor geschossen. Da wollte ich dann auch Fußballer werden.

Sind Sie ja auch.

Ja. Bei Marl-Hüls hab' ich angefangen. In der Jugend war ich da noch der Beste, sogar auf dem Sprung in die Schüler-Nationalmannschaft. Aber dann hab' ich mich leider verletzt, und dann war das nix Rechtes mehr. Später hab' ich immer noch relativ hochklassig gespielt, A-Jugend Westfalenliga und so. Dann bin ich zur ruhmreichen Spielvereinigung Erkenschwick gewechselt, Oberliga Westfalen. Da hab' ich in der ersten Mannschaft gespielt und wir sind in die 2. Bundesliga aufgestiegen.

Auf welcher Position haben Sie gespielt?

Im defensiven Mittelfeld. Ich konnte nicht schnell, aber relativ lange laufen.

Klingt ein bisschen nach Matthias Lubanski, dem Helden des Films, von dem sein Vater sagt: Du bist zäh und laufstark.

Aber ein bisschen besser war ich schon. Matthias darf nur mitspielen, wenn irgendwo einer zu wenig ist. Ich war der, der als Erstes gewählt wurde.

Wer war Ihr großes Vorbild als Fußballer?

Ich war immer für die Holländer. Selbst in der großen Zeit der deutschen Mannschaft, die 1972 Europa- und 1974 Weltmeister wurde. Ich mochte den Johan Cruyff. Aber mein Vorbild war Johan Neeskens.

Der den Elfmeter für Holland im Finale 1974 verwandelt hat.

Genau. Der hat die immer mitten reingeballert. Aber nicht nur deshalb habe ich ihn bewundert, sondern auch, weil er meine Position besser spielte als irgendwer sonst auf der Welt.

Haben Sie es je bereut, kein Profi-Fußballer geworden zu sein?

Überhaupt nicht. Im Gegenteil. Ich hab' relativ früh aufgehört, mit 20 schon. Weil ich gemerkt habe: Für die Bundesliga wird's nicht reichen. Und für die 2. Liga war mir das Investment zu hoch: Von der Party immer als Erster nach Hause zu gehen, weil man sich vorbereiten muss. Ein bezeichnendes Erlebnis hatte ich vor acht Jahren, da wurde ein Spiel vom AC Mailand übertragen mit dem berühmten Libero ...

... Franco Baresi ...

... der genauso alt ist wie ich. Und da hieß es immer: Der alte Mann ist wieder am Ball. In meinem Beruf war ich da gerade der Jungstar und spätestens da wusste ich: Hast alles richtig gemacht.

Und wann ist dem Ex-Fußballprofi Sönke Wortmann die Idee zu diesem Fußballfilm gekommen?

Als ich noch auf der Filmhochschule war, 1985 oder so, ist mir ein Buch über die Oberliga West und die ganzen Traditionsvereine in die Hände gefallen. SV Solingen, Westfalia Herne, Schalke 04 natürlich, Hamborn 07. Da waren tolle Bilder drin, die Stadien, die Trikots. Und da wurde berichtet, dass sie den Pomaden-Ede, einen Taubenzüchter, mit zu

Auswärtsspielen geschickt haben. Und wenn ein Tor fiel, in Aachen oder sonstwo, ließ er eine Taube los mit dem Spielstand. Die flog dann mit dem Ergebnis nach Hause. Das fand ich ein so schönes Bild, das hat mich so bewegt und beeindruckt, dass ich dachte: So wird eines Tages ein Film von mir anfangen.

Und wie kam es, dass dieser Film ausgerechnet in Bern endet?

Fußball war immer in meinem Kopf und das »Wunder von Bern« immer ein Thema. Ich hab' mich nur lange nicht rangetraut. Weil ich eigentlich alle bisherigen Fußballfilme misslungen finde. Sie mussten misslingen, weil sie der Sache selbst nicht gerecht werden konnten. Bis vor kurzem war es gar nicht möglich, Fußball im Kino so aufregend zu zeigen, wie er ist.

Warum nicht?

Weil man das gar nicht bezahlen kann. Du kannst ja kein Stadion füllen mit 60.000 Leuten. Multipliziert mit 50 Euro Komparsengage sind das 3 Millionen Euro – pro Tag! Und wir haben an unserem Finale fünf Tage gedreht. Das geht nicht. Also hat man es bislang immer so gemacht: Totale eines Stadions, irgendwo ganz klein Schwarz-Gelb gegen Rot-Weiß, dazu die Zuschauer. Das waren originale Spielszenen. Dann springt die Kamera runter auf den Platz und guckt von unten auf den Spieler, um nur ja keine Zuschauer im Bild zu haben. Außerdem ist der Fußballer meist ein Schauspieler, der aber nicht kicken kann. Ich hatte mir aber geschworen: Wenn ich das mal mache, müssen echte Fußballer spielen. Denn das sieht doch jeder sofort, ob einer spielen kann oder nicht.

Ist nur die Technik schuld, dass Sie bis jetzt mit Ihrem Fußballfilm gewartet haben?

Ja. Ich bin nie tiefer eingestiegen in die Überlegungen, weil ich gesagt habe: Du machst es richtig oder gar nicht. Richtig ging nicht – und das war's dann. Erst bei »Gladiator« vor drei oder vier Jahren dachte ich: Oh, guck mal, was jetzt alles geht. Die hatten es aber viel einfacher als wir: Um die Arena im Kolosseum war 'ne zehn Meter hohe Mauer, erst darüber kamen die Zuschauer. Deshalb musste der Regisseur Ridley Scott in ganz vielen Einstellungen gar keine Zuschauer im Bild haben. Was wir gemacht haben, ist in der Beziehung noch anspruchsvoller als »Gladiator«. 130 Stadioneinstellungen in der Qualität – Weltspitze. Ich darf das sagen, weil ich diese Technik nicht selbst gemacht habe, sondern die Jungs vom »Werk«, einer Firma für digitale Bildbearbeitung. Ich kann gerade mal ein Fahrrad aufpumpen.

Mit der Technik im Rücken war also auch von Anfang an klar, dass Sie kein Original-Material verwenden, sondern das Finale nachspielen lassen wollten.

Eigentlich hatte ich eine noch viel größere Oper geplant. Ich wollte auch noch andere Partien zeigen, gegen Jugoslawien oder das Entscheidungsspiel gegen die Türkei. Aber im Laufe der Arbeit hat sich herausgestellt, dass wir dann zu früh zu viel Pulver verschossen hätten. Jetzt fragen sich die Leute: Wie wird er wohl das Finale machen? Und dann gehen sie wirklich auf den Platz und spielen.

Wie viel Originalmaterial gibt es überhaupt von diesem legendären Ereignis?

Sieben oder acht Minuten. Es soll eine verschollene Kopie irgendwo geben, auf der alles drauf ist. Aber das ist so wie mit dem Bernsteinzimmer.

Haben Sie die sieben Minuten komplett nachgestellt?

Nein, nur die fünf Tore. Zwischendurch hab' ich die Jungs einfach so ein bisschen spielen lassen. Das kollektive Gedächtnis umfasst ja höchstens diese fünf Tore. Meistens sogar nur das eine, das 3:2.

Nun sind vor kurzem erstmals historische Farbaufnahmen vom Spiel aufgetaucht. Hätten Sie irgendetwas anders gemacht, wenn Sie das Material gekannt hätten?

Natürlich nicht. Ich bin nur froh, dass wir für die Ungarn die richtigen Farben genommen haben. Irgendwann hieß es mal, die hätten in Grün gespielt. Aber der Horst Eckel erinnerte sich an rote Trikots. Und so war es dann ja auch.

Nehmen die »echten« Farbbilder nicht dem Film etwas von seinem Überraschungseffekt weg – dass man hier das Endspiel erstmals in Farbe sieht?

Überhaupt nicht. Das ist doch im Kino ein ganz anderes Erlebnis. Außerdem hatte der Kameramann in Bern nur eine einzige, feste Position weit weg an der Torauslinie. Wir hatten fünf Kameras im Einsatz, eine Steadycam, einen Kran, alles, was das Herz begehrt.

Wie haben Sie eigentlich Ihre Mannschaft gefunden?

Durch ein intensives Casting. Wir haben bei der Fußballausstellung im Gasometer Oberhausen auf einer Pressekonferenz von dem Projekt erzählt. Dann liefen die Telefone heiß. 1500 Leute haben sich beworben, wir mussten 'ne Sonderleitung legen. Das war zu der Zeit, als der Daum-Skandal gerade anfing. Wir haben auch drei Haarproben mitgeschickt bekommen.

Und? Waren die positiv?

Für den Film unbedingt. Eine stammte von demjenigen, der dann unser Berni Klodt geworden ist.

Und wer ist Helmut Rahn, der ja im Film viel mehr leisten muss als nur das 3:2 zu schießen?

Den haben wir auch über dieses Casting gefunden, ein seltener Glücksfall: Sascha Göpel ist auf der Schauspielschule in Hannover, weiß also, was vor der Kamera zu tun ist. Und ist sogar gebürtig aus Essen, spricht den Dialekt, hat von der Statur her Ähnlichkeit und immerhin bei Bayer Uerdingen gespielt – das war die Stecknadel im Heuhaufen.

Wie lange hat er für das 3:2 gebraucht?

Wir haben aus verschiedenen Richtungen gedreht. Und wir haben es aus jeder Richtung wenigstens einmal komplett gut. Schäfer flankt – abgewehrt – Rahn nimmt den Ball an, legt ihn sich auf links, schießt, Tor. Das hat beim vierten Mal geklappt, beim fünften Mal auch, und dann wieder beim achten Mal. Gute Fußballer können das.

Und wo haben Sie Ihren Matthias Lubanski gefunden?

Das ist der echte Sohn von Peter Lohmeyer, der im Film den Richard Lubanski spielt. Ich fand es sehr verlockend, Vater und Sohn Vater und Sohn spielen zu lassen.

Im Film macht Lohmeyer einen spektakulären Fallrückzieher. Waren die Aufnahmen dazu 'ne schwere Geburt?

Hat er relativ schnell geschafft. Er kann ja nicht schlecht Fußball spielen. Und dann ist da ein Schnitt, wenn der Ball ins Tor rollt, er musste also nicht wirklich treffen. Aber der spielt gut genug – beim 5. Mal hätte er auch das geschafft.

Ihr Vater war wie Richard Lubanski Bergmann. Ist der Film eine Rückkehr zu den eigenen Wurzeln?

Absolut. Das Milieu ist das, in dem ich selbst aufgewachsen bin. Mein Vater war auch im Krieg, allerdings nicht Kriegsgefangener. Er wurde verwundet und kam nach Hause. Der kleinste von drei Geschwistern war ich auch. Das ist es dann aber auch mit der Autobiografie.

Das Ruhrgebiet im Film ist eine Montage aus vielen Schauplätzen.

Duisburg, Oberhausen, Bottrop, Recklinghausen, Köln – ist zwar kein Ruhrgebiet, aber da spielt die Trainingsszene von Rot-Weiß Essen, komischerweise. Christas Kneipe außen ist in Krefeld. Die 50er-Jahre-Villa des Reporters steht in Düsseldorf.

Und die Original-Ausstattung, die Autos zum Beispiel, wo kommen die her?

Von Automobilclubs. Man schaltet Anzeigen, und dann kommen die aus ganz Deutschland ...

... und zeigen ihre Schätze her ...

... und kriegen Geld dafür! Da ich ja auch Produzent bin, hab' ich gesagt: Müssen wir wirklich so viele Autos haben? Aber die braucht man. Wenn all die Autos und Busse beim Finale vor dem Wankdorf-Stadion stehen, darf man nicht das Gefühl haben: Hier wurde gespart. Der Zug, in dem die letzten Szenen des Films spielen, ist übrigens der Originalzug, mit dem damals die Nationalmannschaft nach Hause geholt wurde.

Und was ist mit dem legendären Geist von Spiez – existiert der in echt noch?

Wir waren nicht im originalen Hotel Belvedere. Das ist zu verbaut, x-fach renoviert. Wir waren immerhin am gleichen See, in einem anderen Ort.

Das Wankdorf-Stadion war schon gesprengt, als Sie anfingen zu drehen.

Das hat uns nichts ausgemacht. Wir haben uns unser eigenes Stadion gebaut. Es musste ja in einem bestimmten Winkel zur Sonne stehen, damit später die digitale Montage der Zuschauer überhaupt funktioniert. So was hätten wir gar nicht finden können. Das sind Sachen, die nicht auf Erfahrungswerten beruhen, die mussten wir alle selber rausfinden durch viele Versuche. Wir konnten niemanden fragen: Wie geht denn das? Es hat einfach noch keiner gemacht. Wir haben erst mal lange Stadien gesucht, kleine, größere. Ging aber alles nicht. Dann hatte einer die Idee: Wir gehen dahin, wo der Rasen ist. So sind wir bei einem Rollrasenhersteller zwischen Köln und Bonn gelandet. Und da haben wir unser Stadion hingebaut.

Die Verbindung Ruhrgebiet – Wunder von Bern ...

... war mir immer klar. Ohne diesen Sieg wäre es nicht so schnell aufwärts gegangen mit dem ganzen Land, seiner Wirtschaft. Das war ein Wendepunkt in der Nachkriegsgeschichte. Dass das ein Fußballspiel leisten kann, finde ich schon enorm. Joachim Fest hat gesagt, es gibt drei Gründerväter der Bundesrepublik: Konrad Adenauer, Ludwig Erhard und Fritz Walter.

Haben die Helden von Bern Ihnen bei dem Film geholfen?

Horst Eckel hat uns beraten, auch Heinrich Kwiatkowski, einer der drei Torhüter, und ein paar Journalisten, die damals dabei waren. Vor allem aber Eckel, der uns gesagt hat, wie der Umgangston war, was Herberger gesagt hat, wie die Taktik aussah ... Die Spieler von damals, die noch leben, treffen sich ja immer noch, fahren nach Ungarn, treffen Puskás, Grosics, auch vierzig Jahre nach dem Spiel, das find' ich klasse.

Es gibt wohl kein zweites Spiel mit so einer Langzeitwirkung.

Ja, die Mutter aller Fußballspiele.

Wenn Sie die Spielstärken vergleichen: Sind die Landesliga-Kicker, die Sie im Film aufgestellt haben, so gut wie damals die Weltmeister?

Das kann man nicht vergleichen. Ich denke, es ist in etwa das gleiche Niveau. Technisch sowieso. Der Unterschied zwischen einem Regionalligaspieler und einem Bundesligaprofi ist oft nicht die Technik. Was man im Film sieht, können ganz, ganz viele spielen. Der Unterschied entsteht, wenn das Tempo hoch wird. Da trennt sich die Spreu vom Weizen.

Und wenn 60.000 Leute zugucken und brüllen.

Das auch. Obwohl man die irgendwann vergisst. Das weiß ich von anderen, und vor 20.000 hab' ich auch schon gespielt. Da ist man so bei der Sache, da blendet man die Zuschauer aus. Erst wenn man 4:1 führt, genießt man es und hört sie wieder. Und beim Tor natürlich.

Was ist »Das Wunder von Bern« – ein Fußballfilm, ein Historienfilm?

Ein Heldenepos. Ein Familiendrama. Ein Fußballfilm ist es gar nicht, dafür gibt's zu wenig Fußball. Die schönste Reaktion kommt von Frauen. Die sind zunächst sehr skeptisch wegen des Themas. Dann haben sie am Ende Tränen in den Augen und sagen: Das ist ja gar kein Fußballfilm. Nee, sag ich dann, das ist eigentlich ein Frauenfilm. Und dann nicken die.

Was ist das historische Ereignis »Wunder von Bern« für Sie?

Schon ein Gründungsmythos der Bundesrepublik, der wahre Beginn der Bonner Republik.

Haben die Weltmeister-Mannschaften von 1974 und 1990 eine ähnliche mythische Qualität?

Nein. Die Deutschen sind seitdem immer Mitfavorit, das ist was ganz anderes. Damals waren sie absoluter Außenseiter, hatten gegen Ungarn ja nur wenige Tage vorher schon 8:3 verloren und liegen 0:2 hinten. Das ist unvergleichlich, nicht mal Boris Beckers erster Wimbledon-Sieg kommt da ran.

Hat der Film eine Botschaft? »Deutsche Jungs weinen nicht«, sagt der Vater immer – und weint am Ende selber.

Das kann ich nur sehr schwer beurteilen. Ich mach' ja Filme nicht, weil ich eine Botschaft verkünden will, sondern aus dem Gefühl heraus. Der Film wird als generationsverbindend empfunden. Wenn das so ist, würde mich das sehr stolz machen. Ich hatte früher kein Verständnis für meinen Vater, wir haben uns gefetzt bis auf 's Blut. Ich bin ein Post-68er, und mein Vater war im Krieg. Aber das waren zum Teil halt auch arme Säcke, die missbraucht wurden. Dieses Verständnis für die ältere Generation, das ich jetzt habe, wo ich selbst ein bisschen reifer und weiser geworden bin, dieses Gefühl vermittelt der Film bei vielen Leuten auch.

Nostalgiker werden sagen: Siehste, früher war alles besser. Im Fußball, im Kino ...

Es war nicht besser, sondern anders. Viele beklagen heute die Kommerzialisierung des Sports. Aber wenn man damals Toni Turek eine Million gegeben hätte, hätte er sie auch genommen. Es war einfach kein Geld da. Deshalb haben sie ohne gespielt und waren genauso glücklich wie die Spieler heute. Vielleicht sogar glücklicher.

In kritischen Situationen stellen die Figuren im Film die Frage: Bist du für mich oder gegen mich? Auf diese Weise hat der amerikanische Präsident Bush seine Allianz für den Krieg gegen den Irak zu schmieden versucht.

Stimmt schon. Bushs Politik ist ja ein Rückfall mindestens in die 50er Jahre. Aber eine andere Botschaft, die vielleicht auch noch in dem Film steckt, ist das Schicksalhafte. Daran glaube ich. Wenn Adi Dassler nicht die Schraubstollen erfunden hätte, wären die Deutschen nicht Weltmeister geworden. Und wenn es nicht geregnet hätte, wären sie auch nicht Weltmeister geworden. Das hab' ich dann überhöht: Wenn der Junge nicht im Stadion gewesen wäre ... Das hat natürlich was Märchenhaftes, aber das hatte der Sieg damals ja auch.

Wenn Sie noch einmal, wie im Märchen, so alt wären wie Matthias im Film: Würden Sie davon träumen, einen Oscar zu gewinnen oder Fußball-Weltmeister zu werden?

Weltmeister natürlich!

Die Fußballweltmeisterschaft 1954 in der Schweiz

Vorgeschichte: Das Turnier ist die fünfte Weltmeisterschaft, die der Fußballweltverband FIFA ausrichtet. Die erste WM hatte 1930 in Uruguay stattgefunden, im Land des Fußballolympiasiegers von 1924 und 1928. 13 Mannschaften nahmen an der Premiere teil, davon nur vier aus Europa, am Ende werden die Gastgeber auch Weltmeister. Zur Titelverteidigung vier Jahre später in Italien trat Uruguay nicht an, am Ende gewann auch diesmal der Gastgeber das Turnier von nunmehr 16 Mannschaften. Deutschland wurde bei seiner ersten WM-Teilnahme völlig überraschend durch einen 3:2-Sieg über das Wunderteam aus Österreich Dritter, das »Wunder von Neapel«. Bei der dritten Weltmeisterschaft in Frankreich 1938 mit wiederum 16 Teams ging eine »großdeutsche« Mannschaft an den Start, gebildet aus einer österreichischen Verteidigung und einem deutschen Angriff. Doch schon im Achtelfinale war nach einem 2:3 im Wiederholungsspiel gegen die Schweiz Endstation, Weltmeister wurde der Titelverteidiger Italien. Beim ersten Nachkriegsturnier in Brasilien traten wiederum nur 13 Mannschaften an, Deutschland war noch nicht wieder Mitglied der FIFA und durfte daher nicht teilnehmen. Der Weltmeister wurde nicht in einem echten Endspiel, sondern in einer Finalrunde der vier Gruppensieger ermittelt, und wie bei der Premiere 1930 hieß er Uruguay.

Qualifikation: Für das Turnier in der Schweiz melden sich zunächst 44 Mannschaften an, aber nur 16 sollen den Titel unter sich ausspielen. In 13 Qualifikationsgruppen wird vorgesiebt – nur die Gruppensieger sowie aus einer Vierergruppe auch der Zweite dürfen in die Schweiz reisen; der Titelverteidiger Uruguay und der Gastgeber Schweiz sind automatisch qualifiziert. Die deutsche Mannschaft muss gegen Norwegen und die Saar antreten, damals noch ein eigenständiger Fußballverband. Nach einem 3:1-Sieg am 28. März 1954 im entscheidenden Spiel in Saarbrücken ist die deutsche Mannschaft qualifiziert.

Für das Turnier hat sich die FIFA einen neuen Modus ausgedacht mit einer Mischung aus Punktwertung und K.-o.-System – um die Zahl der Spiele zu reduzieren, aber auch, um unliebsame Überraschungen durch Außenseiter möglichst unwahrscheinlich zu machen. In jeder der vier Vierergruppen gibt es je zwei »gesetzte« und zwei »ungesetzte« Teams. In einer Gruppe spielt nicht – wie heute in der Vorrunde üblich – jeder gegen jeden, sondern nur Gesetzte gegen Ungesetzte. Von Chancengleichheit kann also keine Rede sein, zumal die Setzlisten schon fertig sind, bevor die Qualifikation überhaupt zu Ende gespielt ist. So will die FIFA Spanien in jedem Fall setzen. Doch die Spanier kommen im Entscheidungsspiel der Qualifikation nur zu einem 2:2 gegen die Türkei, das Los muss über den WM-Teilnehmer entscheiden, und das Glück ist auf Seiten der Türken. Sie übernehmen den gesetzten Status der Spanier, obwohl sie nicht mehr oder weniger internationale Reputation haben als die anderen Nichtgesetzten in Gruppe 2, Deutschland und Südkorea. Auch in den anderen Gruppen werden starke Teams wie die Schweiz oder Jugoslawien nicht gesetzt.

Gruppenspiele: Das Eröffnungsspiel in Lausanne bestreiten Frankreich und Jugoslawien, das 1:0 gewinnt. Dem mageren Beginn folgt ein torreiches Turnier: Im Schnitt werden 5,384 Treffer pro Spiel erzielt. Den höchsten Sieg landet der große Turnierfavorit Ungarn, der Südkorea in seinem ersten Spiel 9:0 abfertigt. Bei der Ermittlung der acht Teams für das Viertelfinale spielt die Tordifferenz jedoch noch keine Rolle, es zählen allein die Punkte. Bei Punktgleichheit wird ein Entscheidungsspiel notwendig. In den Gruppen 1 und 3 ist nach den vier Gruppenspielen alles klar: Dort haben sich Brasilien und Jugoslawien sowie Uruguay und Österreich qualifiziert. In der Gruppe 2 aber müssen die Deutschen nach dem 4:1-Sieg über die Türkei und der 3:8-Schlappe gegen Ungarn ebenso zu einem Entscheidungsspiel antreten wie die Schweiz und Italien in Gruppe 4. Deutschland besiegt die Türkei 7:2, die Schweiz gewinnt gegen Italien 4:1.

Viertelfinale: Im Viertelfinale trifft der Favorit Ungarn auf den Vizeweltmeister von 1950, Brasilien. Hoch gehen die Emotionen bei diesem Regenspiel, drei Spieler werden vom Platz gestellt, und nach dem 4:2-Sieg der Ungarn kommt es im Kabinengang zu einer gewaltigen Prügelei. Ebenfalls 4:2 gewinnt der Titelverteidiger Uruguay sein Viertelfinale gegen England. Das Mutterland des Fußballs, das sich lange zu fein gewesen ist, an einer WM teilzunehmen, hat schon vier Jahre zuvor die Finalrunde nicht erreicht, und auch diesmal ist die Mannschaft um Stanley Matthews nicht gut genug, um gegen die Südamerikaner mit ihren Stars Schiaffino und Borges bestehen zu können. Zur gleichen Zeit, als England untergeht, spielt die Schweiz ihr Viertelfinale gegen Österreich. Schon nach 20 Minuten führen die Eidgenossen 3:0, doch in nur zwölf Minuten drehen die Österreicher den Spieß um und führen 5:3. Gegen den an einem Hitzschlag leidenden österreichischen Torwart Schmied kommen die Schweizer noch einmal auf 4:5 heran, am Ende aber siegt Österreich mit 7:5. Als Halbfinalgegner wird Deutschland zugelost, das gegen die favorisierten Jugoslawen in Genf 2:0 gewinnt.

Halbfinale: Auch im Halbfinale sind die Deutschen nur Außenseiter. Doch auch an diesem Tag, dem 30. Juni, herrscht in Basel Fritz-Walter-Wetter, die Luft ist feucht und kühl, der Rasen glatt. 6:1 siegen die Deutschen, die Brüder Ottmar und Fritz Walter treffen je zweimal, dazu Morlock und Schäfer. Im anderen Halbfinale in Lausanne straucheln die Ungarn beinahe in einem hochdramatischen Spiel. Auch ohne ihren Spielmacher Puskás, der sich im Gruppenspiel gegen Deutschland verletzt hat, führen sie schnell mit 2:0 gegen den Titelverteidiger aus Uruguay, doch der kann durch zwei Tore von Hohberg ausgleichen – Verlängerung. Erst in deren zweiter Hälfte entscheidet Kocsis mit zwei Kopfballtreffern die Partie zugunsten der Ungarn, die nun, vor allem nach dem 8:3-Kantersieg zwei Wochen zuvor, als klarer Favorit in das Finale gegen Deutschland gehen.

Spiel um Platz 3: Einen Tag vor dem Finale spielen in Zürich die Verlierer der beiden Halbfinals, Österreich und Uruguay, gegeneinander. Wie fast immer seither fehlt auch diesem »kleinen« Finale der rechte Schwung, beide Mannschaften sind müde. Österreich geht durch einen Foulelfmeter in Führung. Hohberg schafft noch den Ausgleich für Uruguay, das am Ende aber mit 1:3 unterliegt.

Finale: »Apotheose unter Parapluies«, schreibt der FIFA-Präsident Jules Rimet in seinen Erinnerungen über das Wogen der Regenschirme im Berner Wankdorf-Stadion an diesem 4. Juli. Als es nach fünf Minuten noch 0:0 steht, atmen die deutschen Schlachtenbummler erstmals durch – im Gruppenspiel hatten die Ungarn zu diesem Zeitpunkt

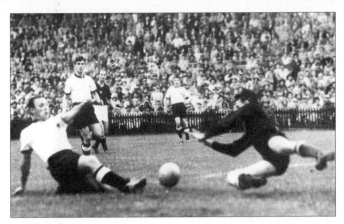

Das Wunder beginnt: Max Morlock erzielt den 1:2-Anschlusstreffer

Der Ball auf dem Weg zum Ausgleich:
Schäfer und Grosics verpassen, Rahn trifft zum 2:2

bereits 1:0 geführt. Aber sie haben sich zu früh gefreut: Drei Minuten später steht es bereits 2:0 für die Magyaren. Aber anders als zwei Wochen zuvor bricht die deutsche Mannschaft nicht auseinander, zur Pause hat sie durch Tore von Morlock und Rahn den Ausgleich geschafft. In der Kabine werden Eiswasser, Sprudel, Tee, Zitrone und ein paar Worte vom Chef, Sepp Herberger, gereicht: »Männer, es ist großartig, was ihr bisher geleistet habt. Gebt auch in der zweiten Halbzeit keinen Millimeter Boden preis. Spielt weiter so, dann kann kommen, was mag. Selbst wenn ihr jetzt verliert, wird euch niemand einen Vorwurf machen.«

Nach der Pause erhöhen die Ungarn den Druck, aber selbst dem Torschützenkönig des Turniers, Kocsis, gelingt kein Treffer mehr. Stattdessen kommt jene legendäre 84. Minute, in der Helmut Rahn auf der rechten Seite den Ball bekommt, nach innen zieht, schießen müsste, schießt – und trifft. Noch im Fallen jubelt er, sechs Minuten später pfeift der englische Schiedsrichter Ling die Partie ab. Das ungesetzte Deutschland wird zum ersten Mal Fußball-Weltmeister, eine der größten sportlichen Sensationen des 20. Jahrhunderts.

Noch eine halbe Stunde im Wankdorf-Stadion, keiner wankt ...

Der Moment der Entscheidung: Rahns Schuss ist im ungarischen Tor gelandet

Statistik:

Gruppe 1:

Brasilien – Mexiko	5:0
Jugoslawien – Frankreich	1:0
Frankreich – Mexiko	3:2
Brasilien – Jugoslawien	1:1 n.V.

Tabelle:	Tore	Punkte
1. Brasilien	6:1	3:1
2. Jugoslawien	2:1	3:1
2. Frankreich	3:3	2:2
3. Mexiko	2:8	0:4

Gruppe 2:

Ungarn – Südkorea	9:0
Deutschland – Türkei	4:1
Türkei – Südkorea	7:0
Ungarn – Deutschland	8:3

Entscheidungsspiel um den 2. Platz:

Deutschland – Türkei	7:2

Tabelle:	Tore	Punkte
1. Ungarn	17:3	4:0
2. Deutschland	7:9	2:2
3. Türkei	8:4	2:2
4. Südkorea	0:16	0:4

Gruppe 3:

Uruguay – Tschechoslowakei	2:0
Österreich – Schottland	1:0
Österreich – Tschechoslowakei	5:0
Uruguay – Schottland	7:0

Tabelle: Tore
1. Uruguay   9:0   4:0
2. Österreich   6:0   4:0
3. Tschechoslowakei   0:7   0:4
4. Schottland   0:8   0:4

Gruppe 4:

England – Belgien   4:4 n.V.
Schweiz – Italien   2:1
England – Schweiz   2:0
Italien – Belgien   4:1

Entscheidungsspiel um den 2. Platz:
Schweiz – Italien   4:1

Tabelle: Tore   Punkte
1. England   6:4   3:1
2. Schweiz   2:3   2:2
3. Italien   5:3   2:2
4. Belgien   5:8   1:3

Viertelfinale:

Österreich – Schweiz   7:5
Deutschland – Jugoslawien   2:0
Uruguay – England   4:2
Ungarn – Brasilien   4:2

Halbfinale:
Deutschland – Österreich   6:1
Ungarn – Uruguay   4:2 n.V.

Spiel um Platz 3:
Österreich – Uruguay   3:1

Finale:
Deutschland – Ungarn   3:2

Aus! Aus! Aus! Die Weltmeister kurz nach dem Schlusspfiff

Nach dem Schlusspfiff gibt es für die Zuschauer im Wankdorf-Stadion kein Halten mehr

Das Siegerfoto. Stehend von links: Herberger, F. Walter, Rahn, Posipal, Eckel, Liebrich, O. Walter, Schäfer, Morlock; knieend: Mai, Turek, Kohlmeyer

Der Kopf und der Chef der Mannschaft obenauf: Fritz Walter und Sepp Herberger

Nachspiel: Am Morgen nach dem Finale gibt der Gemeinderat der Stadt Spiez, wo die deutsche Mannschaft während der WM gewohnt hat, einen Empfang. Anschließend gehen die Spieler zum Bahnhof und besteigen einen Sonderzug der Deutschen Bundesbahn, auf dem in großen Buchstaben »Fußball-Weltmeister 1954« steht. Über Zürich geht die Fahrt zunächst zur deutschen Enklave Jestetten, wo zahlreiche Fans mit der Drohung, die Gleise zu blockieren, einen außerplanmäßigen Halt des Sonderzuges erzwingen. Erste offizielle Station auf deutschem Boden ist Singen. Über Konstanz geht es nach Lindau, wo die Spieler übernachten. Die Fahrt endet am 6. Juli in München, wo die Spieler in zwölf Kabrioletts umsteigen, um durch die Stadt gefahren zu werden. Mit Empfängen beim Bürgermeister, der bayrischen Landesregierung und im Löwenbräu-Keller endet die gemeinsame Triumphfahrt. Am nächsten Tag fahren alle Nationalspieler in ihre Heimatstädte, wo sie wiederum begeistert empfangen werden. Allein in Kaiserslautern warten 100.000 Menschen auf die fünf Weltmeister vom FCK. Am 18. Juli 1954 kommen alle noch einmal zu einem Empfang bei Bundespräsident Theodor Heuss zusammen, vor 80.000 Zuschauern im Olympiastadion, im Rahmen der norddeutschen Leichtathletik-Meisterschaften. Am nächsten Tag fliegen die Weltmeister zu einem Empfang beim Bundesinnenminister in Bonn, wo man bei »Geflügelcremesuppe Posipal« und »Kraftbrühe Rahn« eine Ehrengabe überreicht bekommt. Letztmalig trifft sich die Mannschaft dann Ende Juli in Dingolfing, der Heimat der Firma Glas, die die Goggomobil-Motorroller herstellt: Zum Abschluss der Triumphfahrten bekommt jeder Spieler und der Bundestrainer einen Motorroller geschenkt.

Erste Station in Deutschland: Der Zug mit den Weltmeistern in Singen, 5. 7. 1954

Triumphfahrt durch München, 6. 7. 1954

Lohn der Mühen: Helmut Rahn (li.) und alle anderen Spieler bekommen einen Gogo-Roller geschenkt

Sepp Herberger

Was ist er nun gewesen – gemütlicher Tyrann, Mannheimer Kleinbürger, Weltmann, der Weise von der Bergstraße, ein Narr im besten Sinne, ein Vereinfacher, ein Stratege, Denker, Praktiker, Feldherr, Magier, Diktator, Neuerer, Konservativer, Pyschologe, Kauz, Philosoph, Moralapostel, Schlitzohr? Keine Figur der deutschen Fußballgeschichte ist so vielfältig, widersprüchlich, legendär wie Sepp Herberger. Zu seinem 100. Geburtstag im Jahr 1997 erschienen allein drei umfängliche Biografien, sie alle zogen unterschiedliche Schlüsse aus den Stationen einer einzigartigen Trainerkarriere. Das schillernde Bild ergibt sich nicht zuletzt deshalb, weil Herberger selbst zu Lebzeiten die Berichterstattung über sich zu steuern versuchte. Fritz Walters Herberger-Buch »Der Chef«, erschienen 1964, war jedenfalls kaum mehr als eine Gefälligkeitsbiografie. Vor allem war Herberger bestrebt, seine soziale Herkunft zu verschleiern beziehungsweise aufzuwerten – wohl, um sich dem hohen Amt des Bundestrainers würdig zu erweisen.

Herberger wird als jüngstes von sechs Kindern am 28. März 1897 im Mannheimer Arbeiterviertel Waldhof geboren. Er wächst in sehr ärmlichen Verhältnissen in der so genannten Spiegelkolonie auf, wo die Mitarbeiter einer Spiegelfabrik wohnen. Der frühe Tod des Vaters »setzte meinen Plänen und Hoffnungen ein jähes Ende«, Herberger schließt wohl weder eine Berufsausbildung ab noch besucht er das Gymnasium. Die einzige Konstante in seinem Leben ist von Anfang an der Fußball. Das Endspiel um die Deutsche Meisterschaft in Mannheim 1907 ist ein Schlüsselerlebnis für den Zehnjährigen; kurz darauf tritt er dem SV Waldhof bei. Schon als 17-Jähriger spielt er dort in der ersten Mannschaft als Halb- oder Mittelstürmer. Bald kommt es zu einer Situation, die die ganze Ambivalenz von Herbergers Leben charakterisiert. Obwohl er als Trainer später Idealismus predigt und einen reinen Amateurismus verficht, nimmt der Spieler Herberger für seinen Wechsel zu einem anderen Verein Geld an. Er wird zum Berufsspieler erklärt und lebenslang gesperrt. Später wird die Sperre auf ein Jahr reduziert, die genauen Umstände des Skandals sind unklar. Ab Herbst 1921 spielt Herberger jedenfalls für den bürgerlichen VfR Mannheim, was ihn in den Augen der proletarischen Waldhof-Anhänger zum Verräter macht.

Beim »Nobelklub« aber wird Herberger Süddeutscher Meister und Nationalspieler, er gibt sein Debüt 1921 bei einem 3:3 gegen Finnland in Helsinki. Allerdings folgen danach nur noch zwei Einsätze in der Nationalmannschaft. Bis 1926 spielt Herberger in Mannheim, dann geht er mit seinem Freund und Förderer Otto Nerz, dem späteren Reichstrainer, nach Berlin. Dort stürmt er bis 1930 für Tennis Borussia und studiert nebenher mit einer Sondergenehmigung Sport. Nach dem Abschluss trainiert Herberger noch zwei Jahre seine alte Berliner Mannschaft, ehe er in Duisburg Verbandstrainer des Westdeutschen Fußballverbandes wird. Als die deutsche Nationalmannschaft unter Nerz bei den Olympischen Spielen 1936 kläglich scheitert, wird Herberger ihm zur Seite gestellt. Zwischen den einstigen Weggefährten entbrennt ein Machtkampf, an dessen Ende Herberger 1938 alleiniger Reichstrainer wird.

Schon am 1. Mai 1933 war Herberger in die NSDAP eingetreten, was er später verharmlost: Er sei Mitglied geworden, wie man zuweilen Mitglied in einem Verein wird. Einer seiner Biografen schreibt, es sei Herberger gelungen, »einen eigensinnigen Abstand zu halten, ohne sich zu verweigern«, da er sich, wie meist in seinem Leben, »auch während der Nazizeit vorwiegend mit dem Fußball und seiner Karriere beschäftigt« habe. Auf Geheiß der NS-Führung muss Herberger in die erfolgreiche deutsche »Breslau-Elf« österreichische Spieler integrieren. Doch das großdeutsche Team, einer der Titelfavoriten, scheitert bei der WM in Frankreich schon in der Vorrunde. Bis 1942 hält die Nationalmannschaft den Spielbetrieb aufrecht; danach versucht Herberger, seine Spieler durch Lehrgänge vor dem Fronteinsatz zu bewahren. 1946 wird er beim Entnazifizierungsverfahren als Mitläufer eingestuft und zu einer Geldstrafe verurteilt.

Ab 1947 arbeitet Herberger an der Sporthochschule in Köln und wird – gegen einige Widerstände – zum Bundestrainer berufen. Geschickt handelt er sich Vollmachten aus, die wohl kein anderer Nationaltrainer auf der Welt hat. Er nutzt sie, um den Spielern Ausdauer, physische Stärke, Disziplin, Team- und Kampfgeist als oberste Tugenden zu vermitteln. Herberger wird als geschickter Psychologe und umfassend informierter Theoretiker gelobt, sein Notizbuch mit taktischen Erwägungen, Kommentaren zu Spielern und Spielen wird legendär. Mit der nach dem Krieg neu geformten Mannschaft wird er 1954 völlig überraschend Weltmeister – der einzige ganz große Erfolg in Herbergers Karriere. Vier Jahre später erreicht sein Team immerhin noch das Halbfinale, doch 1962 bei der WM in Chile, für die Herberger sogar noch einmal seinen bereits 42-jährigen Lieblingsspieler Fritz Walter reaktivieren wollte, ist im Viertelfinale Endstation; die Ära

Herberger neigt sich dem Ende zu. Im Juli 1964, nach einem 4:1-Sieg gegen Finnland in Helsinki, tritt Herberger, der dienstälteste Nationaltrainer der Welt, ab. In 167 Länderspielen hat er die deutsche Mannschaft betreut, seine Bilanz: 94 Siege, 27 Unentschieden, 46 Niederlagen, 435:250 Tore.

Sein Nachfolger wird nicht, wie Herberger möchte, Fritz Walter, sondern sein langjähriger Assistent Helmut Schön. Der mit Ehrungen überhäufte Herberger nörgelt an der Arbeit seines Nachfolger häufig herum, doch obwohl er selbst immer Disziplin und Kameradschaft gepredigt hat, tut diese leichte Illoyalität seiner Popularität keinen Abbruch. »Ich habe versucht, in den Grenzen geltender Moral zu leben. Aber zurückblickend würde ich lügen, wenn ich behauptete, mein Leben sei völlig ohne kleinere Grenzverletzungen verlaufen.« Sepp Herberger stirbt am 28. April 1977 in einem Mannheimer Krankenhaus, nachdem er sich wenige Stunden zuvor noch den 5:0-Sieg der deutschen Mannschaft gegen Nordirland im Fernsehen angeschaut hat.

Horst Eckel

Nur zwei Spieler bestritten bei der Weltmeisterschaft 1954 alle deutschen Spiele: Der Kapitän, Fritz Walter, und – Horst Eckel, der Benjamin der Mannschaft, »dem so viele kleine Mädchen schreiben«, wie sich der Kapitän später erinnert. Wie Walter spielt auch der am 8. Februar 1932 geborene Eckel beim 1. FC Kaiserslautern.

Hauptqualität des rechten Läufers ist seine enorme Schnelligkeit, doch er erzielt auch in 214 Oberliga-Spielen für die Lauterer 64 Tore. Im Finale gegen Ungarn muss er den ungarischen Mittelstürmer Hidegkuti bewachen, der bis zum Finale bereits viermal getroffen hat. Dabei bleibt es auch, dank Eckel.

Auch wenn ihn bei der Rückkehr von der Weltmeisterschaft in seinem Heimatdorf Vogelbach 20.000 Menschen begeistert empfangen (das Dorf hat nur 1000 Einwohner) und es ein lukratives Angebot aus England gibt – Horst Eckel bleibt dem Spitzenfußball nicht lange treu. Bereits 1958, kurz nach der WM in Schweden, bestreitet der gelernte Werkzeugmacher sein letztes von insgesamt 32 Länderspielen. Zwar spielt er noch bis 1966 in unteren Klassen, zuletzt bei Röchling Völklingen, doch die Ausbildung zum Realschullehrer für Kunst und Sport geht fortan vor. Eckel engagiert sich in der Sepp-Herberger-Stiftung, die sich um die Resozialisierung jugendlicher Straftäter kümmert. Dem Fußball ist er bis heute als Ratgeber verbunden geblieben – er hilft dem 1. FC Kaiserslautern, das Fritz-Walter-Stadion als einen der Austragungsorte der WM 2006 durchzusetzen. Und Sönke Wortmann berät er bei den Dreharbeiten zum Film »Das Wunder von Bern«.

Werner Kohlmeyer

Finanziell zahlt sich das Wunder von Bern für keinen der Helden aus. 2500 Mark und eine Polstergarnitur gibt's vom Deutschen Fußballbund, nur wohlfeiler Ruhm wird üppig verteilt. Die meisten Spieler kommen damit einigermaßen zurecht, arbeiten weiter nebenher oder spielen noch etliche Jahre, zum Teil sogar noch in der Bundesliga. Werner Kohlmeyer schafft beides nicht. Nur ein Jahr, nachdem er im

Finale gegen Ungarn in letzter Minute auf der Torlinie geklärt und damit den Titelgewinn perfekt gemacht hat, bestreitet der linke Verteidiger bereits sein letztes Länderspiel. Während des ganzen Rummels verliert der gelernte Lohnbuchhalter den Boden unter den Füßen, lässt sich herumreichen und genießt die ungeahnte Popularität wortwörtlich in vollen Zügen. Bald wird er alkoholabhängig und später auch
spielsüchtig. Sepp Herberger will ihm helfen, wenn Kohlmeyer eine Entziehungskur machen würde – der lehnt ab, zu stolz für die Wahrheit: »Ich bin kein Trinker.«

Dabei bringt Kohlmeyer alle Voraussetzungen für eine große Karriere mit, ein »Universalgenie« nennt ihn Fritz Walter. Er ist nicht nur ein guter Fußballer, sondern ein vielseitiger Athlet, der hundert Meter unter elf Sekunden laufen kann und sogar Pfälzer Meister im Fünfkampf wird. Bereits mit 17 Jahren spielt der am 19. April 1924 geborene Kohlmeyer in der ersten Mannschaft des 1. FC Kaiserslautern, mit dem er zweimal Deutscher Meister wird. Doch all das bewahrt ihn nicht vor einem tiefen Fall. Aus seinem Beruf wird er entlassen, macht Schulden und lässt sich scheiden, was auch Trennung von den drei Kindern bedeutet. Zuletzt lebt der Weltmeister bei seiner Mutter in Mombach und arbeitet als Pförtner am Hintereingang einer Mainzer Zeitung. Dass Deutschland noch einmal Fußball-Weltmeister wird, erlebt Werner Kohlmeyer nicht mehr: Am 26. März 1974, kurz vor seinem 50. Geburtstag, stirbt er an Herzversagen.

Werner Liebrich

Heute ist es üblich, dass der Spielmacher, der Kopf einer Mannschaft das Trikot mit der Nummer zehn trägt. Das hätte im 54er-WM-Team also Fritz Walter sein müssen oder wenigstens Helmut Rahn. Es ist aber – Werner Liebrich. Ein rustikaler Verteidiger, von dem es heißt, er habe die Grätsche in Deutschland salonfähig gemacht. Im Finale spielt er auf der Position des Mittelläufers und hat neben Karl Mai, der den ungarischen Torschützenkönig bewachen soll, wohl die schwierigste Aufgabe: Er soll Ferenc Puskás bewachen, den ungarischen Spielmacher und wohl besten Fußballer der Welt. »Werner, Ihren Gegenspieler muss ich hinterher nicht unbedingt auf dem Bankett sehen«, hat ihm Herberger vor dem entscheidenden Spiel gesagt – und so kommt es dann auch.

Liebrich, am 18. Januar 1927 in Kaiserslautern geboren, bleibt der Pfalz zeit seines Lebens treu. Er spielt ausschließlich beim 1. FC Kaiserslautern, auch wenn er sogar einmal ein Angebot vom AC Mailand erhält. 16 Länderspiele absolviert der Mann, den sie wegen seiner roten Haare »de Rot« nennen. Ein Tor schießt er dabei nie. Bei der Reise zur WM in die Schweiz blüht ihm, der als unermüdlicher Schlagersänger für Stimmung in der Mannschaft sorgt, zunächst ein Reservistendasein, was damals viel weitreichendere Folgen hat als heute: Während des Spiels darf nicht ausgewechselt werden, wer also nicht zur Stammformation gehört und von Anfang an aufläuft, kommt nie zum Einsatz. Beim ersten WM-Spiel gegen die Türkei sitzt Liebrich nur auf der Bank, erst beim 3:8 gegen Ungarn darf er spielen – und kommt sich wie die anderen dort eingesetzten Reservisten als Kanonenfutter vor. Im Entscheidungsspiel gegen die Türkei ist er dann wieder nur Zuschauer, ehe Herberger für das Viertelfinale gegen Jugoslawien auf einen Block aus Kaiserslautern setzt. Dazu gehört eben auch Liebrich.

Auch nach dem Ende seiner aktiven Laufbahn bleibt Liebrich in Kaiserslautern, wo er – der Klassiker unter den Berufen für Fußballer seiner Generation – eine Toto-Lotto-Annahmestelle betreibt. Liebrich stirbt am 20. März 1995.

Karl Mai

Der linke Läufer der Wunder-Elf ist nicht einer der großen Stars der Mannschaft, obwohl er im Endspiel die vielleicht entscheidende Aufgabe zugeteilt bekommt: Er soll Sandor Kocsis ausschalten, mit elf WM-Treffern der erfolgreichste Torschütze der Ungarn. 90 Minuten rennen, kämpfen, zerstören sind »Charlys« Spezialität, die er im Finale wie gewünscht serviert – Kocsis bleibt ohne Torerfolg. Dabei ist das Finale erst Mais achtes Länderspiel. Geboren am 27. Juli 1928 in Fürth, tritt Mai als 13-Jähriger der Spielvereinigung Fürth bei, der er dreißig Jahre lang die Treue hält. Nach der Rückkehr aus der Kriegsgefangenschaft 1946 beendet er zunächst seine Lehre als Bäcker und Konditor. 1950, mit 22 Jahren, spielt er erstmals in der 1. Mannschaft der SpVgg, zunächst als Stürmer, seit der Spielzeit 1952/53 als linker Läufer. In 182 Spielen für Fürth erzielt er 17 Tore.

1952 wird der Bundestrainer Sepp Herberger auf Mai aufmerksam, der schließlich im März 1953 im WM-Qualifikationsspiel gegen die Saar in der Nationalmannschaft debütiert. Trotz des Titelgewinns macht Mai danach bis 1959 nur noch 13 Länderspiele – vielleicht auch deshalb, weil er sich nie mit seiner Meinung zurückhält und auch dem »Chef« Herberger widerspricht.

1958 wechselt Mai zum FC Bayern München. »Ohne dieses Engagement und mein Schreibwarengeschäft in München wäre ich arm wie eine Kirchenmaus gewesen«, sagt er später. Sein Monatsgehalt in Fürth beträgt 320 DM. Nach drei Jahren in München spielt Mai noch bei den Young Fellows Zürich und dem FC Dornbirn, wo er 1963 seine aktive Karriere beendet. Er wird Trainer, unter anderem beim FC Wacker München, den er 1969 ins Endspiel um die deutsche Amateurmeisterschaft führt. Weil er die Reiserei in der Bayernliga nicht mit seinem Geschäft vereinbaren kann, trainiert er zuletzt nur noch einen Bezirksligisten. 1975 erkrankt er schwer, gibt das Geschäft auf, kehrt nach Fürth zurück und arbeitet als Sportlehrer an einer Hauptschule. Am 15. März 1993 stirbt Karl Mai an Leukämie.

Max Morlock

Fußballspieler sind abergläubisch. Ein Pfennig im Schuh, immer die gleichen siegreichen Socken anziehen, nie als Letzter den Platz betreten – es gibt viele Rituale. Erstaunlicherweise hat die Unglückszahl 13 als Rückennummer einigen der größten Spieler Glück gebracht, Gerd Müller zum Beispiel und – Max Morlock.

Mit seinem Treffer zum 1:2 im Finale gegen Ungarn leitet er die Wende in dieser historischen Partie ein, es ist eins von insgesamt 21 Toren, die Morlock in nur 26 Länderspielen erzielt. Schon vor dem Halbfinale gegen Österreich, in dem er ein Tor schießt, hat sich der Mann mit der Unglückszahl auf dem Rücken als Orakel erwiesen: »Wir gewinnen 6:1!«, sagt er zu Helmut Rahn, nachdem er auf einer Wiese sechs weiße und ein schwarzes Schaf gesehen hat – und so kommt es dann auch. Insgesamt trifft Morlock in der Schweiz sechsmal, womit er zweitbester Torschütze des Turniers wird. »Unser unverwüstlicher Optimist mit der königlich-bayrischen Ruhe«, nennt Fritz Walter ihn. Wie viele Tore der nur 1,70 Meter große Halbstürmer in seiner langen Karriere für seinen Heimatverein, den 1. FC Nürnberg, erzielt, ist umstritten. Von über 700 Toren in 900 Pflichtspielen gehen die Statistiker aus.

Zunächst spielt Morlock, geboren am 11. Mai 1925, beim Lokalrivalen des Club, bei Eintracht Nürnberg. Nach dem Gewinn der Jugend-Stadtmeisterschaft mit der Eintracht wechselt Morlock dann zum bekannteren Club, wo er schon als 16-Jähriger in der 1. Mannschaft spielt. Trotz Angeboten vom AC Bergamo oder aus Spanien bleibt er dem Club bis zum Ende seiner aktiven Zeit treu: »Ein Franke lässt sich nicht so einfach verpflanzen.« 1961, mit immerhin schon 36 Jahren, wird Morlock noch einmal Deutschlands Fußballer des Jahres. Und selbst die erste Saison der Bundesliga 1963/64 erlebt er noch als Spieler; sogar acht Tore gelingen ihm in dieser Spielzeit.

Schon früh hat sich der gelernte Mechaniker neben dem Fußball um sein Auskommen gekümmert. 1951 gründet er ein Sportgeschäft, später kommt ein Toto-Lotto-Geschäft hinter dem Nürnberger Hauptbahnhof dazu. Am 10. September 1994 stirbt der Vater von zwei Töchtern an Krebs.

Jupp Posipal

Wenn man so will, wird an jenem 4. Juli 1954 sogar Ungarn ein ganz kleines bisschen Weltmeister. Denn Jupp Posipals Mutter ist Ungarin. Am 20. Juni 1927 wird er in Lugosch / Lugoj (Rumänien) geboren, nach Deutschland kommt der Sohn eines Donauschwaben eher unfreiwillig: Als 17-Jähriger wird er als Rüstungsarbeiter nach Hannover geschickt. Hier spielt er zunächst in der Vertriebenen-Mannschaft »Weißer Adler«, später dann beim TSV Badenstedt. 1949 wechselt Posipal zum Hamburger SV, dem er bis zum

Ende seiner Karriere treu bleibt. Dabei hat Posipal lukrative Wechselangebote, der vielseitige Defensivspieler ist der einzige Weltstar, den die deutsche Mannschaft zu jener Zeit hat. 1953 wird er als einziger deutscher Spieler in die Fifa-Auswahl berufen, ein internationales All-Star-Team. Sagenhafte 1000 Pfund bringt ihm diese Berufung ein.

Eigentlich soll Posipal schon beim ersten Nachkriegsländerspiel der Deutschen gegen die Schweiz 1950 für den DFB antreten. Doch da er zu diesem Zeitpunkt noch keinen deutschen Pass besitzt, debütiert er erst ein Jahr später. Insgesamt spielt der Mittelläufer 32-mal für Deutschland, Weltmeister wird er allerdings als rechter Verteidiger, weil Herberger lieber Werner Liebrich als Mittelläufer aufbietet. Nach über 500 Spielen im Trikot des HSV endet Posipals Fußball-Laufbahn 1959. Danach steigt der gelernte Maschinenschlosser erfolgreich ins Möbelgeschäft ein. Jupp Posipal stirbt am 21. Februar 1997.

Helmut Rahn

»Helmut, erzähl mich dat Tor!« Keines der 25 Tore, die die deutsche Mannschaft bei der WM in der Schweiz erzielt, hat solche Folgen für den Torschützen wie der 3:2-Siegtreffer von Helmut Rahn gegen Ungarn. Wie viele Male er »dat Tor« schließlich in seiner Stammkneipe erzählen muss, ist nicht überliefert. Irgendwann jedenfalls hat er keine Lust mehr, darüber zu reden; fortan schweigt Helmut Rahn beharrlich über das Wunder von Bern und nimmt auch nicht mehr an den Treffen der noch lebenden Spieler teil. Das Tor ist sein Schicksal.

Dabei ist es nur eines von vielen. »Mein Hobby: Tore schießen« heißt sein autobiografisches Buch, das 1959 erscheint. Insgesamt erzielt Rahn in 40 A-Länderspielen 21 Tore. Er, »der kraftstrotzende Boss mit seinem unerschöpflichen Vorrat an Blödsinn und Übermut, der menschlich tipptopp und ein feiner Kamerad ist«, wie Fritz Walter in seinem WM-Buch schreibt, ist in den 50er Jahren einer der besten Stürmer Europas. Am 16. August 1929 in Essen geboren, beginnt er seine Karriere zunächst bei Altenessen 1912. Nach Stationen beim SC Oelde und den Sportfreunden Katernberg geht er 1951 zu Rot-Weiß Essen. Schon ein halbes Jahr nach seinem Wechsel spielt er zum ersten Mal in der Nationalmannschaft. 1953 wird er mit Essen Deutscher Pokalsieger, 1955, nach einem 4:3 gegen den 1. FC Kaiserslautern mit seinen fünf Weltmeistern, sogar Deutscher Meister. In 201 Oberligaspielen für Essen erzielt er 88 Tore. 1959 wechselt Rahn zum 1. FC Köln, wo der eigenwillige Boss allerdings nicht recht Fuß fasst. Schon ein Jahr später wechselt er zum holländischen Ehrendivisionär SC Enschede, was zugleich das Ende seiner Nationalmannschaftskarriere bedeutet – in Holland wird Rahn Profi, und die dürfen noch nicht in der deutschen Nationalmannschaft spielen.

So kommt Rahn um seine dritte WM-Teilnahme, die ihn 1962 nach Chile geführt hätte. Fast verpasst er auch seine zweite WM, 1958 in Schweden, weil er nach dem Wunder von Bern etwas den Boden unter den Füßen verliert. Doch Herberger, der einen Narren an Rahn gefressen hat, hält zu ihm, selbst 1957 noch, als der Boss mit 2,6 Promille Alkohol im Blut seinen Wagen in eine Baugrube fährt und sich mit den Polizisten anlegt. Für 14 Tage muss er sogar ins Gefängnis, ausgerechnet zu einer Zeit, als die Nationalelf zwei Testspiele bestreitet. Rahn reist aus dem Knast zu den Spielen. Der Stürmer sei »ein Meister der positiven Improvisation, bei dem man immer mit Überraschungen rechnen muss«, sagt Herberger. Bei der WM in Schweden bedankt sich Rahn für das Vertrauen mit insgesamt sechs Toren, die die deutsche Mannschaft bis ins Halbfinale bringen.

Als 1963 auch in Deutschland der Profi-Fußball eingeführt wird, kehrt Rahn aus Holland zurück und spielt noch rund eineinhalb Jahre beim Meidericher SV (später MSV Duisburg) in der Bundesliga. 1964 wird er mit seiner Mannschaft überraschend Vizemeister, doch nach einer Achillessehnenoperation schafft er den Anschluss nicht mehr und beendet seine aktive Karriere im November 1965.

Mit seiner Eigensinnigkeit, seinem Temperament und Talent wäre Rahn im heutigen Fußball ein Superstar. Er selbst wollte davon nie etwas wissen: »Der Gedanke, was denn sein könnte, wenn ich heute Weltmeister wäre, ist mir nie gekommen.« Angebote von Real Madrid und aus Südamerika lehnt er ab. Vom Förderjungen im Bergbau bis zum Tankstellenpächter versucht sich Rahn in allerlei Berufen, bis er schließlich als Vertreter arbeitet, zuerst für Arbeitsschutzkleidung und Geschenkartikel, später für Gebrauchtwagen. Zuletzt verdient er als Repräsentant und Verkaufsleiter einer Entsorgungsfirma für Bauschutt sein Geld. Der Vater von zwei Söhnen stirbt nach langer Krankheit am 13. August 2003 drei Jahre vor seinem 74. Geburtstag.

Hans Schäfer

Nur einer der Helden von Bern nimmt an drei WM-Turnieren teil: Hans Schäfer. Als ob er seinem rheinischen Spitznamen »de Knoll«, Dickkopf, gerecht werden will, spielt Schäfer unermüdlich weiter bis zur Weltmeisterschaft in Chile, wo er bis zum Aus gegen Jugoslawien im Viertelfinale alle Spiele bestreitet. Doch dann ist für »den zielstrebigsten Linksaußen, den Deutschland je hatte« (Sepp Herberger) noch immer nicht Schluss: Ein Jahr später wird Schäfer Fußballer des Jahres – mit 36 Jahren. Und 1964 führt er als Kapitän des 1. FC Köln seine Mannschaft zur ersten Bundesliga-Meisterschaft. Nach dem Sieg im Endspiel um die Deutsche Meisterschaft 1962 ist es sein zweiter Titelgewinn.

711 Spiele bestreitet Schäfer für den 1. FC Köln und erzielt dabei sagenhafte 501 Tore. Der am 19. Oktober 1927 geborene Schäfer ist der erste große Star des 1. FC Köln. 1948 wechselt er von Rot-Weiß Zollstock zum FC und schafft unter dem damaligen Spielertrainer Hennes Weisweiler gleich den Aufstieg in die Oberliga West. Wie alle Spieler ist auch Schäfer zunächst Teilzeitfußballer, arbeitet in der Parfümerie-Abteilung des Kaufhofs und fährt mit der Straßenbahn zum abendlichen Training. Als Belohnung für den WM-Sieg bekommt er 1954 zwar einen Volkswagen vor die Tür gestellt, doch selbst mit Beginn der Bundesliga kann er vom Fußball allein kaum leben. 1200 Mark dürfen die Profis laut DFB-Statuten im ersten Jahr verdienen, lediglich Schä-

fer und Uwe Seeler werden wegen ihrer Verdienste um den deutschen Fußball 2000 Mark bewilligt. Seinen Lebensunterhalt bestreitet Schäfer zunächst (wie Ottmar Walter) mit einer Tankstelle, später ist er auch noch Vertreter für eine Geschenkartikel-Firma.

1965 wird er mit dem 1. FC Köln noch einmal Westdeutscher Pokalsieger, dann endet seine aktive Laufbahn. Von 1966 bis 1969 ist Schäfer Co-Trainer beim FC und hat in dieser Funktion Anteil am Deutschen Pokalsieg 1968. Danach zieht er sich vom Fußballgeschehen weitgehend zurück. Der Vater von zwei Töchtern lebt heute in Köln.

Toni Turek

Der Satz, der den Torhüter unsterblich macht, wird später zensiert. »Toni, du bist ein Fußballgott!«, ruft, nein, schreit Herbert Zimmermann, als Turek gegen Ende des Finales im Wankdorf-Stadion noch einmal einen gefährlichen Schuss der Ungarn hält. Bevor seine Reportage in die Rundfunkarchive wandert, ändert Zimmermann den Satz in ein zeittypisches »Toni, du bis Gold wert«. Offensichtlich hat sich der Reporter die Mahnung des Bundespräsidenten Theodor Heuss zu Herzen genommen, der beim Empfang für die Weltmeister sagt, Turek sei zwar ein sehr guter Torwart, aber Fußballgott »bei aller Begeisterung, das geht zu weit«.

Turek ist der älteste Spieler der gesamten Weltmeisterschaft 1954. Das erklärt vielleicht die »himmelschreiende Ruhe«, die Fritz Walter seinem Torwart attestiert. Vielleicht aber kann er gerade deshalb im Finale über sich hinauswachsen, weil Herberger ihn beim Gruppenspiel gegen Ungarn auf die Bank gesetzt hat. So kassiert nicht Turek, sondern Heinz Kwiatkowski die acht demütigenden Gegentore.

Schon als 16-Jähriger ist der am 18. Januar 1919 in Duisburg geborene Turek dem Bundestrainer aufgefallen; damals spielt er noch im Tor von Duisburg 1900. Doch erst nach dem Krieg kann Turek das erste von insgesamt 20 Länderspielen machen, 1950 gegen die Schweiz. Nach den Stationen Eintracht Frankfurt und SSV Ulm ist Turek da gerade zu Fortuna Düsseldorf gewechselt, wo er bis zum Ende seiner Karriere spielt und zeitlebens Mitglied bleibt. Nach seiner aktiven Zeit arbeitet Turek als Angestellter bei den Düsseldorfer Verkehrsbetrieben. Er stirbt am 11. Mai 1984.

Fritz Walter

»Fritz Walter hat unser ganzes Land reicher gemacht«, sagt Bundespräsident Johannes Rau zum Tode des Ehrenspielführers der Nationalmannschaft am 17. Juni 2002. Walter war eben nicht nur über fast zwanzig Jahre hinweg die prägende Gestalt des deutschen Fußballs, sondern gab ein Rollenmodell für die gesamte Gesellschaft ab: bescheiden, bodenständig, zielstrebig, erfolgreich. Bei der Wahl zum Weltfußballer des Jahrhunderts belegte Walter zwar nur den 14. Platz, aber für den deutschen Sport ist er eine der zentralen Figuren des 20. Jahrhunderts.

Geboren am 31. Oktober 1920, tritt er mit sieben Jahren dem 1. FC Kaiserslautern bei, wo sein Vater, ein Gastwirt, zeitweise die Vereinsgaststätte betreut. Schon mit siebzehn spielt Walter in der ersten Mannschaft der Roten Teufel, mit neunzehn absolviert er sein erstes Länderspiel, bei dem er gleich drei von neun Toren zum Sieg über Rumänien schießt. Im November 1942 wird er zur Wehrmacht eingezogen, wo er bei den »Roten Jägern«, der Mannschaft des Wehrmachtsmajors Hermann Graf, spielt. Aus russischer Kriegsgefangenschaft wird er 1945 entlassen und kehrt nach Kaiserslautern zurück, wo er bis 1949 als Spielertrainer eine neue Mannschaft aufbaut, die gleich das erste Nachkriegsendspiel um die Deutsche Meisterschaft erreicht (dort aber 1:2 gegen Nürnberg verliert). Zwischen 1951 und 1955 erreicht er mit dem FCK noch viermal das Finale, das er zweimal gewinnt. Beim ersten Nachkriegsländerspiel fehlt er noch verletzt, dann bleibt er bis zur Halbfinalniederlage bei der WM in Schweden 1958 die zentrale Figur der deutschen Mannschaft, für die er in 61 Spielen 33 Tore erzielt.

1959 endet auch seine Karriere beim FCK, für den er in 379 Spielen 306 Tore erzielte. Wie alle der Weltmeister von 1954 lehnt er lukrative Angebote aus dem Ausland, unter anderem von Atletico Madrid, ab – »dehäm is dehäm« lautet sein oft kolportierter Wahlspruch. So wird er der erste Ehrenbürger des Landes Rheinland-Pfalz und Ehrenbürger in Kaiserslautern, wo 1985 schließlich auch das Stadion auf dem Betzenberg nach ihm benannt wird. Der Trainer Fritz Walter tut sich als Betreuer der Dorfmannschaft SV Alsenborn hervor, mit der er Ende der 60er Jahre beinahe in die Bundesliga aufsteigt.

Auch wenn Walter für den Titelgewinn in der Schweiz wie alle anderen nur 2500 Mark und eine Polstergarnitur vom DFB bekommt, kann er den Ruhm wohl von allen Berner Helden am besten materiell nutzen. Sogar eine Sektmarke trägt seinen Namen. Vor dem Krieg hatte er eine Banklehre absolviert, nach dem Ende seiner aktiven Laufbahn ist er Repräsentant für Adidas, verdient aber auch mit einer Wäscherei und einem Kino sein Geld. Zudem schreibt er zahlreiche Bücher; seine Erinnerungen an die WM 1954 wird eines der erfolgreichsten Sportbücher der Welt. Ab 1976 ist Fritz Walter auch Repräsentant für die Sepp-Herberger-Stiftung, bis er 1999 seine eigene Stiftung gründet, die talentierte Jugendliche fördert und sich um die gesellschaftliche Integration junger Menschen sowie die Völkerverständigung kümmert. Hier bleibt er als Vorbild über seinen Tod hinaus präsent.

Ottmar Walter

Natürlich steht er immer im Schatten seines vier Jahre älteren Bruders Fritz, dem Kopf der Berner Wunder-Mannschaft. Und dennoch mangelt es Ottmar Walter nicht an Durchsetzungskraft. Der »Zerreißer« der Mannschaft sei er, schreibt Fritz Walter in seinem Buch »3:2 – Die Spiele zur Weltmeisterschaft«, »der so viel urwüchsiger ist als ich und mit so viel gesünderem Selbstvertrauen gesegnet«. Während der Ältere bereits Anfang der 40er Jahre die ersten Einsätze in der Nationalmannschaft hat, muss der am 6. Februar 1924 geborene »Ottes« mit seinem Debüt bis zum Länderspiel gegen die Schweiz 1951 warten. Dabei hat er schon bei den ersten Einsätzen des Bruders frech behauptet: »Ich werde auch Nationalspieler!«

Insgesamt spielt der Mittelstürmer 21-mal für Deutschland und erzielt dabei 10 Tore. Sein vielleicht bestes Spiel ist der 6:1-Sieg gegen Österreich im WM-Halbfinale, bei dem er zweimal trifft. Nicht nur im Nationalteam, auch in ihrem Club 1. FC Kaiserslautern ergänzen sich die Brüder perfekt. »Der Fritz brauchte nur zu gucken, da wusste ich auch schon, was er machen wird«, sagt Ottmar einmal. Fritz ist der geniale Vorbereiter, Ottmar, auch »Siegmund« genannt, der kaltblütige Vollstrecker vor dem Tor. In 321 Pflichtspielen für den 1. FC Kaiserslautern erzielt er 336 Tore – und das, obwohl er aus dem Krieg einen Granatsplitter im Knie mitbrachte und noch während seiner aktiven Zeit an Gelbsucht erkrankt.

Die Brüder bilden das Herzstück der so genannten Walter-Elf, jener Lauterer Mannschaft, die 1951 und 1953 Deutscher Meister wird. Da man vom Fußball allein in jenen Jahren noch nicht leben kann, betreibt Ottmar Walter zunächst eine Tankstelle. »Willst du unserem Ottmar danken, musst du fleißig bei ihm tanken«, heißt einer der Werbesprüche nach dem Titelgewinn. Offenbar bleibt er nicht ohne Wirkung, denn dem Erinnerungsbuch des älteren Bruders gibt er in einem Grußwort mit auf den Weg: »Bruderherz, hoffentlich geht dein Buch so gut wie meine Tankstelle in den ersten Tagen nach der Weltmeisterschaft.«

Nach seiner aktiven Laufbahn arbeitet Ottmar Walter als Verwaltungsangestellter. Er lebt noch heute in Kaiserslautern.

Dank für Vorlagen, Nachsicht und Rettungsaktionen auf der Linie an: Franz Beckenbauer, György Dalos, Claus Eggers, Jürgen Flimm, Karin Graf, Elke Heidenreich, Konrad Heidkamp, Johann, Jutta Limbach, Mathilda, Gerhard Mayer-Vorfelder, Michael Naumann, Johannes Rau, Otto Rehhagel, Peter Rühmkorf, Uwe Seeler, Birgit Schmitz, Gerhard Schröder, Herbert und Maria Siemes, Sönke Wortmann

Bildnachweis

dpa-Bilderdienst: S. 285 oben, 287 unten, 290 oben, 291 unten, 293 unten, 294; 295; 298; 300, 301, 302, 304, 305, 306, 309, 310, 311, 313; Randolf Pfeil: S. 285 unten; 287 oben; 290 unten; Erich Polkowski: S. 293 oben; Agentur Sven Simon: S. 291 oben.

4:0 für KiWi

Christoph Biermann
Wenn Du am Spieltag beerdigt wirst, kann ich leider nicht kommen.
Die Welt der Fußballfans.
KiWi 383
Originalausgabe
Ein Buch rund um die geheimnisvolle Faszination der Fußballbegeisterung.

Christoph Biermann / Ulrich Fuchs
Der Ball ist rund, damit das Spiel die Richtung ändern kann
Wie moderner Fußball funktioniert
KiWi 702
Überarbeitete und erweiterte Neuausgabe
»*Wer so tiefgründig und kenntnisreich über Fußball schreibt, muss das Spiel wirklich lieben.*« Hans Meyer

Nick Hornby
Fever Pitch
Ballfieber - Die Geschichte eines Fans
KiWi 409
»*Ein brillantes Buch von einem der besten Schriftsteller weit und breit - mehr als ein Buch über Fußball.*« Sunday Times

Ronald Reng
Der Traumhüter
Die unglaubliche Geschichte eines Torwarts
KiWi 685
Originalausgabe
»*Eines der wenigen Bücher, die einen unverstellten Blick auf den Fußball werfen ... etwas Besonderes in der deutschen Fußballliteratur.*« FAZ

www.kiwi-koeln.de